곽선희 목사 설교집

57

그리스도인의 정체의식

곽선희 지음

계몽문화사

머 리 말

　'복음은 들음에서'—이는 진리이며 우리의 경험입니다. 하나님께서 우리에게 주신 복 가운데 가장 큰 복은 말씀을 주신 것입니다. '말씀이 육신을 입어서 오신 것'입니다. 말씀을 주셨고 들을 수 있게 하셨고 마음문을 열고 받아 믿게 하신 것, 참 놀라운 은혜입니다.

　말씀은 단순한 지식이 아닙니다. 추상적인 이론이 아닙니다. 말씀은 선포되는 하나님의 계시적 능력인 것입니다. 말씀의 권능, 그 능력을 알고 체험하면서 비로소 '말씀 안에서 태어나는 생명적 기적'이 나타나게 됩니다. 오늘도 그 말씀이 증거되고 새롭게 선포되고 있습니다. 설교가 곧 말씀입니다. 성령의 역사와 함께 끊임없이 이루어지는 생명의 역사입니다. 이 선포되는 말씀, 증거되는 진리를 통하여 구원의 능력은 항상 새로워집니다. 말씀 안에서 새 생명이 탄생하고 말씀 안에서 영혼이 소생하며, 그 큰 능력 안에서 우리는 강건해집니다. 우상을 이기는 능력의 사람으로 성장해가는 신비롭고 놀라운 사건을 강단에서 늘 경험하고 있습니다.

　여기에 또다시 설교말씀을 모아 책자로 내어놓습니다. 예수소망교회 강단을 통하여 하나님께서 우리에게 주신 말씀입니다. 이제 그 말씀을 책자로 엮어 내어놓음으로써 우리가 시간과 공간을 초월하여 개별적으로 하나님을 만나게 되는 '말씀의 역사'에 귀중한 방편이 되고자 합니다. 책자라는 그릇에 담긴 이 말씀들은 읽는 자의 마음 안에서 또다른 '말씀의 신비한 기적'을 낳게 되리라 확신합니다.

　한 시간 한 시간의 설교를 위하여 간절히 기도해주신 모든 성도들과 이 책자를 출간하기까지 수고해주신 여러분께 진심으로 감사를 드립니다. 그리고 또다시 영광을 오직 하나님께 돌리면서……

　　　　　　　　　　　　　　　　　　　　　곽 선 희

차 례 머리말 ——— 3

곽선희 목사

장로회 신학대학 졸업
프린스턴 신학석사
풀러신학 선교신학박사
인천제일교회 목사
장로회 신학대학 교수 역임
숭의여자전문대학 학장 역임
서울장로회신학교 교장 역임
소망교회 원로목사
예수소망교회 동사목사

곽선희 목사 설교집 제57권

그리스도인의 정체의식

인쇄 · 2017년 9월 5일
발행 · 2017년 9월 10일
지은이 · 곽선희
펴낸이 · 김정수
펴낸곳 · 계몽문화사
등록일 · 1993년 10월 11일
등록번호 · 제2016-2호
전화 · (02)995-8261
정가 · 22,000원
총판 · 비전북 / (031)907-3927
ISBN 978-89-89628-40-8   03230

그리스도인의 정체의식

스스로 돌이킨 아들

또 이르시되 어떤 사람에게 두 아들이 있는데 그 둘째
가 아버지에게 말하되 아버지여 재산 중에서 내게 돌아올
분깃을 내게 주소서 하는지라 아버지가 그 살림을 각각
나눠 주었더니 그 후 며칠이 안 되어 둘째 아들이 재물을
다 모아 가지고 먼 나라에 가 거기서 허랑방탕하여 그 재
산을 낭비하더니 다 없앤 후 그 나라에 크게 흉년이 들어
그가 비로소 궁핍한지라 가서 그 나라 백성 중 한 사람에
게 붙여 사니 그가 그를 들로 보내어 돼지를 치게 하였는
데 그가 돼지 먹는 쥐엄 열매로 배를 채우고자 하되 주는
자가 없는지라 이에 스스로 돌이켜 이르되 내 아버지에게
는 양식이 풍족한 품꾼이 얼마나 많은가 나는 여기서 주
려 죽는구나 내가 일어나 아버지께 가서 이르기를 아버지
내가 하늘과 아버지께 죄를 지었사오니 지금부터는 아버
지의 아들이라 일컬음을 감당하지 못하겠나이다 나를 품
꾼의 하나로 보소서 하리라 하고 이에 일어나서 아버지께
로 돌아가니라 아직도 거리가 먼데 아버지가 그를 보고
측은히 여겨 달려가 목을 안고 입을 맞추니 아들이 이르
되 아버지 내가 하늘과 아버지께 죄를 지었사오니 지금부
터는 아버지의 아들이라 일컬음을 감당하지 못하겠나이
다 하나 아버지는 종들에게 이르되 제일 좋은 옷을 내어
다가 입히고 손에 가락지를 끼우고 발에 신을 신기라 그
리고 살진 송아지를 끌어다가 잡으라 우리가 먹고 즐기자
이 내 아들은 죽었다가 다시 살아났으며 내가 잃었다가
다시 얻었노라 하니 그들이 즐거워하더라

(누가복음 15 : 11 - 24)

스스로 돌이킨 아들

　근자에 세계적으로 아주 유명한 베스트셀러작가인 레이몬드 조의 「관계의 힘」이라는 새로운 저서가 나왔습니다. 그는 이 책에서 관계의 힘을 강조하면서 '사람들이 생활 속에서 가장 힘들어하는 것은 일이 아니라 관계'라고 말합니다. 우리는 흔히 사람이 성공하려면 공부를 많이 해서 지식이 있어야 한다고 생각하는가 하면, 더불어 기술도 있어야 한다고 생각합니다. 어떤 사람은 노력과 함께 정열도 있어야 한다고 말합니다. 이런 여러 가지 조건을 다 충족시켜야 성공할 수 있다는 말이겠지요.

　하지만 가장 중요한 것은 따로 있습니다. 바로 '관계'입니다. 예를 들어, 회사에서 새로 직원을 채용한다고 합시다. 이때 고용주가 가장 마음에 깊이 두는 것이 무엇일까요? 기술일까요? 재간일까요? 학벌일까요? 아닙니다. 다 아닙니다. 고용주한테 가장 중요한 것은 바로 '관계'입니다. 지원하는 사람의 인간관계가 어떠한가를 살펴보는 일이 아주 중요합니다. 왜냐하면 이 관계가 만사의 기본이기 때문입니다. 돈이 아니라 관계입니다. 성공이 아니라 관계입니다. 우리가 곧잘 저지르곤 하는 큰 실수 가운데 하나가 바로 이 '관계'를 소홀히 여겨 무시하는 일입니다. 문제입니다. 물론 부(富)나 성공도 중요하지만, 그 모든 것을 위한 노력의 근본이 관계임을 잊어서는 안 됩니다. 모든 것이 이 관계로부터 출발합니다.

　많은 사람들의 마음속에 자리 잡고 있는 잘못된 의식이 하나 있습니다. 크게 성공하고 나면 그동안 소홀했던 관계도 다시 좋아질 것이라는 기대입니다. 착각입니다. 사람은 자기 인간관계에서 뭔가 잘못되고 있는 것 같다는 생각이 들면 우선 이렇게 생각합니다. '왜 저분이 나를 이렇게 대할까?' 그리고 자기한테 돈이 많아지면 그 관계가 도로 좋아지리라고 착각합니다. 자신이 부자가 되면 덩달아 좋은 친구도 만나게 되리라고 믿는 것입니다. 그러나 이것은 큰 착각입니다. 전혀 그렇지 않습니다. 인간관계의 뿌리는 결코 돈에 있지 않습니다. 오히려 돈을 벌기 시작하면 오히려 인간관계는 점점 더 나빠지고 멀어집니다. 심지어 돈 때문에 친구가 없어지기도 합니다. 나아가 인간성까지 망가지고 맙니다.

며칠 전 우연히 텔레비전에서 재미있는 장면을 봤습니다. 이런 이야기입니다. 어떤 부모가 재산을 많이 가지고 있었습니다. 그런데 이것이 아무도 모르게 숨겨놓은 재산입니다. 그래 생각합니다. '아이들에게 이걸 미리 말해야 될까, 말하지 말아야 될까?' 자식들이 많습니다. 그들이 다 커서 대학도 다니고, 회사도 다닙니다. 다들 잘 성장한 것입니다. 그런데 이 할아버지가 세월이 흘러 나이가 많이 들었습니다. 그래서 생각했습니다. '아무래도 이제는 이 숨겨놓은 재산을 자식들에게 알려줘야겠다.' 많은 고민 끝에 내린 결정입니다. 그래 할아버지가 자식들을 모두 데리고 산에 올라가 주변의 땅을 그들에게 보여주면서 이릅니다. "이 땅이 다 내 것이다. 옛날 땅값이 쌀 때 사놓은 것인데, 다 팔면 몇 백억은 족히 될 것이다. 자, 이제 나는 세상을 떠나니까 이걸 모두 너희에게 나누어줄 것이다." 그때부터 아주 이상한 일이 벌어지기 시작합니다. 자식들이 공부를 안 합니다. 그리고 이렇게 저렇게 빗나가기 시작합니다. 심지어 어떤 자녀는 알코올중독자가 되었습니다. 난리가 났습니다. 결국 할아버지는 죽기 전에 이런 말을 합니다. "아이고, 그때 그걸 말하지 말 걸……" 여러분, 혹시 감춰놓은 재산이 있습니까? 그거 자식들에게 말해야 할까요, 하지 말아야 할까요? 이것이 인간의 속성입니다. 사람은 헝그리정신이 필요합니다. 배고파야 공부합니다. 배고파야 효자도 됩니다. 모든 것이 넉넉하여 잘 사는데도 바르게 자라고 효도도 한다면 그 사람은 참 훌륭한 인간입니다. 하지만 그런 경우는 많지 않고 매우 드뭅니다.

흔히 인간은 마음속 깊이 잘못된 생각을 합니다. '내가 공부를 못해서 저 사람이 나를 멸시하는가보다. 내가 돈이 없어서 친구가 없는가보다.' 아닙니다. 그렇지 않습니다. 공부를 못해서도 아니고, 돈이 없어서도 아닙니다. 그런 것들은 아무 상관이 없습니다. 한데도 우리는 자꾸 그런 착각에 빠집니다. 그래서 이렇게 생각하지요. '내가 성공하면 친구가 모일 것이다. 사람들이 나와 가까워질 것이다. 관계가 좋아질 것이다. 부모님도 나를 좋아하실 것이다.' 착각입니다. 전혀 그렇지 않습니다. 원만한 관계에 마음을 쓰지 않고, 자신만을 생각하는 사람은 또 이런 생각에 사로잡힙니다. '배신당하면 어쩌지? 내 진실을 상대방이 알아줄까? 오해하면 어떻게 하나? 배반당하면 어떻게 하나?' 두려움입니다. 이런 두려움이 오히려 문제를 만들어냅니다. 나중에 이런 사람들은 고집불통이 되고 맙니다. 자기중심적으로 사는 사람은 인맥을 쌓으려고 억지로 노력하기도 합니다. 그러다 위선자가 됩니다. 사람들 사이에서는 진심과 겸손이 먼저인데, 그런 것은 다 잊어버리고, 오로지 인맥만 만들어보려고 백방으로 노력합니다. 따라서 실패하는 경우가 많습니다. 좋은 친구를 만들려 하기 보다는 내가 먼저 좋은 친구가 되어야 합니다.

12

오늘본문에는 탕자이야기가 나옵니다. 우리가 너무나도 잘 아는 중요한 말씀입니다. 예수님의 모든 비유들 가운데 가장 핵심적이고, 가장 귀중한 의미의 복음을 담은 비유가 바로 탕자비유입니다. 몇 백번, 몇 천 번이라도 읽고, 다시 묵상하고 음미해야 할 말씀입니다. 이 탕자의 비유에서 말씀하는 내용이 무엇입니까? 아버지와의 관계, 아들로서 그 관계의 중요성을 말씀합니다. 그런데 이 둘째아들의 생각은 무엇입니까? 아버지와 함께 살아야 하는데, 이걸 끊어버리고 행복을 찾으려 하고, 자유를 찾으려 합니다. 아버지가 있어서 행복하다고 생각하지 않고, 아버지가 없어야 행복하다고 생각한 것입니다. 아버지의 간섭이 미치는 곳은 마음에 안 듭니다. 그래 아버지와의 관계가 끊어진 먼 곳, 먼 나라에 가서 살아야 내가 성공하고, 내가 자유하리라는 착각 속에 빠져서 그 생각대로 해버립니다. 그렇게 아버지와의 관계를 끊어버린 것입니다.

스튜어트 에이버리 골드의 「핑(Restart Ping)」이라는 저서가 있습니다. 이 책에서 그는 'Intentional life'를 강조합니다. 인생을 살아가면서 스스로 아주 긴장하여 강도를 높여서 자기 정체를 분명히 해야 된다는 뜻입니다. 자신의 상태를 확실히 점검해야 된다는 것이지요. '내가 어디에 서 있나? 내 목적이 무엇인가? 나는 무엇을 위해서 살아왔나? 앞으로 내 운명은 어떻게 될 것인가?' 살아가면서 우리가 잠시도 잊지 말아야 할 질문들입니다. 또 그는 이렇게 강조합니다. '우연은 없다. 모든 것은 선택이다.' 운명이라는 말을 많이 하는 사람은 벌써 스스로를 포기한 사람입니다. 어떤 운명 속에도 내 선택이 있습니다. 내 선택에 대해서는 내가 책임져야 됩니다. 우리 인생에는 선택과 책임이 반드시 있습니다. 이것이 Intentional life의 기본입니다. 자기 자신한테 일어나는 일은 무엇이든 우연으로 받아들이면 안 됩니다. 그 속에 뜻이 있고, 의미가 있고, 말씀이 있고, 하나님의 뜻이 있습니다. 무슨 일이든 긍정적으로 잘 소화하면 그 모든 것을 통하여 우리는 '하나님께서 나를 어디로 인도하시는가?' 하는 걸 깨닫게 된다는 것입니다.

오늘본문의 탕자는 고향을 떠났습니다. 멀리 가서 허랑방탕하게 살았습니다. 그 많던 재산을 다 탕진해버렸습니다. 재산이 자기 존재가치인데, 그 재산을 잃고 나니 그의 존재가치도 사라진 것입니다. 그가 가지고 있던 모든 것, 심지어 친구들도 다 허상이 되어버렸습니다. 재산이 많을 때에는 친구들도 많은 것처럼 보였는데, 재산이 사라지고 나니 친구들마저 다 도망갑니다. 이는 그들 모두가 본디 진정한 친구가 아니었다는 말입니다. 처음부터 잘못된 관계였던 것입니다. 성경은 이 탕자가 모든 것을 잃고 나중에는 하도 궁핍해서 굶주리게까지 되었다고 말씀합니다. 얼마나 형편이 어렵게 되었으면 돼지 치는 목자가 되었겠습니까. 나중에 그는 돼지가 먹는 쥐엄나무 열매를 먹기까지 합니다. 그런 식으로 가까스로 배를 채우고 있었습니다. 그야말로 죽을 지경입니다. 신분도 다 망가져버렸습니다. 그야말로 절박합니다. 절체절명의 위기입니다. 더는 살아야 할 이유가 없습니다.

여기서 우리가 생각해야 할 것이 있습니다. 바로 그 순간에 이 탕자가 무엇을 생각했느냐는 것입니다. 그 고통의 시간, 그 절박한 시간, 그 위기상황 속에서 탕자는 무엇을 생각했습니까? 과거를 생각하면 죽습니다. 왜 그렇습니까? 후회만 밀려오기 때문입니다. 그러나 그는 미래를 생각했습니다. 아버지의 집을 생각했습니다. 고향을 생각했습니다. 그러면서 그는 아버지를 떠올립니다. 어찌 보면 그는 자살 직전입니다. 도대체 살아야 할 이유가 없는 처지였습니다. 그런데 그 순간 그는 생각을 합니다. 아버지 집을 떠올립니다. 사랑하는 아버지를 생각했습니다. 그래 그는, 오늘본문말씀대로, 돌이켜 집으로 돌아옵니다. 한편으로 생각하면 체면이 말이 아닙니다. 그래서 아마 이런 생각도 했을 것입니다. '이렇게 아무것도 없이 다시 돌아오려고 집을 나간 게 아닌데⋯⋯' 하지만 탕자는 다시 돌아옵니다. 탕자가 돌아올 수 있었던 이유는 돌이켜 생각했기 때문입니다. 아주 중요한 말씀이지요. 아버지와의 관계를 회복하려고 했기 때문입니다. 그 절박한 상황에서 그가 생각할 수 있는 것이 무엇이 었겠습니까? '아버지께서 나를 얼마나 사랑하셨던가!' 이 단 한 가지 생각을 하기 시작한 것입니다. 아버지께서 지극하게 나를 사랑하셨습니다. 그런 아버지의 만류를 뿌리치고 집을 떠난 것입니다. 그러나 이제 다시 아버지를 생각합니다. 이것이 그가 사는 길입니다. 자기 자신을 생각한 것이 아니고, 자기 과거를 생각한 것이 아닙니다. 아버지를 생각했습니다. 그래서 그는 집으로 돌아오게 됩니다.

그런데 아들이 돌아올 때는 용기가 필요합니다. 용기가 없으면 살아날 길이 없습니다. 생각은 있고, 마음은 있습니다. 그러나 돌이키는 용기가 없습니다. 떨치고 일어나서 아버지께로 돌아와야 되는데, 이걸 못하고 죽어버리지 않습니까. 여기에 중요한 포인트가 있습니다. 액션이 필요합니다. 용기가 있어야 합니다. 가만히 이 상황을 보십시다. 집을 나갔다가 돌아온 그 아들, 얼마나 창피합니까. 얼마나 부끄럽습니까. 이 부끄러움을 극복 못하고 아버지에게 돌아오지 못하면 탕자는 죽을 수밖에 없습니다. 그러나 이 모든 부끄러운 과거를 완전히 털어버리고 그는 돌아옵니다. 탕자는 돌아오는 용기가 있었습니다. 그가 돌아오면서 하는 말이 있지 않습니까. "아버지, 저는 아들이 될 자격이 없으니까 머슴꾼의 하나로 여겨주십시오." 이 말이 참 마음에 듭니다. 아들 대접 받으려는 것도 아니고, 신분을 회복하겠다는 것도 아닙니다. 이미 다 떠났습니다. 버렸습니다. "그저 하나의 머슴꾼으로만 있게 해주세요." 제가 이 말 뒤에 괄호를 치고 꼭 한 마디 덧붙이고 싶은 말이 있습니다. 성경에는 빠져 있는 내용입니다. 이것입니다. "아버지, 저를 머슴꾼의 하나로 여겨주십시오. 그리고 제발 아버지 곁에서 살게 해주십시오. 다른 것은 바라는 게 없습니다. 아버지 곁에서 살다가 죽고 싶습니다. 그저 아버지 곁에 있기만 해도 좋겠습니다. 저는 아무것도 필요하지 않습니다. 그저 아버지 옆에서 살게만 해주십시오." 이 마음이 중요합니다.

그런데 오늘본문을 보면 이 아들이 돌아오면서 중요한 말을 한마디 합니다. "제가 아버지 앞에 죄를 많이 지었습니다. 부끄럽습니다. 창피합니다. 그러니 저를 아들이 아니라 머슴꾼의 하나로 여겨주십시오. 저는 아버지의 아들 될 자격이 없습니다." 뿐만이 아닙니다. 아들은 이렇게도 말합니다. "하늘과 아버지께⋯⋯" 여기서 하늘이 무엇입니까? 하나님입니다. 하늘은 하나님의 대명사입니다. 적어도 이 사람은 회개를 하고 돌아온 것입니다. 하나님 앞으로 오는 것입니다. 잃어버렸던 하나님을 찾은 것입니다. 그가 '하늘과 아버지께'라는 말을 한 것은 죄를 아버지께만 지은 것이 아니라는 말입니다. 하늘에도, 하나님께도 죄를 지었다는 말입니다. 굉장히 시각적이고, 정말로 양심적이고, 대표적인 회개의 모습입니다. 하늘과 아버지께 죄인이라는 이 자기성찰이 얼마나 중요한지 모릅니다.

우리에게는 때때로 절박한 시간이 찾아옵니다. 그 시간에 돌이 키지 못하여 절망하고, 후회하고, 낙심합니다. 그리고 마침내 포기 하기도 합니다. 그 몇 푼 안 되는 하찮은 자존심 때문에, 부끄러워 서, 창피해서 아무것도 하지 못하기도 합니다. 이 부끄러움을 극복 해야 됩니다. 이 가책을 극복해야 합니다. 그래서 탕자가 찾은 것이 관계회복입니다. 관계에 집중해야 합니다. 물질이 아니라 관계입니 다. 다시 부잣집 둘째아들이 되겠다는 이야기가 아닙니다. 이 탕자 는 머슴이 되겠다고 했습니다. 이제 재산은 문제가 아닙니다. 유산 도 관계없습니다. 아버지와의 관계만 회복하고 싶습니다. 관계의 회 복, 이 얼마나 소중한 말씀입니까.

관계를 끊어버리고는 기적이 나타나리라고 생각할 수 없습니 다. 하나님을 버리고 성공할 수도 없습니다. 양심을 떠나서 무슨 성 공이 있겠습니까. 특별히 중요한 것은 부모님과의 관계, 자녀와의 관계, 아내와 남편과의 관계입니다. 이 모든 관계에 집중해야 합니 다. 관계가 먼저입니다. 관계가 기본입니다. 그래서 옛날어른들은 이렇게 간단히 말했습니다. '가화만사성(家和萬事成)이라.' 가정이 화목해야 다른 모든 일이 순조롭게 이루어집니다. 관계를 끊어버리 고서야 될 일 없습니다. 부지런히, 열심히 한다고 되는 것이 아닙니 다. 공부만 열심히 한다고 되는 것이 아닙니다. 관계가 중요합니다. 아버지 앞에 아들로 바로 서야 합니다. 형 앞에 동생으로 바로 서야 합니다. 이웃과의 관계에서 좋은 이웃으로 바로 서야 합니다. 무엇 보다 중요한 것은 하나님 앞에서, 하나님의 자녀로 바로 서야 한다 는 점입니다. 하나님과의 관계회복이 먼저입니다.

오늘본문 30절에 이런 말씀이 있습니다. 첫째형이 동생을두고 하는 말입니다. "아버지, 둘째는 모든 살림을 창녀와 함께 삼켜버린 녀석입니다. 아버지께서 나누어주신 그 많은 재산을 창녀와 함께 탕진해버린 아들입니다." 이것이 큰 아들의 생각입니다. 돈만 생각하는 것입니다. 형 생각에 동생은 아버지의 재산을 낭비한 패륜아입니다. 그런고로 말합니다. "아들이 아닙니다." 그러나 아버지는 아랑곳없습니다. 들은 척도 하지 않습니다. "내 아들은 죽었다 살았고, 나는 아들을 잃었다 얻었노라. 나와 함께 즐기자." 아버지의 이 마음, 굉장한 것입니다.

또 한 가지 미스터리가 있습니다. 형은 지금 저 뒤에서 동생을 율법적으로 비판하며 못마땅해 하고 있습니다. 한편 동생은 잔치에 참여하려고 옷을 입고 올라가 자리에 앉고 보니 부끄러웠습니다. 이 둘째아들의 입장에서는 그 자리가 바늘방석 같습니다. 그러나 지금 바로 이 순간이 중요합니다. 이 둘째아들은 자신에게 오는 영광이나 자신에게 오는 소득을 생각하지 않았습니다. 오로지 아버지의 마음만 생각했습니다. 아버지가 저렇게 기뻐하시는데, 내가 다른 말을 할 수는 없다, 이것입니다. 누가 뭐라고 질투하든, 뭘 하든 상관이 없습니다. 오직 하나, 아버지를 즐겁게 해드리고 싶다는 마음뿐입니다. 그렇다면 아버지를 즐겁게 해드리려면 어떻게 해야 합니까? 잔치에 참여해야 합니다. 용서를 받아들이는 것입니다. 이것이 사죄와 Justification의 관계입니다. 의롭다 하시는 그 귀한 역사를 그대로 수용하는 것입니다. 이 태도가 아버지를 기쁘게 해드리는 것입니다. 아버지의 마음을 헤아리는 것입니다. 이렇게 아버지의 기뻐하는 마음을 그대로 받아들이는 것이 아들이 해야 할 일입니다. 이것이 바로 회심 아니겠습니까.

이 둘째아들은 감히 자격을 논할 수 없습니다. 스스로 이 점을 잘 알고 있습니다. 그러나 아버지께서 주시는 그 영광을 그대로 수용합니다. 이것이 믿음입니다. 의롭다함을 얻는 믿음입니다. 탕자는 부끄러움을 다 썻고, 아버지의 기쁜 마음에 동참합니다. 그 마음으로 살아갑니다. 바른 관계를 하나님 앞에 하나님의 자녀로, 아버지 앞에 아들로 관계를 회복하면서 새로운 생이 시작됩니다.   △

너는 용서하라

예수께서 제자들에게 이르시되 실족하게 하는 것
이 없는 수는 없으나 그렇게 하게 하는 자에게는 화
로다 그가 이 작은 자 중의 하나를 실족하게 할진대
차라리 연자맷돌이 그 목에 매여 바다에 던져지는 것
이 나으리라 너희는 스스로 조심하라 만일 네 형제가
죄를 범하거든 경고하고 회개하거든 용서하라 만일
하루에 일곱 번이라도 네게 죄를 짓고 일곱 번 네게
돌아와 내가 회개하노라 하거든 너는 용서하라 하시
더라

(누가복음 17 : 1 - 4)

너는 용서하라

　남아프리카공화국의 대통령을 지낸 넬슨 만델라는 27년이라는 긴 세월 동안 억울하게 감옥에서 고생했습니다. 여러분은 감옥에서 고생해본 일이 있습니까? 저는 강제노동수용소에서 한 7개월 동안 고생을 해봤습니다. 차라리 죽는 편이 낫지, 정말 어려운 시간입니다. 한 시간, 한 시간이 버텨내기가 얼마나 힘든지 모릅니다. 그런데 만델라는 무려 27년을 감옥에서 보냈습니다. 젊은 시절을 감옥에서 다 보낸 것입니다. 하지만 그는 감옥에서 나와 가지고 대통령이 됩니다. 여기에 놀라운 이야기가 있습니다. 그는 대통령취임식에 자기를 그렇게나 괴롭혔던 간수들을 모두 초청했습니다. 나중에 미국의 클린턴 대통령은 만델라 대통령을 백악관에 초청했을 때 그 이유를 알고 싶어서 물어보았답니다. "어떻게 당신은 대통령취임식에 당신을 27년 동안 괴롭힌 사람들을 귀빈으로 초청했습니까?" 만델라의 답변은 아주 간단했습니다. "내가 그들을 용서하지 아니하면 나는 여전히 감옥에 있는 것과 같기 때문입니다." 용서하기 전에는 절대로 출옥자가 아닙니다. 자유인이 아닙니다.

　프레드 러스킨의 저서에 「용서」라는 유명한 책이 있습니다. 이 책에서 그는 '사람에게 가장 중요한 것은 오늘과 내일입니다'라고 말합니다. 과거가 아닙니다. 과거는 과거일 뿐이고, 현재와 미래가 중요합니다. 하지만 많은 사람들이 과거에 붙잡혀 살고 있습니다. 자신의 과거에 갇혀 사는 사람은 생명을 낭비하고 있는 것입니다. 오늘과 내일의 소중한 생을 다 낭비하고 있는 것입니다. 러스킨은 그 원인을 '용서하고 용서받지 못했기 때문'이라고 말합니다. 용서하고 용서받음이 과거로부터 벗어날 수 있는 길입니다. 또한 용서함으로써만 모든 두려움에서 벗어날 수 있습니다. 도둑질한 사람과 도둑맞은 사람, 어느 쪽 마음이 편하겠습니까? 매 맞은 사람과 때린 사람, 어느 쪽이 편하겠습니까? 매 맞은 사람, 도둑맞은 사람은 자기 마음만 바꾸면 자유인이 될 수 있습니다. 그러나 남을 때린 사람은, 도둑질한 사람은 지옥에 살 수밖에 없습니다. 이걸 잊지 말아야 합니다. 모든 두려움에서 벗어나는 길은 용서입니다. 또한 용서함으로써만 밝은 미래를 바라볼 수 있습니다.

자유란 무엇입니까? 자유의 뿌리는 용서입니다. 용서로부터 우리는 비로소 자유할 수 있습니다. 사랑이 무엇입니까? 사랑이 무슨 굉장한 일인 줄 알지만, 아닙니다. 진정한 사랑은 깨끗이 용서하는 것입니다. 여기에 자유의 의미가 있습니다. 또 힘이라는 것이 무엇입니까? 강한 자와 약한 자, 어느 쪽이 용서할 수 있습니까? 용서는 약한 자의 몫이 아닙니다. 용서는 강한 자가 하는 것입니다. 뒤집어 말하면 용서하는 자가 강한 자입니다. 용서하는 자가 승자입니다. 이걸 잊지 말아야 합니다. 할아버지가 있고, 손자가 있습니다. 손자가 잘못했다고 할아버지가 손자에게 원수를 갚습니까? 할아버지는 넉넉합니다. '저 어린 것이 철없어서 그런 거지' 생각하면서 다 용서합니다. 자기 수염을 잡아당겨도 용서합니다. 자기 상투를 흔들어도 용서합니다. 왜 그렇습니까? 할아버지는 크고 손자는 작으니까요. 이것이 용서의 원리입니다.

또한 소망이 있는 자는 용서할 수 있습니다. 그러나 이미 절망한 사람은 절대 용서 못합니다. 스데반은 순교할 때 그리스도를 보

았습니다. 하늘나라를 보았습니다. 그런고로 자기를 죽인 자를 용
서할 수 있었습니다. 요셉은 애굽의 총리대신이 되었습니다. 그래서
자기를 그렇게도 괴롭혔던 형님들을 아주 너그러이 용서합니다. 요
셉이 자기를 팔아넘긴 형들에게 무어라고 이야기합니까? "걱정하지
마세요. 제가 당신의 자녀들을 기르리다." 참 기가 막힌 이야기입니
다. 이 너그러움, 어디서 온 것입니까? 넉넉한 마음에서 온 것입니
다. 내 마음이 넉넉하니까 베풀 수 있는 것입니다. 용서하는 자가 승
자입니다.

　　오늘본문말씀을 순수한 마음으로 읽어봅시다. 너무 복잡하게
생각하지 말고, 그냥 읽어봅시다. "하루에 일곱 번이라도 용서하라.
나에게 잘못한 사람이 하루에 일곱 번 와가지고 '잘못했습니다' 하
고 회개하거든 일곱 번이라도 용서하라. 회개하거든 용서하라." 이
런 내용입니다. 저는 여기에 딱 한 마디 붙이고 싶습니다. '회개했다
고 하거든 용서하라. 믿어지든 믿어지지 않든 상관하지 마라.' 성경
에 나오는 이 '용서하라'라는 동사를 주의 깊게 보아야 합니다. "일곱
번이라도 와서 '내가 회개하노라' 하거든 용서하라." 참 기가 막힌 이
야기입니다. 일곱 번씩이나 와서 "용서해주세요" 하면 그것은 거짓
말 아닙니까. 빤한 소리입니다. 속이 다 들여다보입니다. 그러나 그
래도 예수님께서는 "용서하라. 너는 용서하라" 하십니다. 여기에 핵
심이 있습니다. "너는 용서하라!" 이 말씀을 다시 상고해봅시다. 인
간은 하나님이 아닙니다. 인간은 심판주가 아닙니다. 그러므로 우리
인간이 해야 할 일은 용서하는 일뿐입니다. 용서해달라는 말이 얼마
나 진실한지의 여부까지는 판단할 필요가 없습니다. '저 사람이 거
짓말하는 중인가, 참말 하는 중인가? 저 사람이 믿을 만한 사람인

가, 믿지 못할 사람인가?' 이것은 인간이 할 일이 아닙니다. 하나님께서 하실 일입니다. 내가 할 일은 따로 있습니다. 나는 내가 할 일만 하면 됩니다. 로마서 12장 19절에 유명한 말씀이 있습니다. "내 사랑하는 자들아 너희가 친히 원수를 갚지 말고 하나님의 진노하심에 맡기라 기록되었으되 원수 갚는 것이 내게 있으니 내가 갚으리라고 주께서 말씀하시니라 네 원수가 주리거든 먹이고 목마르거든 마시게 하라 그리함으로 네가 숯불을 그 머리에 쌓아 놓으리라 악에게 지지 말고 선으로 악을 이기라." 이 얼마나 간단하고 명료한 말씀입니까.

마태복음 18장 21절 이하에 나오는 유명한 탕감 받는 비유의 말씀을 신앙의 관점에서 생각해보십시오. 한 사람이 빚을 졌는데, 갚을 길이 없습니다. 만 달란트 빚진 자입니다. 어마어마한 액수입니다. 도저히 갚을 길이 없습니다. 다행히도 주인이 이를 불쌍히 여겨서 모든 빚을 탕감해주었습니다. 이 사람이 빚을 탕감 받고 길을 가다가 자기에게 백 데나리온 빚진 사람을 만납니다. 그래 "빚을 갚아라!" 하고 닦달합니다. 하지만 백 데나리온 빚진 사람은 빚 갚을 능력이 없습니다. 그는 이 사람을 감옥에 집어넣습니다. 이 소식이 일만 달란트 탕감해준 주인의 귀에 들어갑니다. 주인은 그가 너무나 괘씸했습니다. 그래 그를 불러서 뭐라고 이릅니까? "이놈아, 너도 갚아라!" 이 무슨 뜻입니까? 만 달란트는 지금의 가치로 환산해서 얼마나 될까요? 2천만 불 정도에 해당한다고 합니다. 백 데나리온은 20불입니다. 만 달란트의 50만분의 1입니다. 일만 달란트라는 엄청난 빚을 탕감 받은 사람이 그 탕감 받은 액수의 겨우 50만분의 1조차 탕감해주지 못했다는 것입니다. 이 비유에서 예수님께서 강조하시는 것이 무엇입니까? "너도 탕감해주는 게 마땅하지 않느냐? 너도 용서해주는 것이 당연하지 않느냐?" 이 말씀입니다. 얼마나 강한 말씀입니까. 왜 그렇습니까? 우리가 다 용서받아야 할 죄인이기 때문입니다. 우리는 누구를 심판하고 판단할 자격이 없는 사람들입니다. 아무도 그렇게 생각하지 마십시오. 우리 자신들이 지금 다 용서받아야 할 죄인으로 살아가고 있는 중입니다. 계속해서 용서받고 살고 있습니다. 이제 용서 못할 일이 어디에 있겠습니까. 나 역시 용서받아야 할 죄인이라는 생각을 잠시도 잊어서는 안 됩니다.

요한 크리스토퍼 아놀드의 저서에 「The Lost Art of Forgiving」이라는 책이 있습니다. 이 책에 다음과 같은 에피소드가 나옵니다. 한 믿음직한 남편이 있었습니다. 이 남편과 아내 사이에는 예쁜 딸 하나가 있었습니다. 행복한 가정이었습니다. 그런데 남편이 점점 이상해집니다. 귀가시간이 자꾸 늦어지고, 더러는 술에 만취되어서 돌아오기도 합니다. 어느 날은 숫제 안 돌아오기도 합니다. 아내는 이상하다 싶으면서도 '아마 우리 식구를 부양하느라고 고생해서 그러겠지' 하고 생각했습니다. 하지만 나중에 알고 보니 남편에게 다른 여자가 생긴 것이었습니다. 아내는 너무나 놀랐습니다. 그래 하도 기가 막혀서 "당신, 어떻게 이럴 수가 있어요?" 하고 남편에게 따졌습니다. 그러자 남편 하는 말이 이랬답니다. "너도 그러면 젊은 사람하고 연애해. 애는 고아원에 보내고, 우리 헤어지자." 사람이 어떻게 이럴 수가 있습니까? 아내 입장에서는 '내가 이런 사람하고 지금까지 살았나?' 싶지 않았겠습니까. 아내는 이따위 남자하고 지금까지 살았다는 것이 너무나 분하고 억울합니다. 이 괴로움에 아내는 하나님께 기도합니다. 그러다가 주기도문을 외우게 되었습니다. '우리가 우리에게 죄 지은 자를 사하여 준 것 같이 우리 죄를 사하여주옵시고…… 하나님, 제가 저를 용서하지 않으면 제가 하나님 앞에 용서 못 받는다는 걸 압니다. 하나님, 잘못 했습니다.' 이렇게 기도를 하다 보니 이런 생각이 듭니다. '내가 저 사람에게 무관심할 때 저 사람이 얼마나 힘들었을까? 저 사람이 사업이 어려워서 괴로워할 때 나는 전혀 신경을 써주지 못했다.' 이렇게 아내는 남편이 그동안 얼마나 외로웠고, 얼마나 고통을 당했는지를 생각했습니다. 그러다보니 그 잘못이 자신에게 있다는 것을 깨달았습니다. 그래 다시 기도했습니다. '하나님, 저 사람의 잘못이 실은 저의 책임입니다. 저의 죄를 용서하옵소서.' 그러고 나니 비로소 마음이 편안해지더랍니다. 그래 남편을 불러놓고 사과했습니다. "미안합니다." 그랬더니 남편이 이러더랍니다. "아니야. 실은 내가 죽일 놈이지." 그래서 화해가 되었다고 합니다. 평범한 이야기 같지마는, 아주 중요한 이야기입니다.

　이런 재미있는 이야기가 있습니다. 어느 수박농사를 하는 분이 그해 수박농사를 아주 잘 지었다고 합니다. 그런데 아침에 나가보면 제일 큰 수박 하나가 번번이 없어진다는 것입니다. 분명히 밤에 누가 와서 가져가는 것이지요. 날마다 가장 큰 수박이 한 통씩 없어집니다. 이에 주인이 화가 아주 단단히 났습니다. 그래 이 주인이 고민을 하다가 가장 큰 수박에 주사기로 농약을 집어넣었습니다. 그리고 거기에 이렇게 써 붙였습니다. '여기 이 수박들 중 하나에다가 내가 농약을 주사해놨으니까 그런 줄 알아라, 이놈아!' 그랬더니 그 다음 날 그 도둑놈도 이렇게 써 붙였답니다. '나도 수박 하나에다가 농약을 넣어놨으니 알아서 하시오.' 그러니 어느 수박에다가 농약을 넣었는지 알 수가 있습니까. 그해 농사 완전히 망친 것입니다. 공연히 똑똑한 척하다가 일 망치지 마십시오. 손해 좀 보고 살면 어떻습니까. 속고 사십시오. 손해보고 용서하는 것이 사는 길입니다. 잊지 말아야 합니다. 다 용서한 줄 알았는데, 그때 그 사람을 딱 만나면 또 화가 납니다. 용서한 것이 아닙니다. 찌꺼기가 남아 있다는 말입니다. 이 찌꺼기를 어떻게 해야 제거할 수 있겠습니까? 유일한 방법은 사랑하는 것입니다. 용서만 가지고는 모자랍니다. 사랑해버려야 가능합니다. 그러고 나서야 완전한 용서를 이룰 수 있습니다.

예수님께서 십자가에 돌아가실 때 십자가로 승리하셨다고 했습니다. 여기서 예수님께서 하신 말씀이 무엇입니까? "하나님이시여, 이들의 죄를 사하시옵소서. 저들은 자기가 무슨 일을 하는지 모릅니다." 이 한마디가 없었더라면 예수님의 십자가는 실패입니다. 용서가 아니고는 우리 인간은 실패를 면할 수 없습니다. 깊은 용서란 무엇입니까? 용서를 넘어서서 사랑하고, 아주 조그마한 찌꺼기도 없는 깨끗한 용서에까지 이르러야 합니다. 거기서부터 나의 자유함이 있고, 구원의 역사가 있습니다. 용서는 새로운 기회를 만듭니다. 우리를 소망의 세계로 인도합니다. 깨끗하게 다시 출발하십시다. 예수님께서 말씀하십니다. "너는 용서하라. 남의 이야기는 말고, 너는 용서하라." 이 말씀에 이런 대답이 있어야 합니다. "저는 용서했습니다." △

이 사람의 경건

베드로가 불러 들여 유숙하게 하니라 이튿날 일어
나 그들과 함께 갈새 욥바에서 온 어떤 형제들도 함
께 가니라 이튿날 가이사랴에 들어가니 고넬료가 그
의 친척과 가까운 친구들을 모아 기다리더니 마침 베
드로가 들어올 때에 고넬료가 맞아 발 앞에 엎드리어
절하니 베드로가 일으켜 이르되 일어서라 나도 사람
이라 하고 더불어 말하며 들어가 여러 사람이 모인
것을 보고 이르되 유대인으로서 이방인과 교제하며
가까이 하는 것이 위법인 줄은 너희도 알거니와 하나
님께서 내게 지시하사 아무도 속되다 하거나 깨끗하
지 않다 하지 말라 하시기로 부름을 사양하지 아니하
고 왔노라 묻노니 무슨 일로 나를 불렀느냐 고넬료가
이르되 내가 나흘 전 이맘때까지 내 집에서 제 구 시
기도를 하는데 갑자기 한 사람이 빛난 옷을 입고 내
앞에 서서 말하되 고넬료야 하나님이 네 기도를 들으
시고 네 구제를 기억하셨으니 사람을 욥바에 보내어
베드로라 하는 시몬을 청하라 그가 바닷가 무두장이
시몬의 집에 유숙하느니라 하시기로 내가 곧 당신에
게 사람을 보내었는데 오셨으니 잘하였나이다 이제
우리는 주께서 당신에게 명하신 모든 것을 듣고자 하
여 다 하나님 앞에 있나이다
(사도행전 10 : 23 - 33)

이 사람의 경건

어떤 집에 강도가 들어와 권총을 겨누면서 "손들어!" 하고 고함을 질렀습니다. 모두가 벌벌 떨며 두 손을 번쩍 들었습니다. 그런데 이상하게도 그 집 주인은 한 손만 들었습니다. 그걸 보고 강도가 "두 손 다 들어!" 하고 다시 소리 질렀습니다. 그러자 주인이 말했습니다. "강도 선생님, 저는 한 팔에 강한 악성 신경통이 있어서 이 손을 들 수가 없습니다. 그래서 한 손만 들은 겁니다." 그랬더니 강도가 하는 말입니다. "나도 사실은 신경통으로 한 손을 못 쓰게 되어 직장에서 쫓겨났거든. 그래 먹고 살기가 힘들어서 강도짓을 하는 거야." 그때부터 둘은 서로 마주 앉아 재미있게 얘기를 주고받기 시작했답니다. 이것을 가리켜 동병상련이라고 합니다. 같은 병을 가진 사람들끼리 서로 좋은 이웃으로 지낼 수 있다는 것. 우리가 많이 쓰는 말 아닙니까. 같은 고민이 있는 사람들끼리 친하고, 같은 병을 가진 사람들끼리 좋은 친구가 될 수 있다는 말입니다. 그런데 오늘본문에는 아주 어색한 사람들이 나옵니다. 오늘본문의 두 사람은 사실 우연히 만나서 인사조차 할 수 없는 사이입니다. 그러나 오늘본문에서 그들은 서로 아주 가까운 사이가 되었습니다. 이 귀중하고도 신비로운 관계를 우리가 잘 생각해봐야 합니다.

고넬료는 로마의 군인으로 중동의 예루살렘에 파견을 나와 있는 사람입니다. 장교입니다. 그런가하면 베드로라는 사람은 어떻습니까? 피 점령지의 초라한 어부입니다. 그리고 평민이요, 아무것도 가진 것 없는 사람입니다. 그런 고넬료와 베드로가 만납니다. 종교적 차원에서 순수하게 하나님께서 관계하시고, 성령께서 역사하시는 중에 극과 극인 이 두 사람이 만나서 하나의 귀중한 사건을 이루어갑니다. 서로 어색한 이 두 사람이 어찌 이렇듯 갑자기 만날 수 있었을까요? 두 사람의 공통점은 다 하나님을 경외하는 사람들이라는 것입니다.

많은 사람들이 결혼할 때 학벌이 어떻고, 생활수준이 어떻고, 건강이 어떻고, 성격이 어떻고 하는 말들을 합니다마는, 깊이 생각해보면 이런 것들은 다 상관없습니다. 둘 다 하나님을 믿는 사람이면 됩니다. 둘이 함께 하나님을 사랑하고, 둘이 함께 같은 방향을 보고 살아가는 사람이면 됩니다. 그럴 때에 두 사람이 하나가 되는 것입니다. 고넬료와 베드로, 이 둘은 다 하나님을 경외하는 사람들입니다. 경건한 사람들이고, 기도하는 사람들입니다. 시간을 정해서 기도하는 사람들이고, 하나님 앞에 기도하는 사람들입니다. 또한 두 사람 다 천사를 만났습니다. 그러니까 기도응답을 받았다는 말입니다. 두 사람에게 천사가 찾아와 만나주었습니다. 기도응답을 받은 사람들입니다. 뿐만 아니라, 응답 받은 대로 순종한 사람들입니다. 기도응답을 받을 때에 고넬료는 전혀 몰랐던 사람인 베드로를 만나게 됩니다. 모르는 길도 찾아가고, 어색함도 바로잡았습니다. 이것이 두 사람이 하나 될 수 있었던 방법입니다. 기도응답을 현실상황에서 실천했다는 말입니다.

고넬료의 경건에는 몇 가지 특징이 있습니다. 그는 로마의 군인입니다. 당당한 우월감을 가진 사람입니다. 문화적으로나, 정치적으로나, 경제적으로나, 신분적으로나, 사회적으로나 그는 높은 위치에 있습니다. 백부장이요 군인입니다. 하지만 이스라엘에 와 지내면서 종교적으로 민감해진 사람입니다. 정치적으로는 로마가 강력합니다. 철학으로는 헬라가 제일입니다. 하지만 종교는 히브리입니다. 그래서 그는 로마 군인으로 유대나라에 와서 개종하고, 히브리 종교의 사람이 되었습니다. 그만큼 그는 내면적인 세계에 충실한 인격자였다고 생각됩니다. 유대사람의 종교로 개종하고 나서 그는 유대의 전통을 따라서 하나님을 경외하고, 시간을 따라 기도했습니다. 특별히 성경에서 강조하는 바는 고넬료가 온 집으로 더불어 기도하고, 베드로를 맞이할 때에도 온 집으로 더불어 맞이했다는 사실입니다. 온 집이 함께 무언가를 한다는 것, 곧 family concept의 강조입니다. '온 집으로 더불어'입니다. 나 하나만이 아닙니다. 내가 아는 사람, 내가 사랑한 모든 사람과 함께 신앙생활을 한다는 말입니다. 뿐만 아니라, 가정에 대한 고넬료의 생각은 그 폭이 넓습니다. 자기 앞에 있는 식구만 내 식구가 아닙니다. 주변에 있는 사람도 자기 식구입니다. 그래서 그는 군인으로서 많이 구제를 했다는 말입니다.

저는 오늘본문을 접할 때마다 생각나는 분이 있습니다. 6·25전쟁 때 많은 미군들이 우리나라에 와 있지 않았습니까. 그들이 구제사업을 많이 했습니다. 수많은 고아원을 방문하여 돌보고, 여러 가지 복지사업도 많이 했습니다. 그들은 현역군인으로서 전쟁을 수행하는 사람들입니다. 하지만 불쌍한 사람들, 도움이 필요한 사람들을 돌보는 일에 아주 열심이었습니다. 저는 옛날에 그 미군들의 심부름을 좀 했습니다. 구제 사업 하는 그들의 방식이 너무나 마음에 들었습니다. 사람들은 보통 구제를 할 때 숨어서 하지 않습니다. 많은 사람들이 지켜보는 가운데 여봐란 듯이 합니다. 심지어 기념비를 세우기도 합니다. 널리 칭찬을 듣고 싶은 것입니다. 그러나 하나님께서 기억하시는 구제는 '오른손이 하는 것을 왼손이 모르게 하는' 구제입니다. 사람들 눈에 띄지 않도록 은밀하게 하는 봉사가 하나님께서 기억해주시는 구제입니다. 이 얼마나 아름다운 구제입니까.

오늘본문에 나오는 고넬료가 기도응답을 받습니다. 그러고 나서 그 응답대로 베드로라고 하는 낯선 사람을 초대합니다. 행동으로 순종한 것입니다. 저는 고넬료가 집밖으로 나가서 베드로를 맞이하는 장면이 너무나 마음에 듭니다. 로마의 군인인 고넬료가 히브리의 노동자 베드로를 맞이하는 것입니다. 화려한 군복 차림의 고넬료가 온 집안사람들과 함께 베드로라는 초라한 어부를 겸손하게 나가서 맞이하고 땅 위에 엎드려 경배합니다. 무슨 의미입니까? 사람 앞에서 하는 경배가 아닙니다. 하나님께 드리는 경배입니다. 바닥에 배를 대고 엎드려 손을 앞으로 쭉 뻗으면서 땅에 입을 맞추는 자세입니다. 우리나라의 인사법으로, 고개를 숙이고 잠깐 앉았다 일어나는 식의 경배가 아닙니다. 고넬료는 지금 신께 드리는 경배를 베드로에게 한 것입니다. 저는 이 장면이 너무나 아름답습니다. 베드로가 가서 그를 일으키면서 말합니다. "나도 사람입니다. 한데 어떻게 하나님 앞에 하는 경배를 내게 하십니까?" 송구스러워하는 것입니다. 이 얼마나 아름다운 장면입니까. 베드로가 왜 이랬겠습니까? 또 고넬료는 왜 이랬겠습니까? 경건입니다. 하나님을 생각하는 마음, 하나님을 향한 마음이 그를 이렇게 하도록 만든 것입니다. 베드로를 하나님 대하듯 한 것입니다. 고넬료는 베드로에게서 하나님을 보고 있는 것입니다.

구약성경을 보면 야곱이 20년 동안 헤어져 지내던 자기 형님을 만나지요? 아주 원수 같은 형님입니다. 그때 야곱은 너무나 걱정이 된 나머지 밤새 얍복강변에서 기도합니다. 그러고야 형님을 만납니다. 그 재회의 순간 야곱은 이렇게 말합니다. "제가 형님의 얼굴을 보니 하나님의 얼굴을 보는 것 같습니다." 눈으로는 형님을 보지만, 마음의 눈으로는 하나님을 본다는 고백이지요. "제가 형님을 보니 하나님의 얼굴을 보는 것 같습니다." 이런 기가 막힌 장면이 나오게 되는 것입니다.

제가 나이 드니까 이런 간증도 하게 됩니다. 제 할아버지께서 옛날에 교회를 세우셨습니다. 교회의 어른으로 수석 장로님이십니다. 그래 교회를 통하여 많은 학생들에게 장학금을 주셨습니다. 여러 목사님들이 제 할아버지의 돈을 받아가지고 공부했습니다. 그 가운데 한 목사님은 일본으로 유학까지 시키셨습니다. 그분이 일본 고베에서 신학을 하고 한국에 와서 목사가 됩니다. 그리고 제 할아버지께서 세우신 교회에 와서 봉사했습니다. 그렇게 봉사하는 동안에 갑자기 8·15 해방이 되었습니다. 그 해방의 소식을 듣고 할아버지하고 그 목사님이 서로 붙들고 "해방되었습니다! 해방되었습니다!" 하시면서 감격에 차서 우는 모습을 제가 직접 보았습니다. 그랬는데 불과 얼마 안 있어서 공산당이 들이닥쳐 교회를 어지럽혔습니다. 그래 졸지에 목사님들 처지가 어려워졌지요. 그때 많은 목사님들이 남쪽으로 내려왔습니다. 그렇게 6·25 전에 많은 분들이 내려왔는데, 그 목사님도 어느 날 밤에 몰래 도망을 쳐서 배를 타고 백령도로 빠져나왔습니다. 그래 주일에 제가 교회를 가서 보니 목사님이 안 계십니다. 그래서 목사님 어디 가셨느냐고 물어보니 남쪽으로 내려가셨다는 것이었습니다. 할 수 없이 그날은 목사님을 대신하여 우리 할아버지께서 설교를 하셨습니다. 그리고 집에 돌아와 점심을 잡수시는데, 많이 섭섭하셨던가봅니다. 이렇게 말씀하셨습니다. "간 다고 하고 가면 누가 뭐라고 하나? 왜 말 한마디도 없이 저렇게 갔 나?" 세월이 흘러서 제가 남쪽에 와서 목사가 되었습니다. 우연히 그 도망갔던 목사님의 교회에 제가 부흥회를 인도하러 갔습니다. 그 래 닷새 동안 부흥회를 하는데, 때는 추운 겨울이었습니다. 새벽기 도를 마치고 숙소에 돌아왔습니다. 숙소라고 해봤자 목사님의 집에 방 하나가 있는 것일 뿐입니다. 잠깐 앉아 있는데, 누가 문을 두드립 니다. "누구세요?" 그랬더니 그 박 목사님, 그 키 큰 양반이 방 안으 로 불쑥 들어오시는 것입니다. 그러더니 저보고 "거기 앉으세요" 하 십니다. 그래 제가 권하시는 대로 아랫목에 앉았더니, 윗목에서 오 늘본문의 고넬료처럼 그 목사님이 제게 넙죽 엎드려 절을 하는 것 입니다. 제가 난처해서 "아이고, 목사님. 이거 왜 이러세요?" 하니 까 "가만히 계세요. 제가 지금 하는 절은 목사님의 할아버지, 곽치은 장로님께 드리는 인사입니다. 예전에 제가 장로님께 간다는 말씀도 못 드리고 떠나서 교회가 참 어려웠다는 것을 제가 압니다. 그래 늘 죄송스럽고 마음이 너무나 괴로웠는데, 그 할아버지 장로님을 생각 하면서 오늘 이렇게 곽선희 목사 당신한테 인사하는 거니까 받으세 요." 그러면서 넙적 엎드려 저한테 절을 한참 했습니다. 그러니 목사 님이 일어난 다음에 제가 뭐라고 했겠습니까? "그때 할아버지께서 점심을 잡수시면서 '나쁜 놈! 간다고 말이나 하고 가지. 어떻게 한마 디 말도 없이 가나, 그래?' 그러십디다" 했습니다. 그러고 나서 그냥 앉아 둘이서 한참 울었습니다. 그때 그분이 저한테 절을 한 것입니 까? 아니지요. 할아버지를 생각하면서 그 손자인 저한테 절을 한 것 입니다. 고넬료도 마찬가지입니다. 하나님을 바라보며 베드로 앞에

절을 하고 있는 것입니다. 바로 이것이 경건입니다.

저는 지난 50년 동안 목회를 하면서 수많은 사람들을 대해봤습니다. 어제도 임종이 가까운 분한테서 전화가 와서 찾아가 손을 붙들고 기도했습니다. 그런 때에 그분이 저를 보는 것입니까? 아니지요. 저를 만나는 사람이 저를 보는 것이 아닙니다. 하나님을 생각하면서 저를 보는 것입니다. 하나님을 대하듯이 저를 대하는 것입니다.

오늘 고넬료가 그 화려한 군복을 입고 초라한 베드로 앞에 엎드려 절을 합니다. 그러자 베드로가 너무나 송구스러워서 하는 말이 무엇입니까? "나도 사람이요. 이러지 마세요." 그러면서 고넬료를 일으킵니다. 그 장면을 상상해보십시오. 이것이 바로 경건입니다. 뿐입니까? 고넬료는 또 "하나님께서 당신에게 하신 말씀을 다 듣고자 하여 우리가 여기에 있습니다. 말씀하십시오" 합니다. 저는 이 장면이 너무너무 좋습니다. 말씀을 듣고 생각하는 것이 아닙니다. 듣기 전에 먼저 신앙고백을 하는 것입니다. 하나님의 말씀을 듣고자 하여 여기에 모여 있는 것입니다. "목사님을 통하여 내게 주시는 하나님의 말씀을 듣고자 하여 내가 여기에 있나이다." 이 얼마나 귀한 고백입니까. 그의 경건은 기도였고, 그의 경건은 기도응답이었고, 응답에 대한 순종이었습니다. 그래서 고넬료는 자존심, 명예, 권력, 편견, 우월감…… 이 모든 것을 다 내버리고 하나님을 보듯이 베드로를 보았고, 하나님의 음성을 듣듯이 베드로의 말을 들었습니다. 고넬료의 마음은 오직 하나님께 경배하는 마음입니다. 그 경배하는 마음이 현실적으로 베드로 앞에 있을 뿐입니다. 이 거룩한 마음, 이 경건, 놀랍지 않습니까. 이렇게 사는 것이 그리스도인의 모습이요,

이렇게 사는 것이 예배입니다. 참 경건은 여기에 있습니다. 하나님을 뵙고, 하나님의 음성을 듣고, 그 하나님과 나와의 관계를 구체적으로 현실생활에서 이용합니다. 이것이 바로 우리가 가야 할 길이요, 경건의 현실적인 모습입니다.   △

성령의 역사의 현실적 증거

그러나 진리의 성령이 오시면 그가 너희를 모든 진리 가운데로 인도하시리니 그가 스스로 말하지 않고 오직 들은 것을 말하며 장래 일을 너희에게 알리시리라 그가 내 영광을 나타내리니 내 것을 가지고 너희에게 알리시겠음이라 무릇 아버지께 있는 것은 다 내 것이라 그러므로 내가 말하기를 그가 내 것을 가지고 너희에게 알리시리라 하였노라

(요한복음 16 : 13 - 15)

성령의 역사의 현실적 증거

　유명한 찰스 스탠리 목사님이 쓰신 「성령 충만한 삶」이라고 하는 책에 이런 이야기가 나옵니다. 목사님의 아주 생생한 직접 경험 담입니다. 1971년에 목사님은 부흥회를 인도하려고 항공편으로 시애틀에 가고 있었습니다. 비행기가 목적지 상공에 다다라 하강준비를 시작합니다. 바로 그 순간 갑자기 다급한 목소리로 기내방송이 나옵니다. "승객 여러분, 지금 우리 비행기에 문제가 생겼습니다. 비행기 앞바퀴가 나왔는지 안 나왔는지를 알려주는 표시등이 고장 났습니다. 그래서 이 비행기는 땅에 내릴 수가 없습니다." 큰일 난 것입니다. 모두가 겁에 질려 벌벌 떱니다. 그렇게 비행기가 착륙을 못하고 상공에서 무작정 선회하는 동안 마침내 연료가 다 떨어집니다. 어쩔 수 없이 동체착륙이라도 해야 할 상황이 되었습니다. 목숨을 거는 것입니다. 3백 명의 승객들은 그야말로 사색이 되었습니다. 그 순간 누가 목사님을 알아보고 이렇게 부탁합니다. "목사님, 목사님이 대표해서 특별히 기도해주세요. 우리가 다 죄인입니다. 하지만 하나님께서 목사님 기도는 들어주실 것 같습니다. 목사님, 우리를 위해서 기도해주십시오." 그래서 목사님이 두 무릎 사이에 머리를 박고 아주 간절하게 하나님 앞에 기도를 드렸습니다. 그러고 났더니 신기하게도 때맞춰 관제탑에서 연락이 왔습니다. 육안으로 비행기의 앞바퀴가 나온 것을 확인했다는 것이었습니다. 그제야 사람들이 안도의 한숨을 내쉽니다. 한데 기장의 생각은 달랐습니다. "앞바퀴가 나온 건 사실이지만, 제대로 나온 것인지는 잘 모르겠습니다. 바퀴가 나왔는지를 알려주는 표시등은 여전히 먹통이라서 정말로 바퀴가 제대로 나왔는지, 아니면 나오지 않은 건지 확신할 수가 없습니다. 그래도 어쨌거나 모험을 할 수밖에 없습니다." 비행기는 무사히 착륙했습니다.

비슷한 일을 저도 겪은 적이 있습니다. 언젠가 비가 많이 내리던 날 자동차를 타고 청계천을 돌아 남산으로 올라가는 램프를 지나가고 있었습니다. 한데 거기 길 한가운데 차 한 대가 멈춰 서 있는 것입니다. 그래 그 차로 인하여 길이 막혀 뒤로 차들이 길게 줄을 서 있었습니다. 운전자들이 문을 열고는 왜 그러고 있느냐고 소리를 질러댑니다. 그때 문제의 운전자가 차 밖으로 나와서 하는 소리가 재미있습니다. "기름이 떨어졌어요." 그러니까 사람들이 또 말합니다. "아니, 운전하는 사람이 기름 떨어진 것도 모르고 다니나?" 그러자 그 운전자가 하는 말이 참 가관입니다. "기름이 얼마나 남아 있는지 알려주는 게이지가 고장이 났거든요." 표시등이 고장이 나면, 게이지가 고장 나면 큰일인 것입니다.

세상에는 별의 별 사람들이 다 있습니다마는, 그 가운데 본능주도적인 사람이 있습니다. 그저 먹고 살고 자는 것을 중요하게 생각하며 동물적인 본능에 이끌려 사는 부류입니다. 그런가하면 또 이성주도적인 사람들도 있습니다. 이들은 생각이 많아서 항상 자기가 아는 지식과 능력으로 판단해가면서 지성적으로 살아보려고 애쓰는 사람들입니다. 그러나 생각해보아야 합니다. 예수 믿는다는 것이 무엇입니까? 성령 주도적으로 사는 것입니다. 성령께서 우리를 주도하시도록 하는 것입니다. 구원받은 이성입니다. 이 이성에 이끌려 사는 육신이어야 합니다. 그럴 때 우리는 건강한 하나님의 사람으로

살아가게 됩니다. 이 성령의 역사라는 것은 하나님과 우리를 만나게
해주는 영적 교제의 플러그입니다.

　해외여행을 해보면 각 나라마다 사용하는 전력이 다르다는 사
실을 알 수 있습니다. 그래서 공항에 가면 여행지에서 요긴하게 쓸
수 있는 플러그를 살 수 있습니다. 어느 나라에 가서도 쓸 수 있는
만능어댑터가 있습니다. 우리나라는 220볼트지만, 일본이나 미국에
서는 지금도 100볼트를 사용합니다. 구라파에는 350볼트를 쓰는 나
라도 있습니다. 그러니까 내가 여기서 쓰던 아무리 좋은 전기제품을
가지고 가도 플러그가 맞지 않으면 아무 소용이 없습니다. 그야말
로 먹통입니다. 그래서 이 조막만한 어댑터를 사가지고 갑니다. 이
걸 가지고 외국에 나가면 어느 나라에서든지 그 나라에 맞는 플러그
로 사용할 수 있게 됩니다. 발전소에서 보내주는 전기와 이것이 서
로 딱 맞게 연결되지 않으면 아무 소용이 없는 것입니다. 전력도 꼭
맞아야 합니다. 100볼트면 100볼트, 220볼트면 220볼트, 350볼트면
350볼트여야 합니다. 이것이 맞아야 모든 전기제품이 제 성능을 발
휘할 수 있습니다.

　생각이 병들면 사람한테 문제가 생깁니다. 이런 사람은 사악한
동물에 불과합니다. 영혼이 병들면 아주 사악한 동물이 됩니다. 그
러면 그의 능력, 그의 지력, 그의 공부, 그의 재산이 모두 아무것도
아닙니다. 영혼이 병든 사람 하나 때문에 주변의 많은 사람들이 덩
달아 고생을 합니다. 이런 불행한 사태를 방지하여 우리를 구원해주
시려고 그리스도께서 오셨고, 부활승천하신 다음에 우리에게 보혜
사로 성령을 보내주셨습니다. 그리고 성령주도적으로 살도록 우리
를 이끄셨습니다. 성령에 이끌리어 사는 사람, 그가 크리스천입니

다. 돈에 미쳐 살면 수전노입니다. 성령에 이끌리어 산다는 것은 성령께서 주시는 감동대로 산다는 말입니다. 성령께서 인도하시는 대로 살지 못하면 심판을 받습니다. 고민하게 됩니다. 속이 썩습니다. 이성도 병듭니다.

심리학자 윌리엄 제임스는 자아를 세 가지로 구분합니다. 첫째는 Material Self, 물질적인 자아입니다. 완전히 물질에 노예가 된 자아를 말합니다. 둘째는 Social Self, 사회적인 자아입니다. 사회적인 모든 분위기에 끌려가는 사람을 일컫는 말입니다. 이것도 문제입니다. 셋째는 Spiritual Self, 영적인 자아입니다. 성령에 이끌리어 사는 이성, 성령에 구속받은 양심입니다. 그리고 그 양심의 주도를 따라 사는 인간을 '영적 자아'라고 말합니다.

그러면 성령은 오늘날 우리에게 어떻게 역사하십니까? 실제적으로 성령은 역사하십니다. 먼저, 우리에게 믿음을 주십니다. 믿음은 하나님께서 주시는 선물입니다. 저는 결혼주례 할 때마다 이 이야기를 꼭 합니다. "남편을 믿어야 합니다. 아내를 믿어야 합니다. 사랑을 병들게 하는 것은 의심입니다." 의심은 한 번 시작하면 걷잡을 수 없이 계속 증폭됩니다. 마지막에는 어디까지 더 나아갈지 알 수도 없을 지경이 됩니다. 믿어야 합니다. 그래서 저는 이렇게 이야기합니다. "남편이 저녁에 안 돌아오거든 '배고프겠다', 안 돌아오거든 '내일 올 거다' 생각하십시오. '남편이 안 오는 이유가 있겠지. 내가 지금 모르고 있지만, 무언가 이유가 있겠지' 하고 믿으십시오." 그리고 제가 꼭 이 이야기를 합니다. "밤에 잘 때 몰래 남편의 핸드폰 열어보지 마십시오." 큰일 날 일입니다. 병입니다. 의심은 병입니다. 그러면 믿음은 무엇입니까? 의심의 반대인 믿음은 선물입니다.

큰 축복입니다. 이래도 믿고, 저래도 믿고, 절대 의심하지 않는 믿음
이라야 합니다. 아이들이 가출을 해도 믿습니다. 그냥 믿는 것이 아
니라, 반드시 돌아올 것을 믿는다는 말입니다. 전적으로 믿는 믿음,
이것이 바로 하나님께서 주신 엄청난 선물입니다. 이것은 누가 가르
쳐서 될 일이 아닙니다. 교양이 많다고 되는 일도 아닙니다.

　예수님께서는 제자들, 그 못난 제자들의 발을 씻어 주시면서도
믿으셨습니다. 그리고 이렇게 말씀하셨습니다. "지금은 모르지만 이
후에는 알리라." 무슨 말씀입니까? '지금은 이 모양이지만, 앞으로
는 훌륭한 제자가 되어서 나를 위해서 다 순종할 것이다'라는 말씀
이지요. 예수님께서는 믿으셨습니다. 제자들을 믿으셨습니다. 믿음,
이것은 선물입니다. 그것도 아주 큰 선물입니다. 하나님께서 주시
는 선물입니다. 특별히 예수를 믿는다는 것, 신비한 일입니다. 성령
께서 함께하실 때 믿어지는 것입니다. 십자가가 어디 그냥 믿어집니
까. 예수님께서 나를 위해 십자가 지신 것, 믿어지던가요? 하나님께
서 믿음을 주실 때 비로소 믿어지는 것입니다. 하나님께서 은혜 주
실 때 비로소 내가 하나님의 자녀 됨을 믿게 됩니다. 믿음, 이것은
성령의 역사입니다.

　마태복음 16장에서 베드로는 이렇게 고백합니다. "주는 그리스
도시요 살아계신 하나님의 아들이십니다." 이때 예수님께서는 "너
그동안 많이 배웠구나" 하지 않으셨습니다. 오히려 "하나님께서 너
로 하여금 그것을 알게 하셨다"라고 말씀하셨습니다. 이 말씀은 "성
령께서 너로 하여금 내가 그리스도임을 알게 하셨느니라"라는 말씀
입니다. 믿음은 우리의 의지로 얻는 것이 아닙니다. 믿음은, 그 믿음
의 내용은 하나님께서 주시는 선물입니다. 어떤 사람은 재주가 좋아

서 몇 월, 며칠, 몇 시부터 자기가 예수 믿기 시작했다고 간증을 하기도 합니다. 그러나 아닙니다. 믿음은 나도 모르게 이루어지는 것입니다. 어쩌다 한두 번 교회에 나왔는데, 마음이 하나님께로 향합니다. 어쩌다 성경을 읽기 시작했는데, 자기도 모르게 영혼이 그리스도께 사로잡힙니다. 중생의 역사가 이루어지는 것입니다. 새로 태어나는 역사입니다. 동시에 성령께서 나를 거룩하게 하십니다. 성령께서 임하셔서 나를 주장하시면 내가 큰 노력을 하지 않아도 술 끊을 수 있고, 요란스럽게 결심하지 않아도 자연스레 담배 생각이 없어집니다. 또 그렇게나 밉던 사람이 왜 그런지 불쌍하게 보이고, 늘 초조해서 발을 동동 구르던 사람이 평안하게 됩니다. 성령께서 내 영혼을 Purify, 정화시키셔서 Purification, 성화를 이루어나가시는 것입니다.

방법론적으로 좀 더 실제적인 생각을 하자면, 성령께서는 말씀으로 역사하십니다. 성령께서 임하시어 우리로 깨닫게 하시고, 믿게 하시고, 느끼게 하십니다. 성경말씀을 깨닫게 하시는 것, 이것이 바로 성령께서 하시는 일입니다. 믿게 하시고, 깨닫게 하시는 것만 가지고는 부족합니다. 말씀 한 구절, 한 구절이 다 믿어집니다. 성경 어디를 읽어도 다 믿어집니다. 그리고 동시에 감동케 해주십니다. 성경을 보면서 눈물을 흘리고, 성경을 보면서 주의 사랑을 느껴서 감격합니다. 성경을 보는 중에 성령께서 역사하시면 성경 안에서 내가 주를 만납니다. 주의 사랑, 그 엄청난 사랑을 내가 경험하고, 성경을 읽다 말고 눈물을 흘리며, 하나님 앞에 감사기도를 드리게 됩니다.

오늘본문 4절은 말씀합니다. "이 말한 것을 기억나게 하리라." 세상에 어떤 좋은 진리가 있다 하더라도, 우리가 어떤 좋은 진리를 배웠더라도 실제상황에서 그것이 기억나지 않으면 아무 소용이 없습니다. 언젠가 제가 영주에 가서 부흥회를 인도했을 때 한 초등학교 선생님한테서 긴긴 감사의 편지를 받은 일이 있습니다. 그때 제가 설교하면서 신명기 14장에 있는 말씀을 했습니다. "내 귀에 들린 대로 행하리라." 이 말씀대로 우리는 무슨 말을 할 때 항상 조심해야 합니다. 출애굽 때를 생각해보십시오. 하나님께서 이스라엘 자손들을 어떻게 하셨습니까? 광야에서 그들이 하도 "차라리 애굽에서 죽었으면 좋았을 걸, 죽었으면 좋았을 걸……" 하니까 하나님께서 그 소리를 들으시고 "내 귀에 들린 대로 하리라. 죽고 싶다니까 죽여주마!" 하십니다. 그래 제가 그 부흥회에서 이렇게 말씀을 전했습니다. "어떤 경우에도 함부로 말하지 마십시오. 부정적으로 말하지도 마십시오. 불신앙의 말이 나오면 안 됩니다."

제게 편지를 보내온 그 초등학교 선생님은 말 안 듣는 아이들한테 늘 이렇게 막말을 했다고 합니다. "너, 차라리 집 나가라!" "너는 왜 태어나가지고 이 말썽이냐?" 그러던 차에 그 선생님이 부흥회에서 "들린 대로 행하리라"라는 말씀을 들은 것입니다. 그리고 비로소 자기 잘못을 깨달았다는 것입니다. '안 되지. 절대 안 되지' 싶은 생각이 들어서 그때부터 말을 조심하게 되었다고 합니다. 그 뒤로 선생님은 사랑으로 아이들을 대했다고 합니다. 그러자 아이들이 다 좋아지더랍니다. 그 이야기를 길게 편지로 써서 저한테 보낸 것입니다. 하나님의 말씀을 들으면서 깨닫고 감격해야 합니다. 그리고 실제상황에서 그 말씀이 기억나야 합니다. 가정생활에서 그 말씀이 기억나야 합니다. 성령께서 그렇게 해주십니다. 예수님께서 말씀하실 때 그 말씀을 기억하고 실행해야 합니다. 주님의 말씀은 객관적인 계시입니다. 내가 현실에서 살아갈 때 그 말씀을 기억하게 하시는 것은 나로 깨닫게 하시려는 의도입니다.

우리는 한평생 수없이 많은 시험을 치릅니다. 중간고사, 기말고사, 입학시험, 졸업시험, 입사시험, 승진시험…… 수많은 시험이 있습니다. 저도 한평생 무척 많은 시험을 봤습니다. 잊지 마십시오. 아무리 많이 시험준비를 했더라도 현장에서 생각이 안 나면 다 소용없습니다. 밤을 새워 공부하면 뭐합니까? 문제를 딱 봤을 때 바로 생각이 나야지요. 우리가 인생을 사는 것도 같은 이치입니다. 오늘 우리가 들은 말씀, 우리가 감격한 말씀, 깨달은 말씀이 순간순간 생각이 나야 합니다. 기억이 나야 합니다. 그리고 그 말씀이 나를 주도해서 귀한 말씀의 역사로 나타나야 합니다.

뿐만 아니라, 성령께서는 우리 장래 일을 말씀하십니다. 다음에는 어떻게 될까? 다음 세대는 어떨까? 다음의 길은 어디에 있나? 이렇게 다음, 다음, 다음을 우리에게 보여주십니다. 그래서 스데반이 비록 돌에 맞아 죽지만, 하늘을 우러러볼 때 감동하고 성령 충만하여 하늘나라를 보게 됩니다. '내가 갈 곳이 저기다.' 이런 까닭으로 그는 돌에 맞아 죽으면서도 얼굴은 천사와 같을 수 있었습니다. 모든 사람을 용서할 수도 있었습니다. 오늘본문에는 예수님께서 십자가 지시기 바로 몇 시간 전에 주신 귀한 말씀이 있습니다. "내가 떠나가는 것이 유익이라. 섭섭히 생각하지 마라. 나는 떠나가지만 성령이 오실 것이다. 보혜사 성령이 오셔서 내가 너희들에게 한 말을 깨닫게 하시고, 감당하게 하시고, 생각나게 하시고, 충만하게 하셔서 승리생활을 하고, 우리로 하여금 그리스도께 향하도록, 그리스도의 사람으로 살아가도록 인도해주실 것이다." △

우리를 단련하시는 하나님

만민들아 우리 하나님을 송축하며 그의 찬양 소리
를 들리게 할지어다 그는 우리 영혼을 살려 두시고
우리의 실족함을 허락하지 아니하시는 주시로다 하
나님이여 주께서 우리를 시험하시되 우리를 단련하
시기를 은을 단련함 같이 하셨으며 우리를 끌어 그물
에 걸리게 하시며 어려운 짐을 우리 허리에 매어 두
셨으며 사람들이 우리 머리를 타고 가게 하셨나이다
우리가 불과 물을 통과하였더니 주께서 우리를 끌어
내사 풍부한 곳에 들이셨나이다

(시편 66 : 8 - 12)

우리를 단련하시는 하나님

몇 해 전 겨울 북 아일랜드에서 있었던 일입니다. 수많은 갈매기들이 떼죽음을 당했습니다. 중요한 것은 그 갈매기들이 다 굶어죽었다는 사실입니다. 하늘을 날면서 바닷물 속에 있는 물고기를 잡아먹는 날쌘 갈매기 수만 마리가 왜 굶어죽었을까요? 그 원인을 살펴보았더니, 이곳을 여름에 여행하는 사람들이 이 갈매기들에게 먹이를 던져준 것이 문제였습니다. 여러분도 해보셨을 것입니다. 바닷가에서 과자부스러기라도 던져주면 갈매기들이 날아와서 그걸 탁 채서 먹고 가곤 하는 것이 재미있어서 사람들이 자꾸 갈매기들에게 먹이를 던져줍니다. 갈매기들이 여기에 익숙해졌습니다. 그러느라 억센 물고기를 잡는 기술을 잃어버렸습니다. 그래서 겨울이 오면 그 수많은 갈매기가 굶어죽습니다. 이 때문에 요새는 갈매기들에게 먹이를 못 주게 합니다. 그런 식으로 계속 먹이를 줘버릇하면 마침내 갈매기는 자기의 갈매기 됨을 잃어버리고 맙니다. 사실 갈매기는 물 속 2m까지밖에 못 들어간답니다. 그렇게 갈매기가 물고기를 발견하고 물속으로 날아 들어가도 물고기를 잡을 성공확률은 10대 1에 지나지 않는답니다. 열 번 해야 가까스로 한 번 잡아먹는 셈입니다. 살기가 힘듭니다. 그러니 갈매기가 그 특유의 어획기술을 잃어버리면 낭패 아닙니까. 겨울이 되면 굶어죽을 수밖에 없는 형편이 되는 것입니다.

병원에서 종합건강진단을 받을 때 제일 골치 아픈 것이 체중입니다. 체중은 무조건 줄여야 됩니다. 만병의 원인이 비만이거든요.

그래서 건강진단을 받으러 병원에 가면 맨 처음에 하는 것이 체중을 재는 일입니다. 여기에 놀라운 사실이 한 가지 있습니다. 세 가지 기준으로 체중을 보는데, 하나는 지방이고, 다음이 뼈, 그 다음이 근육입니다. 이 세 가지 내역이 따로따로 나옵니다. 쉽게 말하면 당신은 고깃덩어리가 얼마고, 뼈가 몇 근이고, 근육은 얼마나 되나 하는 것입니다. 그리고 그걸 놓고 분석을 합니다. 체중이 많으냐 적으냐는 중요한 것이 아닙니다. 일례로, 뼈의 무게는 많이 나갈수록 좋습니다. 지방만 많고 뼈가 없어보십시오. 큰 일 날 일 아닙니까. 그런가하면 근육도 많아야 좋습니다. 젊은 사람들은 근육의 무게가 많이 나갑니다. 그러니까 많이 먹어도 되고 건강하지 않습니까. 하지만 나이 든 사람은 체중이 많이 나가면 문제입니다. 근육이 아니라 기름덩어리만 있는 것이거든요. 이것은 병의 원인입니다. 그럼 근육이 모자라면 어떻게 될까요? 고지혈증이 되고, 지방간이 되고, 고혈압이 되고, 뇌졸중이 됩니다. 근육은 움직이는 것입니다. 계속 움직이면서 근육 사이를 지나가는 피를 맑게 합니다. 피를 연소시키는 것입니다. 그러니까 근육이 많으면 피가 깨끗한 것입니다. 그런데 근육이 없으면 비쩍 말랐어도 고혈압이 됩니다. 그러니까 부지런히 움직여서 근육을 키워야 합니다. 그냥 체중만 줄였다고 되는 것이 아닙니다. 결론은 무엇입니까? 근육이 있어야 된다, 이것입니다. 하지만 근육은 거저 생기지 않습니다. 움직여야 생깁니다. 부지런히 움직여야 됩니다. 「누우면 죽고, 걸으면 산다」라는 제목의 책도 있습니다. 부지런히 걷고, 부지런히 움직여야 합니다.

닭이 아침에 일어나면 홰에서 내려와 막 날갯짓을 하면서 운동을 합니다. 개도 보십시오. 자기 숙소에서 나와 가지고 날개를 펍니다. 개도 이렇게 스트레칭을 합니다. 더군다나 개는 운동 안 하면 못 삽니다. 그래서 우리나라에도 개를 운동시키는 직업이 생겼습니다. 요새 집집마다 개를 많이들 키우는데, 개는 운동을 못하면 죽기 때문에 사람을 고용해서라도 개를 운동시키는 것입니다. 재주가 있고 기술이 있는 사람은 한꺼번에 열 마리씩 데리고 다니기도 합니다. 그렇게 한 시간씩 다니고, 하루에 세 번만 하면 먹고 살 만큼 수입을 올린다고 합니다. 개도 운동시켜야 합니다. 최소한 스트레칭이라도 해야 됩니다. 움직여야 됩니다. 계속 움직여야 근육이 살아나고, 근육이 살아나야 피가 맑아지고, 우리가 건강하게 살아갈 수 있습니다.

창세기 3장 19절에서 하나님께서는 우리 인간에게 이렇게 말씀하십니다. "땀을 흘려야 살리라." 농사를 지으면서 땀을 흘려야 되겠다는 말씀입니다. 농사 말고 다른 일을 하고 사는 현대인들에게는 운동해야 살리라는 말씀입니다. 땀을 흘려야 산다, 이것입니다. 사우나를 하면서 땀 흘리라는 말이 아닙니다. 그것은 건강에 오히려 좋지 않은 일입니다. 움직여서 땀이 나야 합니다. 보송보송 땀이 날 때까지 움직여야 됩니다. 다른 도리가 없습니다.

하나님께서 우리를 창조하셨습니다. 우리 체질을 잘 아십니다. 인간이 어떠한지, 어떻게 해야 잘 살 수 있는지, 다 알고 계십니다. 그래서 오늘 본문은 이렇게 말씀합니다. "하나님께서는 우리를 단련하신다. 은을 단련함 같이 우리를 단련하신다." 이 얼마나 귀하고 확실한 메시지입니까. 여기서 단련한다는 것이 무슨 의미입니까? 불속에 들어가는 것입니다. 은을 불 속에다 집어넣고, 풀무질을 하고, 찌꺼기가 다 빠져나가면 순수한 은이 됩니다. 수천 년 전부터 금은은 다 그렇게 만들어왔습니다. 오늘도 강철은 그런 식으로 만듭니다. 강철, 별것 아닙니다. 매 많이 맞은 것이 강철입니다. 그래야 강력한 철, 강철이 됩니다.

제가 1963년에 미국으로 처음 유학을 갔습니다. 그래 여름방학 동안 학비를 벌려고 공장에서 일했습니다. 강철공장이었는데, 일이 말도 못하게 힘들었습니다. 그 공장에서 차로 30분 거리 안에는 집을 못 짓습니다. 소리가 너무 요란해서입니다. 그 공장 사람들은 전부 귀를 막고 일합니다. 꽝 꽝 터지는 소리가 엄청납니다. 그렇게 강철을 만드는 것입니다. 얼마나 강하냐면, 다른 강철을 깎을 수 있을 만큼 강합니다. 강철? 별것 아닙니다. 매를 많이 맞은 것입니다. 하나님께서는 우리를 아시고, 우리를 가르치십니다. 첫째는 지식으로 알게 하십니다. 말씀으로 가르치십니다. 다음은 느끼도록, 감격하도록 가르치십니다. 그리고 깨닫도록 가르치십니다. 마지막에는 버리도록, 잘못된 걸 끊어버리도록, 찌꺼기를 버리도록, 강하게 역사하십니다.

이스라엘 백성이 애굽에서 나왔습니다. 그런데 하나님께서는 어째서 하필이면 그들을 홍해로 이어지는 광야 길로 인도하셨을까요? 하나님께서 인도하시는 길을 따라서 가봤더니 앞에 홍해가 있습니다. 이제는 죽는 것입니다. 뒤에서는 애굽 군대가 따라오고, 앞에는 홍해가 있지 않습니까. 왜 이리로 인도하셨을까요? 하나님께서는 마지막에 홍해를 여시어 이스라엘 백성이 그곳을 육지처럼 걸어서 건너가게 하십니다. 애굽 생활을 완전히 버리게 하시기 위해서입니다. 애굽에서의 잘못된 습관과 생각을 다 버리게 하시려고 이처럼 큰 역사를 이루신 것입니다. 과거를 버린다는 것, 참 어려운 일입니다. 혼자서는 못합니다. 하나님께서 강하게 역사하실 때에 비로소 과거로부터 벗어날 수 있습니다.

하나님께서 이스라엘 백성들을 40년 동안이나 광야에 머무르게 하신 이유를 성경은 간단하게 말씀합니다. 겸손하게 하시기 위해서, 하나님 앞에 겸손하게 하시기 위해서입니다. 그래 이스라엘 백성들은 40년 동안의 어려운 시련을 겪어야 했습니다. 하나님께서는 이 과정을 통하여 그들을 강하고 지혜롭게 하신 것입니다. 하나님의 교과과정이 있습니다. 교과과정은 내가 정하는 것이 아닙니다. 내가 하고 싶은 대로 하면 안 됩니다. 선생님이 시키는 대로 해야 됩니다. 이러이러한 과정을 거쳐야 교육이 된다는 것을 선생님은 오랜 경험을 통해서 잘 알고 있습니다. 그런고로 선생님의 커리큘럼, 그 교과과정에 온전히 순종할 필요가 있습니다. 이렇게 순종해나가면 훌륭한 목표에 도달하게 될 것입니다.

하나님께서는 우리의 체질에 대해서도 잘 알고 계십니다. 그렇다면 우리의 가장 중요한 문제가 무엇이겠습니까? 나를 가르치는 분에 대한 믿음입니다. 때로 내가 매를 맞습니다. 그러나 나를 때리시는 분에 대한 믿음이 있습니다. 내가 어려운 시련을 당합니다. 이 시련을 내게 주시는 하나님에 대한 확실한 믿음이 있습니다. 그분의 사랑을 믿습니다. 그분의 능력을 믿습니다. 그분의 놀라운 지혜를 믿습니다. 그리고 시련을 당합니다. 그러면 이 시련은 어려운 일이 아닙니다. 부모가 자식을 때리면 그게 미워서 때리는 것입니까? 죽으라고 때리는 것입니까? 거기서 그 자녀가 이것은 사랑이라고, 이것은 내가 맞아야 할 매라고, 꼭 필요한 것이라고 믿을 수 있다면 그 자녀는 나중에 얼마나 훌륭한 사람이 되겠습니까. 시련은 저주가 아닙니다. 시련은 심판이 아닙니다. 그 깊은 곳에 우리가 모르는 사랑이 있습니다. 거기에 하나님의 지혜가 있습니다. 하나님의 인도하심이 있습니다. 그래서 욥기 23장 10절에서 욥은 많은 고생을 하면서, 그 많은 시련을 겪으면서 이렇게 간증합니다. "나의 가는 길을 오직 그가 아시나니." 나는 모릅니다. 과거도 현재도 모릅니다. 막막하게 살아옵니다. 하지만 하나님께서는 아십니다. "나의 가는 길을 오직 그가 아시나니 나를 단련하신 후에 내가 정금같이 나오리라." 이것이 훌륭한 신앙간증입니다. 이 믿음으로 그 많은 시련을 극복할 수 있었습니다. 오히려 시련을 통해서 기회를 얻고, 그 많은 은총을, 하나님께 가까이 가는 축복을 누리게 되었다는 말씀입니다.

더욱더 놀라운 말씀이 있습니다. 고린도전서 10장 13절은 이렇게 말씀합니다. "사람이 감당할 시험밖에는 너희에게 당할 것이 없나니 하나님은 미쁘시사 너희가 감당치 못할 시험 당함을 허락지 아니하시고 시험 당할 즈음에 피할 길을 내사 너희로 능히 감당하게 하시느니라." 그 당하는 고통이 다소 버거울 때가 있습니다. '이건 좀 심하다.' 이렇게 생각할 때가 있을 것입니다. 그래도 잘 당하십시오. 잘 겪어보십시오. 오래 전 제가 군 복무를 마치고 나와 기숙사에서 혼자 지내면서 공부하고 있을 때 저는 하루하루 생활이 참 어려웠습니다. 그 당시 기숙사는 여러 가지로 시설이 좋지 않았습니다. 추운 겨울에 난로도 없이 얼음장 같은 다다미방에서 지냈습니다. 그래 겨울방학이 되면 학생들은 다 기숙사를 떠납니다. 저 혼자 남아 있었습니다. 담요 석 장 가지고 덜덜 떨면서 겨울을 났습니다.

사는 동안 우리는 어려움을 겪을 때가 있습니다. 그러면 하나님께 푸념을 합니다. "하나님, 이건 좀 너무하시지 않습니까. 꼭 이렇게까지 하셔야 되겠습니까?" 하지만 이제 와서 생각해보면 그것이 하나님의 얼마나 큰 사랑이었습니까. 그러니까 오늘도 제가 이런 말을 할 수 있는 것 아닙니까. 젊어 고생은 많이 할수록 좋은 것입니다. 아름답고 귀한 일입니다. '정금같이 나오리라.' 무슨 뜻입니까? 하나님께서는 나를 다 알고 계십니다. 하나님께서는 시험을 감당할 만한 사람한테만 주십니다. 감당 못할 시험을 주지 않으십니다. 이 믿음을 가져야 됩니다. 무엇입니까? 감당할 수 있다는 말입니다. 감당할 수 있을 뿐만 아니라, 감당하는 순간 새로운 역사가 창조됩니다.

고린도전서 10장 10절은 말씀합니다. '하나님을 원망하지마라. 이스라엘 백성들이 광야에서 하나님을 원망하다가 죽었느니라. 너희는 하나님을 원망하지 마라. 어떤 시련을 당해도 이건 내게 주시는 축복이라. 나로 하여금 바른 길을 가게 하는 것이다. 내가 버리지 못하는 걸 버리게 하는 것이다. 내가 미처 깨닫지 못하는 걸 깨닫게 하는 것이다. 이것은 내게 주시는 축복이다.' 이렇게 받아들이라는 것입니다. 이런 믿음으로 살아가야 한다는 것입니다. 성도 여러분, 깊이 생각하십시다. 여기 겸손한 자가 있습니까? 물을 것 없습니다. 많은 시련을 당한 사람입니다. 여기에 지혜로운 자가 있습니까? 남달리 고생을 많이 한 사람입니다. 여기 강한 자가 있습니까? 남보다 시험을 많이 겪은 사람입니다. 여기에 믿음이 있는 자가 있습니까? 남보다 더 많은 고난을 겪은 사람입니다. 그리고 오늘 이 믿음을 가지게 된 것입니다. 믿음은 공짜로 주어지는 것이 아닙니다. 하나님께서는 은혜로 우리에게 주시지만, 그 받는 과정은 어려운 시련 속에 이루어지는 것입니다. 야고보서 1장 12절은 말씀합니다. '여러 가

지 시험을 만나거든 온전히 기쁘게 여기라. 이는 너희로 믿음의 시
련이 인내를 만들어내는 줄 앎이니라. 시험을 당할 때 온전히 기쁘
게 여기라.' 철저히 놀라운 신앙입니다. 왜 그렇습니까? 저 앞에 면
류관이 있고, 저 앞에 성숙함이 있고, 저 앞에 축복이 있기 때문입니
다. △

이제는 안심하라

사흘째 되는 날에 배의 기구를 그들의 손으로 내버
리니라 여러 날 동안 해도 별도 보이지 아니하고 큰
풍랑이 그대로 있으매 구원의 여망마저 없어졌더라
여러 사람이 오래 먹지 못하였으매 바울이 가운데 서
서 말하되 여러분이여 내 말을 듣고 그레데에서 떠나
지 아니하여 이 타격과 손상을 면하였더라면 좋을 뻔
하였느니라 내가 너희를 권하노니 이제는 안심하라
너희 중 아무도 생명에는 아무런 손상이 없겠고 오직
배뿐이리라 내가 속한 바 곧 내가 섬기는 하나님의
사자가 어제 밤에 내 곁에 서서 말하되 바울아 두려
워하지 말라 네가 가이사 앞에 서야 하겠고 또 하나
님께서 너와 함께 항해하는 자를 다 네게 주셨다 하
였으니 그러므로 여러분이여 안심하라 나는 내게 말
씀하신 그대로 되리라고 하나님을 믿노라 그런즉 우
리가 반드시 한 섬에 걸리리라 하더라
(사도행전 27 : 19 - 26)

이제는 안심하라

어느 날 아침 아브라함 링컨 대통령이 일찍 일어나서 산책을 하고 있었습니다. 그렇게 숲 사이를 걷다가 아주 귀여운 두 형제가 이리저리 뛰면서 운동하는 것을 보았습니다. 그 모습이 너무나 예뻐서 "이리 오너라!" 하고 그 아이들을 불렀습니다. 그리고 그 가운데 동생처럼 보이는 작은 아이한테 호두 세 개를 주었습니다. 아이는 "Thank you!" 하고 그걸 받았습니다. 형이 말합니다. "야, 너 그거 혼자 다 가질 거야?" 이 말을 듣고 동생은 그 호두 세 개 가운데 하나를 형한테 줬습니다. 그 형이 또 말합니다. "내가 형이잖아? 그러니 동생인 네가 하나를 갖고, 나를 둘 줘야지. 그렇지 않냐?" 동생이 대답합니다. "아니, 대통령께서 내게 주셨거든? 그러니까 내가 둘 가지고 형이 하나 가져야지." 이렇게 두 형제가 옥신각신 다투었습니다. 그때 비서실장이 다가와 대통령에게 물었습니다. "얘들이 왜 이렇게 싸웁니까?" 링컨이 빙그레 웃으면서 답합니다. "세계문제로 싸웁니다." "그게 뭡니까?" "소유와 분배지요. 얼마나 갖느냐, 어떻게 분배하느냐, 이것이 세계문제입니다. 이 아이들이 지금 그걸로 싸우고 있습니다."

클라우제비츠는 그의 유명한 저서인 「전쟁론」에서 전쟁을 이렇게 정의합니다. '전쟁이란 뭐냐? 나의 의지를 관철하기 위해서 적에게 강요하는 폭력행위다.' 그렇습니다. 전쟁은 본디 그런 것입니다. 「손자병법」에서도 우리는 전쟁에 대한 중요한 진실을 발견할 수 있습니다. 전쟁에는 규칙이 없습니다. 오히려 반칙이 칭찬받는 곳이 전쟁터입니다. 그러니까 전쟁은 속임수입니다. 잘 속여야 이길 수 있습니다. 잘 속여야 칭찬을 받습니다. 그래야 아군이 큰 희생 없이 이길 수 있으니까요. 요컨대 전쟁은 결과에만 의미를 둡니다. 그런데 전쟁을 통해서 우리가 잃어버리는 것은 생명과 재산만이 아닙니다. 전쟁을 치르고 나면 반드시 전염병이 창궐합니다. 전쟁으로 죽는 사람보다 그 뒤에 전염병으로 죽는 사람이 더 많습니다. 제가 어렸을 때 태평양전쟁이 끝났습니다. 결국 해방되어서 감사하다 했는데, 바로 그 해에 호열자가 돌았습니다. 우리 동네에서도 얼마나 많은 사람들이 죽었는지, 시체를 모아다가 언덕에 쌓아놓고 불을 질렀습니다. 밤마다 빨갛게 타오르는 그 불을 제가 보았습니다. 우리는 전쟁이라고 하면 전장에서 벌어지는 전투만 생각하지, 그 뒤에 오는 더 많은 피해를 생각하지 못합니다. 전쟁을 치르고 나면 우선 도덕이 타락합니다. 가치관이 무너집니다. 전쟁 통에는 도둑질도 죄가 아니거든요. 오히려 속임수가 생존과 성공의 비결입니다. 그렇게 전쟁을 거치는 동안 무너진 가치관과 도덕관을 정상으로 회복하려면 무려 40년의 세월이 걸린다고 사회학자들은 말합니다. 이것이 전쟁의 무서운 피해입니다.

　　예일대학의 저명한 역사학자인 도널드 케이건 교수는 「전쟁과 인간(The Origin of The War)」라는 그의 유명한 저서에서 이렇게 말합니다. '지난 3천4백21년 동안 인간이 전쟁을 하지 않은 때는 고작 268년에 불과하다.' 인류사에 전쟁이 없었던 때가 거의 없습니다. 이 지구의 역사가 온통 전쟁으로 점철되어 있다는 말입니다. 전쟁 없는 시간은 없었다, 이것입니다. 설사 전쟁이 없다고 해도 이는 지금 내 귀에 직접 포성이 들리지 않는 것일 뿐, 실은 정신적으로 도덕적으로 경제적으로 심리학적으로 계속 전쟁이 이어지고 있는 것입니다. 이 전쟁에 대한 바른 성서적, 신학적 이해가 필요합니다. 아니면 우리는 바른 진리를 찾을 수 없고, 바른 평화를 누릴 수 없습니다. 그럼 왜 전쟁이 있는 것입니까? 케이건 교수의 이론은 이렇습니다. '적에 대한 두려움 때문이다.' 가끔 길을 가다보면 개가 짖는 걸 보지요? 이유 없이 짖습니다. 나를 보고 짖습니다. 개가 왜 짖습니까? 개한테 암만 물어봐야 알 길이 없습니다. 그러나 동물연구가들의 말은 이렇습니다. '개는 겁이 많은 짐승이다. 눈만 감으면 호랑이가 나오는 꿈을 꾼다.' 그래서 시도 때도 없이 짖는다는 것입니다. 개는 겁이 많은 동물입니다. 전쟁이 왜 있느냐고요? 인간이 겁이 많아서 그렇습니다. 내 물질, 내 인권을 내가 지킬 수 없을 것 같아서, 주변사람들이 내가 가지고 있는 것을 빼앗을 것 같아서 불안감이 드는 것입니다. 그래서 주변에 있는 사람들을 다 없애야겠다고 생각합니다. 공포 때문에, 가장 무서운 열등의식과 피해망상의 공포 때문에 전쟁은 있는 것입니다.

또한 국가의 이익이라는 말로 자신의 정복력을 과시합니다. 더 많은 것을 정복하려고 애씁니다. 하지만 얻는 것은 아무것도 없습니다. 국가의 명예와 체면 때문에 그렇습니다. 저는 정복이라고 하면 꼭 칭기즈칸이 생각납니다. 그는 몽골에서 시작하여 인류 역사상 가장 넓은 땅을 얻었습니다. 심지어 구라파까지 쳐들어갔습니다. 대단한 사람이지요? 제가 헝가리에 갔다가 깜짝 놀란 것이 하나 있습니다. 저녁에 호텔 밖으로 잠깐 나와서 혼자 차를 마시는데, 저 건너편 계단에서 누가 클라리넷을 연주하고 있었습니다. 가만히 들어보니 한국노래입니다. 게가 기가 막혀서 그 사람한테 걸어가서 고맙다면서 돈 100불을 주었습니다. 그래 그 사람이 저한테 고맙다고 인사를 하는 그 말이 너무나 재미있습니다. "I am Mongolian, too." 그리고 엉덩이를 보여줍니다. 시퍼랬습니다. 몽고반점입니다. "I am Mongolian, too." 그 옛날 칭기즈칸이 헝가리까지 쳐들어가서 자기네 종자를 퍼뜨린 것입니다. 그래서 헝가리사람의 절반이 몽골계입니다. 얼굴이 우리와 똑같이 생겼습니다. 하지만 그 칭기즈칸이 전쟁에서 얻은 것은 아무것도 없습니다. 이것이 바로 전쟁입니다. 전쟁에서 이겼는데, 얻은 것은 없다는 것입니다. 허탈하기 그지없는 일입니다. 더러는 명예와 체면을 내세우지만, 이것도 정당한 이유는 될 수 없습니다.

오늘본문에는 276명이 탄 배가 나옵니다. 미항인 그레데를 떠나 로마로 가는 배입니다. 애초 사도 바울은 가지 말자고 했습니다. 하지만 선장과 선주와 백부장, 이 세 사람이 기어이 가자고 합니다. "갈 이유가 뭐냐?" "저 베니스에 가서 과동하자." 베니스는 큰 도시이요, 향락의 도시입니다. 하지만 그레데에는 유흥가가 없습니다. 그래서 이 안전한 그레데를 떠나 모험을 하자는 것입니다. 향락을 추구하자는 것입니다. 하지만 사도 바울은 일개 죄수일 뿐입니다. 가지 말자고 말은 했지만, 어림도 없습니다. 이 이야기를 깊이 생각해봅시다. 선주는 돈의 상징이요, 선장은 경험과 기술의 상징이요, 백부장은 권력의 상징입니다. 이 세 사람이 "가자!" 하면 가는 것입니다. 감히 누가 뭐라고 하겠습니까. 한데 항해 도중에 큰 풍랑을 겪습니다. 그래 그들은, 오늘본문에 보는 바와 같이, 소망이 없었습니다. 그들의 경험도 소용없고, 기술도 소용없습니다. 그 많은 화물도 다 바다에 버려야 했습니다. 이렇게 배를 비우고 나서 그들은 바람 부는 대로 끌려갑니다. 무려 열나흘 동안이나요. 배에 타고 있던 사람들이 다 굶었습니다. 이렇게 어려운 지경에 이르렀을 때에 나온 말씀이 이것입니다. 짐을 버리고, 손을 놓았고, 한계점을 넘은 것입니다.

키르케고르의 유명한 말이 있습니다. '절망의 반대말은 희망이 아니고 믿음이다.' 그렇습니다. 절망의 반대말은 믿음입니다. 믿음만이 절망을 물리칠 수 있습니다. 죄수가 되었던 사도 바울, 그 아무 힘도 없는 사람이 오히려 선장과 백부장의 위에서 그 많은 사람들을 앞에 놓고 일장연설을 합니다. 지금으로 말하면 설교를 한 것입니다. 상황이 바뀌었습니다. 평시에는 백부장이 제일이요, 선장이 제일입니다. 그러나 이 정도 되고 보면 사도 바울이 가장 중요하게 됩니다. 죄수에 체구도 자그마한 사도 바울이 어떻게 이런 일을 할 수 있었을까요? 영적 권세를 가졌기 때문입니다. 그리고 많은 사람들을 안도시키면서 하는 말입니다. "이제는 안심하라. 이제는 안심하라." 참 귀한 말입니다. 많은 의미를 줍니다. 참 묘합니다. "이제는 안심하라. 다 잃어버렸으니까 안심하라. 손을 놓았으니까 안심하라. 인간의 노력은 끝났으니까 안심하라." 바로 그 시간입니다. 인간 궁극에서 하나님의 능력은 나타납니다. 내가 손을 들었을 때, 무조건 항복했을 때, "오, 주여!" 하고 손을 든 그때부터 하나님의 역사는 시작됩니다.

바울이 이제 선원들에게 말합니다. "어젯밤에 하나님께서 내게 말씀하셨다." 하나님의 말씀이 들려왔다는 것입니다. "하나님의 말씀이 내 귀에 들려왔다. 그런고로 이제는 안심하라." 여러분, 어느 순간에든지 좋습니다. 하나님의 음성이 들려와야 됩니다. 내 임종이

가까웠을 때 하나님의 음성이 들려와야 됩니다. 저는 언젠가 소망
교회 장로님 한 분이 한양대학병원에서 임종을 맞는 걸 보았습니다.
제가 병실에 들어갔을 때가 밤 열 시인데, 마침 아무도 없습니다. 장
로님이 혼자 침대에 앉아 기도하고 있었습니다. 제가 물었습니다.
"무슨 기도를 하십니까?" "회개하고 있습니다." "그래, 회개가 잘 됩
니까?" "아니, 그것도 힘듭니다." "왜요?" 그러자 장로님 대답이 이
랬습니다. "이때 잘못했습니다. 저때 잘못했습니다. 이건 내 잘못이
었습니다. 이렇게 일생을 돌아보면서 회개했는데, 그때마다 귀에 들
려옵니다. '그때도 내가 너와 함께했다. 그때도 내가 너를 사랑했느
니라. 그때도 내가 너를 기다려주었느니라.'" 제가 문병을 마치고 돌
아오면서 그 말을 생각해보았습니다. 참 훌륭한 신앙의 대답 아닙니
까. 잊지 말아야 합니다. 하나님의 음성이 들려오면 됩니다. 어느 순
간에라도 '내가 너를 사랑한다'는 그 한마디만 들려오면 무엇이 두렵
겠습니까. 무엇을 마다하겠습니까.

오늘 본문에서 사도 바울은 간밤에 하나님의 음성을 들었습니
다. 그래서 지금 선포합니다. "여러분, 안심하세요. 제가 하나님의
음성을 들었습니다. 주님께서 우리를 사랑하십니다. 주님께서 이 사
건 속에 역사하고 계십니다." 그리고 들려주신 말씀이 이것입니다.
"네가 가이사 앞에 서야 하겠고……" 사도 바울이 무사히 가이사 황
제 앞에 서면 여기 나머지 276명도 주렁주렁 따라가는 것 아닙니까.
사도 바울이 로마에 갈 수 있으면 이 사람들 모두 로마에 가야 합니
다. 그런고로 사도 바울이 말합니다. "안심하라. 내가 가야겠으니 안
심하라. 나를 통해 이루실 하나님의 선교적 사명, 선교적으로 위대
한 경륜이 여기에 있으니 안심하라." 이렇게 위로합니다. 이것은 믿

음입니다. 상황이 아닙니다.

　유명한 선교사 요한 웨슬리는 영국의 선교사로서 미국에 와 선교를 했습니다. 아직 비행기가 없을 때니까 배를 타고 왔다 갔다 했는데, 대서양을 건널 때마다 풍랑이 일어나서 많은 어려움을 겪었습니다. 그 풍랑 속에서 모두가 두려워할 때 요한 웨슬리는 이렇게 말했습니다. "하나님의 뜻을 이루기까지 나는 결코 죽지 않는다. 나를 향한 하나님의 뜻을 다 이루기까지 나는 결코 죽지 않는다. 따라서 이 배는 무사할 것이다." 그는 또 이런 유명한 말도 했습니다. 흔히들 사람이 죽으면 조사를 할 때 이렇게 말하지요. "해야 할 일이 많은데 일찍 세상을 떠나서 아쉽다." 그러나 요한 웨슬리의 말은 다릅니다. "할 일이 있는 자를 데려가시는 일은 없습니다. 할 일을 다 했기 때문에 데려가신 겁니다." 하나님께서는 결코 아직 할 일이 남아 있는 사람은 데려가지 않으십니다. 할 일을 다 했으니까 데려가시는 것입니다. 이것이 하나님의 뜻입니다.

　오늘 본문에서 특별히 사도 바울은 말합니다. "여러분, 안심하세요. 하나님께서 이 모든 분들을 제게 주셨다고 말씀하셨습니다. 제가 살면 당신들도 사는 것입니다. 제가 살아야 하기 때문에 당신들도 살 것입니다. 제가 복음을 전하기 위해서 가이사에게 꼭 가야 하기 때문에 당신들도 삽니다." 유명한 말씀입니다. 하나님의 뜻이 이루어지기 위하여 그 모두는 살아야 합니다. 그 모두는 무사해야 합니다. 좀 더 신비로운 말씀을 해드릴까요? 276명, 그 사람들이 풍랑 속에서 사도 바울의 위대한 설교를 듣습니다. 위대한 역사를 보았습니다. 그리고 로마에 돌아와서 어떻게 되었겠습니까? 이제 그 276명이 전부다 전도인입니다. 가는 곳마다 이번에 만난 사도 바울이라는 사람에 대해서 전합니다. 전도인으로 파송된 셈입니다. 놀라운 역사 아닙니까. 그것이 대 로마제국을 기독교 국가로 만드는 결정적 이유가 됩니다. 풍랑이 났습니다. 속수무책입니다. 소망이 없습니다. 그러나 하나님의 뜻은 이제부터 이루어집니다. 나한테 주님의 음성이 들려오는 한 현실은 아무런 문제가 안 됩니다. "이제는 안심하라." 하나님의 뜻이 그 무서운 사건을 통해서 이루어지고 있습니다. "이제는 안심하라!" △

그리스도인의 정체의식

보라 내가 너희를 보냄이 양을 이리 가운데로 보냄
과 같도다 그러므로 너희는 뱀같이 지혜롭고 비둘기
같이 순결하라 사람들을 삼가라 그들이 너희를 공회
에 넘겨 주겠고 그들의 회당에서 채찍질하리라 또 너
희가 나로 말미암아 총독들과 임금들 앞에 끌려 가리
니 이는 그들과 이방인들에게 증거가 되게 하려 하심
이라 너희를 넘겨 줄 때에 어떻게 또는 무엇을 말할
까 염려하지 말라 그 때에 너희에게 할 말을 주시리
니 말하는 이는 너희가 아니라 너희 속에서 말씀하시
는 이 곧 너희 아버지의 성령이시니라
(마태복음 10 : 16 - 20)

그리스도인의 정체의식

인도에서 한평생을 빈민봉사에 바친 노벨평화상 수상자 마더 테레사가 언젠가 미국을 방문했을 때의 일입니다. 그때 그녀는 CBS 방송국의 한 프로그램에 출연하게 됩니다. 아주 특별한 기회였습니다. 진행자가 그녀에게 이상한 질문을 합니다. "수녀님은 하나님께 기도를 많이 하신다고 들었습니다. 그런데 기도하실 때 어떤 마음으로, 무슨 소원을 하나님 앞에 기도하십니까? 무엇을 달라고 기도하십니까?" 테레사 수녀는 다소곳이 고개를 숙이고 한참 있다가 조용하게 대답합니다. "저는 듣습니다. 제 말을 하나님께 하는 것이 아니고, 하나님께서 주시는 말씀을 듣는 것입니다." 앵커가 또 묻습니다. "하나님은 뭐라고 말씀하십니까?" 수녀의 대답은 이랬습니다. "하나님께서도 들으십니다." 이 듣는 마음, 들리는 마음, 하나님의 음성을 듣고자하는 귀중한 자세, 이것이 곧 기도라는 것입니다. 하나님의 음성이 들리지 않을 때 인간은 어떻게 됩니까? 인간의 정체성을 잃어버리게 됩니다. 요새 신문이나 텔레비전을 볼 때마다 느끼는 것이 하나 있지 않습니까. 사람 같지 않은 사람이 있다는 것입니다. 도대체 이 사람을 사람이라고 할 수 있습니까? 어쩌다가 사람이 이렇게 망가졌습니까? 그런 사람 많습니다. 왜 그렇습니까? 하나님의 음성이 들리지 않기 때문입니다. 하나님과의 관계가 끊어졌기 때문입니다. 인간의 인간된 정체성이라는 것은 하나님과의 소통에 달려 있습니다. 하늘의 음성이 들리고, 양심의 소리가 살아있을 때 그가 비로소 사람입니다. 그러나 이것이 떠나고 나면 그가 어찌 인간이겠

습니까. 내 정체성, 내 삶의 의미, 현재를 사는 내 지혜가 다 하나님
께로부터 옵니다. 깊은 양심의 소리에서 옵니다. 맑은 이성으로부터
옵니다. 하나님의 영감으로부터 옵니다. 잊지 말아야 합니다.

오늘본문인 마태복음 10장은 성서학적으로 유명한 장입니
다. 예수님께서 제자들을 부르시고 택하신, 이른 바 '선택과 사명'
의 장입니다. 제자들을 선택하셔서 제자들을 파송하시는 말씀으로
한 장 전체가 이어지고 있습니다. 제자를 부르시고, 권능을 주십니
다. 그리고 보내십니다. 유명한 이야기 아닙니까. Calling, Giving,
Sending. 이렇게 보내시면서 말씀하시는 중에 오늘본문은 그 클라이
맥스입니다. 끝에 가서 예수님께서는 제자들을 파송하시면서 결론
적인 말씀을 하십니다. "사람들을 삼가라 그들이 너희를 공회에 넘
겨 주겠고 그들의 회당에서 채찍질하리라.(17절)" 그러니까 '앞으로
고생하게 되었다. 내 제자가 되어서 고생하게 되었다' 하는 예언의
말씀입니다. "내가 너희를 보냄이 양을 이리 가운데로 보냄과 같도
다……(16절)" 저는 이 말씀을 읽을 때마다 조금 불만스럽습니다. 그
렇게 걱정이 되신다면 처음부터 보내지를 마셔야지요. 양을 이리 가
운데 보내시는 것, 어디 말이 되는 일입니까. 이리는 이리고 양은 양
입니다. 한데 양을 이리 가운데로 보내신다는 것입니다. 어찌 양을
이리 가운데로 보내신다는 말씀입니까. 살라는 것입니까, 죽으라는
것입니까? 저는 이렇게 말씀드리고 싶습니다. '세상은 이리와 같고,
하나님의 사람은 양과 같다. 그러나 이리를 피할 것이 아니다. 그래
나는 너희를 이리 가운데로 보내노라.' 굉장한 말씀 아닙니까. 무궁
무진한 신비가 담긴 말씀입니다. 예수님께서는 말씀하십니다. '너희
가 이리 속으로 들어갈 때 아무것도 염려하지 마라. 살까 죽을까, 될

까 안 될까, 성공할까 실패할까, 아무것도 염려하지 마라. 끌려가서 고문을 당하고, 취조를 당할 때 무슨 말을 할까 미리 걱정하지 마라. 일단 현장에, 법정에 서라. 그러면 그때 내가 네게 해야 할 말을 일러주리라.' 저는 이런 생각을 해봅니다. '그 좀 미리 가르쳐주시면 안 되나?' 원고 준비해가지고, 연습 좀 해가지고 나가도록 하실 일이지, 굳이 현장에 선 다음에 주겠다고 하셨거든요. 신비로운 말씀입니다. 이것이 수많은 제자들이, 예수의 사람들이 겪고 경험한 귀중한 감정입니다. 이때, 너희가 현장에서 설 때, 말하는 이는 너희가 아니고 아버지 하나님의 성령이시다, 이것입니다. 너희로 말하게 하는 것은 너희의 용기도 아니고, 너희의 지혜도 아니고, 너희의 철학도 아니라는 것입니다. '현장에 딱 서면 그때 말하는 이는 하나님이시다. 하나님의 영이 말하게 하실 것이다. 그런고로 두려워하지 마라.' 아주 신비로운 말씀을 하셨습니다. 이것이 바로 세상을 살아가는 우리 그리스도인의 우리의 정체성입니다. 그래서 오늘본문 16절은 '내가 너희를 세상에 보내는 것은 양을 이리 가운데 보내는 것과 같다'고 말씀하십니다. 부르시고, 권능을 주시고, 보내시면서 하시는 귀중한 말씀입니다. 정말로 들을 귀 있는 자는 들어야 됩니다.

부르신 자가 권능을 주셨습니다. 그리고 보내셨습니다. 그렇다면 보내신 분이 책임지실 것 아닙니까. '너의 운명은 내가 책임진다. 너의 궁극적 운명은 내가 책임진다. 내 말을 따르라.' 어떻게 따릅니까? 이것이 오늘본문입니다. '양과 같이, 뱀과 같이, 비둘기와 같이……' 양과 같이 충성되고, 뱀과 같이 지혜롭고, 비둘기와 같이 순결해야 한다는 비유입니다. 나는 하나님 앞에서 어떤 모습으로 살아가야 합니까? 하나님의 사람으로 이 세상을 어떻게 살아가야 합니까? 하나님께서는 나를 통해 하나님의 일을 하십니다. 하나님의 말씀도 전하십니다. 하나님의 역사를 나타내십니다. 단, 내가 해야 할 일이 있습니다. 그것이 바로 '양과 같이, 뱀과 같이, 그리고 비둘기와 같이'입니다. 그리하면 내가 법정에 섰을 때 오늘본문말씀대로 될 것입니다. '내가 할 말을 너를 통해 할 것이다. 내가 너와 함께할 것이다. 네 운명을 내가 책임질 것이다. 너를 통해 내가 하고자 하는 엄청난 일을 이루어나갈 것이다.' 주님의 말씀입니다.

유명한 프리스턴 신학교의 오토 파이퍼 교수가 종교개혁에 대해서 강의를 하다가 학생한테 문득 이런 이야기를 했습니다. "여러분은 마르틴 루터가 종교개혁을 했다고 생각하십니까?" 그래 모든 학생들이 "아, 그렇지요. 마르틴 루터가 했지요" 하고 대답합니다. 그때 오토박사가 하는 말입니다. "아닙니다. 루터가 한 것이 아닙니다. 마르틴 루터가 갈라디아서를 읽고 깊이 묵상하는 중에 성령께서 마르틴 루터를 붙드셔서 종교개혁이 이루어진 것입니다. 갈라디아서에 있는 진리가 루터를 통하여 종교개혁을 이룬 것이지, 루터가 한 것이 아닙니다." 그때 모든 학생들이 깊은 감명을 받았다고 오늘까지 전해지고 있습니다. 그렇다면 하나님의 역사를 위해서 소중하게 쓰일 수 있는 하나님의 사람의 정체는 무엇입니까? 세 가지입니다. 먼저는 양이어야 한다는 것입니다. 양은 무능합니다. 제가 알기로는 모든 짐승들 가운데 제일 무능합니다. 그리고 멍청합니다. 제 집도 못 찾아옵니다. 게다가 약합니다. 그러나 양은 목자를 따라갑니다. 목자만 따라갑니다. 실제로 양떼를 모는 곳에 가서 보면 깜짝 놀라지 않을 수 없습니다. 3백 마리, 4백 마리나 되는 양떼가 목자 한 사람만 따라갑니다. 양에게 코를 꿰었습니까, 목을 매었습니

까? 혹은 때리기를 합니까? 아무 짓도 하지 않았습니다. 그냥 목자
가 요렇게 머리를 탁탁 치고 나서 "따라와!" 하면서 앞장서 가면 먼
저 양 한 마리가 따라갑니다. 이어 그 뒤를 나머지 양들이 모두 줄줄
줄 따라가는 것입니다. 3백 마리가 한 줄로 죽 따라가는 것입니다.
그 모습을 보면서 제가 많은 감동을 받았습니다. 그리고 생각했습니
다. '우리 교인들이 다 이러면 얼마나 좋을까?' 때리는 것도 아니고,
코를 꿴 것도 아닌데, 양들이 그렇게 전적으로 순종합니다. '양과 같
이'라는 말은 굉장히 신비로운 의미를 가지고 있습니다. 그러면 예
수님의 말씀은 무엇입니까? "너희는 양이다." 여기에 신비로운 진리
가 또 하나 있습니다. '끝까지 양이어라' 하는 이야기입니다.

　어떤 사람이 결혼을 하고나서 그럽디다. 처음에 보니까 이 여자
가 얼마나 예쁜지 비둘기 같더랍니다. 그 다음에 결혼을 하고 보니
까 고양이가 되더랍니다. 또 그 다음에 보니까 늑대가 되더랍니다.
마지막에는 사자가 되더랍니다. 제발 변심하지 마십시오. 둔갑하지
마십시오. 양이었으면 끝까지 양이어야지요. 상황이야 어떻게 변하
든지 상관없습니다. 세상이 곤두박질하더라도 나는 양입니다. 시종
일관 양으로 끝나야지요. 그것이 양입니다. "그리하면 내가 너와 함
께하마." 이 얼마나 귀중한 말씀입니까. 빌라도 앞에 서신 예수님의
모습을 보십시오. 그리고 묵상해보십시오. 말없이 서셨습니다. 그리
고 그 무서운 심판을 받고 십자가를 지십니다. 양입니다. 예수님 당
신이 양이셨습니다. 말대답하지 마십시오. 불평하지 마십시오. 원
망하지 마십시오. 양은 재물입니다. 양은 양으로서 죽는 것입니다.
양으로서 죽어야 하는 것입니다. 그럴 때 하나님의 역사는 나타납
니다.

또 '지혜는 뱀같이'라는 말씀이 있는데, 이 뱀에 대해서는 조금 생각해보아야 합니다. 왜냐하면 우리는 뱀에 대해서 나쁜 선입관이 있습니다. 그래 뱀을 무서워하거나 싫어합니다. 그런데 뱀가죽으로 만든 핸드백은 많이들 좋아하시지요? 아무튼 제가 어렸을 때 들에 나가면 하루도 뱀을 안 보고 지나가는 날이 없습니다. 온 들에 뱀이 그냥 들끓습니다. 그런데 알고 보면 독 있는 뱀은 몇 안 됩니다. 실제로 전체 뱀의 한 4퍼센트가 독뱀이라고 합니다. 그 외에는 독이 없습니다. 그래 제가 예전에 미국 가서 공부할 때 이와 관련한 아주 재미있는 광경을 보았습니다. 아이들과 같이 캠프를 갔을 때였습니다. 가만히 보니 아이들이 뱀을 잡아가지고 목에 걸고 다니는 것입니다. 아이들이 뱀을 얼마나 좋아하는지 모릅니다. 교회에서 아이들에게 출석 잘했다고 상을 줄 때에도 플라스틱으로 만든 뱀을 줍니다. 아이들 집에 가봤더니 그걸 침대에 걸어놓고 잡니다. 하지만 우리는 뱀에 대한 편견이 있습니다. 무조건 잡아 죽이려고 합니다. 그런데 뱀에 대해서 다시 생각해보십시오. 심하게 말하면 뱀은 저주받은 동물 아닙니까. 날개가 있습니까, 발이 있습니까? 뱀한테는 아무것도 없습니다. 한데 뱀은 정말 지혜롭습니다. 그런 불편한 몸으로 가지 못하는 데가 없습니다. 한 가지 더 중요한 것이 있습니다. 장애물이 있을수록 더 잘 갑니다. 우리는 장애물 때문에 힘들어하고, 장애물 때문에 못 살겠다고 합니다. 하지만 뱀은 장애물이 있을 때 더 잘 미끄러지면서 활발하게 활동할 수 있습니다. 그뿐 아니라, 뱀에게는 강한 생명력이 있습니다. 한 번 먹고 일 년을 삽니다. 뱀만이 이렇게 할 수 있습니다. 모든 짐승들이 다 때때로 먹어야 합니다. 하지만 뱀은 그렇지 않습니다. 그래서 사막을 여행하는 사람들이 뱀을 자루에 넣어가지고 다닙니다. 왜냐하면 뱀은 죽지 않으니까요. 아무것도 안 먹어도 죽지 않습니다. 그래서 사막을 다니다가 정 배고플 때 그 뱀을 잡아먹는 것입니다. 그만큼 뱀은 생명력이 강합니다. 겉으로는 가장 불행하게 보이는 짐승입니다마는, 또 뱀은 지혜롭습니다. 이리 미끄러지고, 저리 미끄러지고, 헤엄도 잘 칩니다. 못 가는 데가 없습니다. 악조건 속에서도 슬슬 미끄러지면서 어디든지 가고, 무슨 일이든지 다 해낼 수 있습니다. 장애물이 많으면 많을수록 더 활발하게 역사할 수 있습니다. 그래서 예수님께서 말씀하십니다. '뱀같이 지혜로워라. 지혜는 뱀에게서 배워라. 부딪히지 마라. 원망하지 마라.' 세상이 어떠니 저떠니, 하는 말 필요 없습니다. 미끄러지면 되는 것입니다. 뱀 같이 지혜로우면 되는 것입니다.

또 그런가하면 '비둘기같이 순결 하라' 말씀하십니다. 비둘기는 굶어죽게 되어도 썩은 것을 먹지 않습니다. 곡물 외에는 손을 안 댑니다. '비둘기같이 순결하라' 말씀하십니다. 끝까지 견디는 자는 구원을 얻습니다. '끝까지 양으로, 끝까지 뱀처럼, 끝까지 비둘기처럼 견뎌내라. 그러면 구원을 얻으리라. 그렇게 견뎌낼 때 내가 함께하마. 양으로 비둘기 같이 공회 앞에 서라. 그러면 내가 너를 통해 역사하리라.' 저는 중요한 때에 한 번 이것을 경험한 적이 있습니다. 약 25전입니다. 제가 처음으로 북한에 갔을 때 저를 환영하는 파티를 하면서 고관들이 저를 골탕 먹이려고 했던 것 같습니다. 김일성 대학 철학교수 두 사람을 데려다놓고 만찬시간에 저한테 질문을 하게 한 것입니다. "목사님, 질문 하나 합시다. 목사 동무, 기독교인들은 하나님을 믿는다면서요?" "아, 믿지요." "하나님 봤어요?" "못 봤죠." "못 본 걸 어떻게 믿습니까? 우리는 본 것만 믿습니다. 과학자

이기 때문에 본 거 외에는 믿지 않습니다." 이렇게 아주 큰 소리를 치더라고요. 그래서 제가 빙그레 웃으면서 아주 온유하게 한마디 했습니다. "교수님, 본 건 있고, 못 본 건 없는 겁니까? 당신이 보지 못한 건 없는 겁니까?" 그랬더니 아무 말도 못합니다. 제가 다시 한 번 물었습니다. "본 것과 못 본 것, 어느 쪽이 더 많습니까? 어느 쪽이 더 근본적입니까? 못 본 것이 더 원초적인 의미가 있는데, 당신은 본 것 만 말하잖아요? 그 유치한 말 그만하세요." 제가 그랬습니다. 이 사람들이 얼굴이 뻘게져가지고 숨이 차서 죽으려고 합니다. 기왕 하던 말에 전도까지 했습니다. "First Cause라는 말이 있습니다. 보지 못한 것이지요. 원인, 원인, 원인, 원인 하면 모든 것의 원인의 근본은 물질이 아니라 인격이라고 믿습니다. 그 인격의 원인이 하나님이라고 믿습니다." 그랬더니 큰일 났습니다. 이 교수 두 사람이 얼굴이 죽었습니다. 고관이 "동무, 뭐라고 말 좀 하라우!" 그러더라고요. 말을 할 수 있나요? 그냥 나가버리더라고요. 제가 판정승했지요. 제가 지금도 생각합니다. '내가 어찌 그렇게 말을 할 수 있었나? 내가 그렇게 말을 잘하는 사람이 못되는데?' 저는 믿습니다. 성령께서 말씀하셨다고요.

　여러분, 꼭 잊지 마십시오. 제발 양이 되십시오. 변심하지 말고, 둔갑하지도 말고, 끝까지 뱀처럼 지혜롭게 하시고, 끝까지 비둘기 같이 순결하십시오. 그러면 나를 통해서 하나님께서는 위대한 역사를 이루실 것입니다. 내게 말씀하실 것입니다. 성령께서 말씀하실 것입니다. 내 입을 통하여 하나님의 역사가 나타날 것입니다. 오늘 주님께서 말씀하십니다. '법정에 서라. 거기서 하는 말은 너희가 말하는 것이 아니다. 아버지의 성령께서 말씀하시는 것이니라.' 순간

순간 이것을 경험하고 살아야 합니다. 그가 그리스도인입니다. 그것
이 그리스도인의 모습이요, 그리스도인의 정체입니다. △

내가 메시아를 만났다

또 이튿날 요한이 자기 제자 중 두 사람과 함께 섰다가 예수께서 거니심을 보고 말하되 보라 하나님의 어린 양이로다 두 제자가 그의 말을 듣고 예수를 따르거늘 예수께서 돌이켜 그 따르는 것을 보시고 물어 이르시되 무엇을 구하느냐 이르되 랍비여 어디 계시오니이까 하니 (랍비는 번역하면 선생이라) 예수께서 이르시되 와서 보라 그러므로 그들이 가서 계신 데를 보고 그 날 함께 거하니 때가 열 시쯤 되었더라 요한의 말을 듣고 예수를 따르는 두 사람 중의 하나는 시몬 베드로의 형제 안드레라 그가 먼저 자기의 형제 시몬을 찾아 말하되 우리가 메시야를 만났다고 하고 (메시야는 번역하면 그리스도라) 데리고 예수께로 오니 예수께서 보시고 이르시되 네가 요한의 아들 시몬이니 장차 게바라 하리라 하시니라 (게바는 번역하면 베드로라)

(요한복음 1 : 35 - 42)

내가 메시아를 만났다

여러분이 잘 아시는 대로 제가 소망교회에서 26년 동안 목회를 했습니다. 그러는 중에 제가 경험했던 아주 특별한, 도저히 있을 수 없는 사건 하나를 말씀드리려고 합니다. 우리나라에서 이름만 대면 누구나 다 알 만한 큰 기업을 경영하는 회장님이 있습니다. 재벌에 속합니다. 이분이 어쩌다 정치적인 일에 휘말려서 70나이에 한 7개월 동안 옥살이를 하게 되었습니다. 이분이 감옥에서 고생하며 지내는 동안 가장 힘들고 무서웠던 것이 재산을 빼앗긴 것도 아니요, 가족들로부터 비난받는 것도 아니요, 바로 고독이더랍니다. 신세가 그렇게 되고 명예가 실추되니 아무도 찾아오지 않습니다. 전에는 그렇게 친하게 지내던 사람들도 면회 한 번 와주지 않더랍니다. 자존감이 추락하여 몹시 괴로웠답니다. 그렇듯 이루 말할 수 없이 깊은 고통을 느끼고 있을 때 소망교회의 권사 한 분이 그를 찾아갑니다. 왜냐하면 이 권사님이 회장님하고 초등학교 동창입니다. 그 어린 시절에 서로 이놈아, 저놈아 하면서 아주 가까이 지냈고, 커서도 종종 만나 옛날이야기를 나누면서 즐겁게 지내던 사이였습니다. 이 권사님이 회장님을 찾아가 초라하게 죄수복을 입고 앉아 있는 모습을 보고 빈정대면서 이랬답니다. "야, 너 재벌이라고 하더니, 이 꼴이 뭐냐? 한참 잘 나간다고 하더니, 겨우 이거냐?" 그러면서 "감옥에 있는 동안 심심하면 이거나 읽어라" 하고 제 설교집 두 권을 선물로 넣어주었답니다. 이 회장님이 그걸 감옥에서 정독합니다. 한 문장 한 문장 빨간색 필기구로 밑줄을 그어가면서 얼마나 열심히 읽었는지, 나중에는 책이 다 헤졌습니다. 뒤에 이분이 출소하여 그 책을 들고 교회로 저를 찾아왔습니다. 물론 저는 생전 처음 만나는 어른입니다. 그래 제 방에 같이 앉아서 기도하고 위로하는 시간을 나누었고, 그때 제가 그걸 새 책으로 바꿔주었습니다. 그렇게 감옥에서 옛날 여자 친구를 통해서 예수를 만나 칠십 나이에 세례를 받고, 기독교인이 된 것입니다. 80세에 가셨는데, 그때까지 가끔 제 방에 들어와서 함께 차를 마시고, 애기도 하고, 점심식사도 같이 하면서 지냈습니다. 그런데 이분이 가끔 이런 이야기를 합니다. "목사님, 저는요, 하고 싶은 일은 다 해보았거든요? 회장님 소리도 들어봤고, 재벌이라는 말도 들어봤습니다. 박 대통령하고 골프도 몇 번 쳤고요. 이렇게 잘 나갔고, 한참 영광을 누렸는데, 못 해본 일이 딱 하나 있습니다. 이걸 꼭 해보고 싶은데, 안 될까요?" "뭔데요?" "성가대원이요. 아이고, 교회에서 성가대원 쳐다볼 때마다 얼마나 부러운지…… 나는 어쩌다가 저걸 한 번 못해보았나, 싶습니다." 그분 눈에는 성가대원들이 다 천사같이 보인답니다. 성가대, 보통 자리가 아닙니다. 얼마나 많이 부러워하는 자리입니까. 그래 제가 "그건 안 됩니다" 했습니다. 그러자 또 하나가 있답니다. "교회에 가니까 장로님, 집사님, 권사님 하는데, 저는 명예집사 하나 안 될까요?" "그것도 안 돼요." 몹시 섭섭해 하지만 어찌할 수가 없었습니다. 그리고 10년 뒤에 그분이 세상을 떠나고, 제가 장례식을 인도해드렸습니다. 초등학교 동창인 여자 친구를 통해서, 그리고 제 설교집을 통해서 그분은 그리스도를 만났습니다.

세상에 기적이라는 것이 있습니다. 기적이란 무엇입니까? 내 마음대로 못 하는 것이 기적입니다. 나는 어찌할 수가 없었는데, 사건은 사건대로 이루어집니다. 내 능력과 지식을 떠나서 이루어집니다. 절대관계입니다. 첫째는 출생입니다. 내가 아버지를 선택했습니까, 어머니를 선택했습니까? 낳아주셨으니까 나왔지요. 내가 나오고 싶어서 나온 것이 아니지 않습니까. 그 집안에 태어났다는 것, 굉장히 중요한 사건입니다. 엄청난 기적이라고 볼 수 있습니다. 그 다음에는 만난다는 것이 중요합니다. 초등학교 선생도 만나고, 유치원 선생도 만나고, 대학교 교수도 만나고, 친구도 만납니다. 이 만남의 관계, 얼마나 중요합니까. 수많은 사람을 만납니다. 이런 사람, 저런 사람을 만납니다. 이것이 하나님께서 내게 주시는 은총이요, 은총적 계기입니다. 그 다음에는 만남에 대한 내 응답입니다. 내가 이런 분을 만났는데, 내가 어떻게 대했느냐가 중요합니다. 아주 귀한 분을 만났는데, 그만 놓쳐버렸습니다. 기회를 놓쳐버리면 참 불행한 일이지요? 만남에 대한 바른 응답, 그것이 믿음입니다. 만남이 내 운명을 바꾸는 것입니다.

러시아의 문호 톨스토이는 「나의 회심」이라는 그의 저서에서 아주 흔하면서도 중요한 말을 합니다. '나는 주를 만났습니다. 5년 전에 주를 만났습니다. 만나는 순간 나는 전 생애가 변화되었습니다. 전에 그렇게도 들끓던 욕망도 버리게 되고, 전에 간절히 구하던 것도 다 버리게 됩니다. 행운의 무지개, 그 허무함을 알게 되었습니다. 예수를 만나기 전과 전혀 다른 일생을 살게 되었습니다.' 아주 중요한 이야기입니다. 예수를 만났다는 것, 엄청난 사건입니다.

이스라엘 사람들의 신앙을 한 마디로 정의하면 '메시아 대망사상'입니다. Messianic Expectation. 이것이 이스라엘 사람들 신앙의 전부라고 볼 수 있습니다. 메시아를 기다립니다. 메시아를, 메시아

를, 메시아를 갈망합니다. 왜 그렇습니까? 문제의 해결은 메시아밖에 없다는 것입니다. 정치, 경제, 문화, 그 모든 분야에서 우리도 많이 기다려보지 않았습니까. '경제가 좀 나아질까? 뭘 하면 나을까? 대통령이 바뀌면 달라질까?' 그리고 우리는 하늘을 쳐다봅니다.

이스라엘 사람들도 그 많은 역경 속에서도 끈질기게 메시아를 기다립니다. 그리고 믿습니다. '메시아만 오시면 된다. 메시아만 오시면 모든 문제가 해결이 된다.' 이것이 이스라엘 사람들 신앙의 전부입니다. '메시아 대망사상'입니다. 이것은 기다림입니다. 메시아에 대한 기다림입니다. 끈질기게 기다립니다. 감옥에 갇혀서도 기다리고, 포로생활 동안에도 기다리고, 질병에 시달리면서도 기다립니다. 항상 그들은 메시아를 기다립니다. 그래 유명한 이야기가 있잖아요? 이 유태인들이 히틀러 치하에서 감옥에 들어가 있을 때입니다. 이제 며칠 뒤면 다 죽을 목숨들입니다. 한데 그 상황에서 그들은 벽에다가 돌로 글을 썼습니다. '이 감옥에는 햇빛이 들지 않는다. 해가 보이지 않는다. 그러나 감옥 밖에는 해가 있다는 것을 믿는다. 지금은 내 눈에 보이지 않는다. 그러나 메시아가 앞에 계시다는 걸 믿는다.' 무엇입니까? 믿음입니다. 무서운 믿음입니다. 그들에게는 이 믿음이 있었습니다. 메시아를 기다리는 마음, 이 기다림이라는 것은 기다림으로 허무하게 끝나면 안 됩니다. 만남으로 이어져야 됩니다. 기다림이 만남의 사건으로 이어져야 합니다. 약속이 성취라고 하는 사건으로 다가와야 됩니다. 이것이 인격적 관계입니다.

헨리 나우웬은 「희망의 씨앗」이라는 저서에서 이렇게 말합니다. '신앙이란 무엇이냐? 신앙은 곧 기다림이다. 기다림은 인내를 말한다.' 참는 것입니다. 앞의 것을 기다리니까 오늘은 참는 것입니다. 기다림이 확실하면 참는 것은 어렵지 않습니다. 또 기다림에 대한 태도는 항상 개방적이어야 합니다. 기다림은 폐쇄적이어서는 안 됩니다. 하늘을 향해서 마음을 열어야지요. 하나님의 말씀을 향해서, 약속을 향해서 마음을 열고 기다려야 할 것입니다. 그런가하면 기다림의 태도는 혁신입니다. 기다리는 분이 나타날 때에 언제든지 나를 그에게 위탁하고, 그를 영접하고, 그와 새로운 만남의 관계를 만들어야 합니다. 이것이 기다림입니다. 우리가 기다리는 것은 좋지마는, 폐쇄적일 때가 많습니다. 그러면 아무 소용없습니다. 기다림이란 바로 미래에 대한 환영이요, 그리스도를 영접하는 마음입니다. 그리스도께 헌신하는 마음입니다.

　　오늘본문을 자세히 보면 예수님께서 그 제자를 만나주시는 이야기가 나옵니다. 두 사람이 예수님을 따라올 때 예수님께서 말씀하십니다. "와서 보라." Come and See. 예수님께서 제자들에게 말씀하십니다. "나의 멍에를 메고, 내게 배우라. 나와 함께 가자." 생활 속에서, 경험 속에서, 실제상황 속에서 예수님께서는 제자들을 만나주셨습니다. 아주 중요한 말씀입니다. "와서 보라." 무슨 말씀입니까? 머리로 해결하려고 하면 안 된다는 것입니다. 내 감성이 만족하기를 바라면 안 됩니다. 행동이 먼저여야 합니다. 결혼에 대해서도 사람들은 먼저 알아보고, 따져보고, 연애해보고 나서 해야 할지를 결정해야 한다고 합니다. 하지만 제일 좋은 방법은 살아보는 것입니다. 그러고도 모르는 경우가 태반입니다. 안다는 것이 머리로 아는 것이 아닙니다. 함께 평생을 살고도 모르는 게 인간입니다. 예수님께서 말씀하십니다. "나를 따르라. 내 제자가 되라. 내 멍에를 메고, 내게 배우라. 와 보라." 이렇게 문을 여셨습니다. 제자들이 따라가서 함께 유숙했습니다.

오늘본문의 핵심이 여기에 있습니다. 안드레가 먼저 예수를 만났습니다. 하루 만난 것밖에 없습니다. 하지만 뭔가 마음에 깨닫는 바가 있었습니다. '아, 이분이 메시아시다. 우리가 그렇게 기다리던 메시아시다.' 알아차린 것입니다. 그 순간 안드레는 자기 형님을 만나게 됩니다. 이것은 행동입니다. 설명을 하지 않고 그를 데리고 나왔습니다. 그 액션이 먼저 있었습니다. 그래서 안드레도 예수를 만났고, 베드로도 예수를 만났고, 두 사람이 다 예수님의 제자가 됩니다. 이 장면을 베드로를 중심으로 생각해봅시다. 그러면 어떻게 됩니까? 동생이 예수를 만나고, 동생의 인도로 베드로가 예수를 만납니다. 이 관계, 이 만남의 관계, 이 연대의 관계를 우리가 깊이 생각해야 됩니다. 여러분, 내가 예수를 만났습니다. 그런데 어찌 내가 복음을 전하지 않을 수 있겠습니까. "내가 예수를 만났다." 이 말을 해야지요. 말하지 않을 수 없는 사건입니다.

옛날에 최봉성 목사님이고 계셨습니다. 평양 시내에서 한참 핍박이 있을 때입니다. 하지만 그럼에도 불구하고 버스를 타기만 타면 "예수를 믿으세요! 예수를 믿으세요!" 하고 소리 지르면서 전도했습니다. 심지어는 여기서 "예수!" 하고 저기 가서 "천당!" 그랬습니다. 예수 천당! 예수 천당! 아주 유명하잖아요? 어느 날 신학교 교수인 최필근 목사님이 버스를 탔습니다. 그런데 이 최봉성 목사님이 그 교수님 앞에 가서 "예수 믿으세요!" 그랬습니다. 그러자 이 교수님이 뭐라고 했느냐 하면 "최 전도사, 나 목사야. 나 최 목사야" 했습니다. 그때 최봉성 목사님이 유명한 말을 했습니다. "어, 벙어리 교인이구만?" 그 신학교 교수님한테 "어떻게 당신은 가만히 있느냐?"

묻는 것입니다. 전도하지 않는 교인은 교인이 아닙니다. '내가 예수를 만났다.' 이 고백을 못하고, 이 행동을 안 하면 예수님을 못 만난 것입니다. 안드레는 예수를 만나고 나서 자기 형님을 예수님께로 데리고 갔습니다. 이 만남의 관계 속에서 내가 예수를 믿게 되는 것입니다.

예전에 소망교회에서 있었던 일입니다. 어떤 집사님의 가장 사랑하는 친구가 멀리 미국의 샌프란시스코에서 사업을 크게 하고 있었습니다. 이 집사님이 그 친구를 전도하고 싶었습니다. 그래 교회에서 나오는 설교 카세트테이프를 주일마다 하나씩 사서 우편으로 그 친구에게 보냈습니다. 무려 3년 동안을 한 주도 빠지지 않고 그렇게 했습니다. 미국의 그 사업하는 친구는 이 집사님이 멀리 고국에서 보내오는 테이프를 버릴 수도 없고 해서 사무실에 쌓아놨습니다. 나중에는 100개가 넘었습니다. '그래도 친구가 나를 사랑해서 보내준 건데……' 하면서 버리지는 않았지만, 그렇다고 듣지도 않으면서 그저 쌓아놓기만 했습니다. 그러다가 사업이 그만 부도가 났습니다. 형편이 아주 어려워진 것입니다. 하루하루가 괴로웠습니다. 한데 그 때 이상하게도 그동안 쌓아두기만 했던 그 설교테이프가 들어보고 싶어지더랍니다. 그래 그 친구는 3년 동안이나 쌓아두었던 테이프를 마침내 가져다가 듣기 시작했습니다. 몇날 며칠을 두고 다 들었습니다. 그러고 나서 그가 예수를 믿고 한국으로 나왔습니다. 그리고 저를 만났습니다. "친구가 3년 동안이나 테이프를 보내줘서 제가 어려운 일 당할 때 그 테이프를 들으면서 소생함을 받고, 새로운 사업을 하게 되고, 예수를 믿게 되었습니다." 얼마나 반가운 일입니까. 얼마나 고마운 일입니까.

전도해서 믿고 안 믿고는 그 사람 일입니다. 하지만 전도하는 것은 내 책임입니다. 어떤 방법으로든 전도해야 합니다. 테이프를 보내주고, 책을 보내주고, 전화를 하고…… 이 모두가 다 아주 좋은 전도의 방법입니다. 그래서 그리스도와 만날 수 있도록 유도해야 합니다. 이런 말이 있습니다. '천당은 혼자 못 간다.' 내가 누군가를 전도해서 그 사람하고 나하고 같이 가는 것입니다. 혼자 덜렁 가면 "너는 그동안 뭘 했냐?" 하고 추궁 받습니다. 그러면 불합격입니다. 예수 믿는 사람은 전도 안 할 수가 없습니다. 안 해서는 안 됩니다.

제가 언젠가 일본에 가서 그곳 목사님들하고 토론을 한 적이 있습니다. 절반은 일본 목사님들이었고, 나머지 절반은 한국 목사님들이었습니다. '왜 일본 교회는 부흥이 안 될까?'라는 주제였습니다. 다들 고민이 많았습니다. 어느 목사님이 결론을 내렸습니다. "이것이 원인입니다." "무엇입니까?" 그 목사님이 어느 다른 목사님 이야기를 합니다. 그 목사님에게 아들이 둘 있는데, 둘 다 교회에 안 나온다고 합니다. 중요한 것은 그 아들 둘이 다 교회에 나오지 않는데도 그 아버지 되는 목사님이 그 사실을 안타까워하지 않는다는 점이었습니다. 그때 그 목사님이 뭐라고 했는지 아십니까? "신앙은 자유 아닙니까. 그러니 아들이라고 어떻게 강요합니까." 예수 믿으라는 말을 안 한답니다. 목사가 이러니 일본 교회가 되겠습니까. 어떻게 자기 사랑하는 아들한테 예수 믿으라는 말을 안 할 수가 있습니까. 어떻게 아들이 예수를 믿지 않는데, 목사인 아버지가 편히 잠을 잘 수 있습니까. 말이 안 되는 일입니다. 그러면서 그 토론자리에서 말을 꺼낸 목사님이 "이런 이유 때문에 일본 교회가 안 됩니다" 하고 역설을 합니다. 모두가 공감했습니다.

여러분, 잊지 마십시오. 내가 예수를 믿었습니다. 내가 그리스도를 만났습니다. 그리고 내게 변화가 생겼습니다. 그러면 내가 무엇을 해야 합니까? 내가 만나는 사람들을 기회가 있는 대로 그리스도께 인도할 책임이 나한테 있는 것입니다. 여러분, 잊지 마십시오. 얼마나 많은 사람들을 그리스도께로 인도했습니까? 주님 앞에 나아갈 때 어떻겠습니까? 나 때문에 예수 믿은 사람이 몇 사람이나 있습니까? 이것이 바로 내 존재 가치입니다. 결코 잊지 마십시오. 여러분은 한 주일 동안 전화를 몇 통이나 하십니까? 그 많은 전화 가운데 적어도 하나 정도는 전도하는 통화를 하십시오. 내가 사랑하는 친구에게 전화를 걸어서 "이번 주일에 우리 교회 가자. 예배 마친 다음에 내가 점심 사줄게" 하십시오. 투자를 해야 합니다. 일 년 내내 나 때문에 예수 믿은 사람이 하나도 없다면 그 인생, 무슨 의미가 있습니까. 이렇게 지내서는 안 됩니다. 부지런히 전도해야 합니다. 전도한 다음에 그 사람이 교회에 오는 것은 하나님께서 하실 일입니다. 여러분이 할 일이 무엇입니까? 그 많은 전화를 하면서 예수 믿으라는 통화가 하나도 없습니다. 그 많은 사람을 만나면서 예수 믿으라는 말을 한 마디를 못합니다. 벙어리 교인입니다. 이래서는 안 됩니다. 안드레가 예수를 만났습니다. 오늘 만났습니다. 딱 한 번 만났습니다. 그리고 바로 자기 형님에게 가서 자기가 그리스도를 만났다고 전합니다. "와 보라." 그러면서 당장 형님을 데리고 예수께로 옵니다. 이 얼마나 아름다운 관계입니까. 그래서 그 형님이 유명한 베드로가 됩니다. 여러분, 꼭 잊지 마시기 바랍니다.

제가 인천에서 목회할 때 수석장로님의 아들이 늦둥이로 태어나 아주 망나니였습니다. 교회를 잘 안 다녔습니다. 그래서 할아버

지, 아버지가 너무너무 괴로워합니다. '저놈이 예수를 믿어야 하는
데……' 언젠가 한 번은 기차를 타고 가는데, 바로 제 뒤에서 그 녀
석이 자기 친구들에게 전도를 하는 것입니다. 교회가 어떻고, 예수
믿어야 하고, 어쩌고 저쩌고…… 그 소리를 듣다가 기차에서 내릴
때 제가 그 녀석 어깨를 툭 치면서 이랬습니다. "야, 너 전도 잘하더
라?" 그랬더니 그 녀석이 뭐라고 했는지 아십니까? "제가 이렇게 예
수를 잘 믿는지는 저도 몰랐습니다." 한번 전도해보십시오. 믿음이
생깁니다. 게다가 핍박을 받아보십시오. 더 열심이 생깁니다. 내게
왜 열심이 없을까? 전도 안 해서 그렇습니다. 전도하면 폭발적인 열
심이 생깁니다. 변증적인 열심이 생긴다는 말씀입니다. 오늘 안드
레가 예수를 만납니다. 그리고 바로 자기 형님을 예수께로 인도합니
다. 이 얼마나 아름다운 역사입니까. 열심히 전도하고, 나도 믿음을
얻고, 저도 구원하고, 이 만남의 관계 속에서 아름다운 역사를 창조
해야 할 것입니다.   △

우리가 능히 이기리라

사십 일 동안 땅을 정탐하기를 마치고 돌아와 바란
광야 가데스에 이르러 모세와 아론과 이스라엘 자손
의 온 회중에게 나아와 그들에게 보고하고 그 땅의
과일을 보이고 모세에게 말하여 이르되 당신이 우리
를 보낸 땅에 간즉 과연 그 땅에 젖과 꿀이 흐르는데
이것은 그 땅의 과일이니이다 그러나 그 땅 거주민은
강하고 성읍은 견고하고 심히 클 뿐 아니라 거기서
아낙 자손을 보았으며 아말렉인은 남방 땅에 거주하
고 헷인과 여부스인과 아모리인은 산지에 거주하고
가나안인은 해변과 요단 가에 거주하더이다 갈렙이
모세 앞에서 백성을 조용하게 하고 이르되 우리가 곧
올라가서 그 땅을 취하자 능히 이기리라 하나 그와
함께 올라갔던 사람들은 이르되 우리는 능히 올라가
서 그 백성을 치지 못하리라 그들은 우리보다 강하니
라 하고 이스라엘 자손 앞에서 그 정탐한 땅을 악평
하여 이르되 우리가 두루 다니며 정탐한 땅은 그 거
주민을 삼키는 땅이요 거기서 본 모든 백성은 신장이
장대한 자들이며 거기서 네피림 후손인 아낙 자손의
거인들을 보았나니 우리는 스스로 보기에도 메뚜기
같으니 그들이 보기에도 그와 같았을 것이니라

(민수기 13 : 25 - 33)

우리가 능히 이기리라

어느 날 안개가 자욱한 새벽녘에 유명한 철학자 데카르트가 산책을 나왔습니다. 무슨 생각을 골똘히 하면서 걷고 있다가 그만 앞에서 오는 사람을 못 봐서 서로 정면충돌을 했습니다. 그 사람이 벌컥 화를 내면서 "당신 도대체 누구요?" 하고 물었습니다. 그러자 데카르트가 빙그레 웃으면서 답합니다. "예, 바로 그 문제로 제가 지금 생각하는 중입니다. 내가 누구인지 도대체 알 수가 없기 때문입니다." 환경보다 중요한 것은 태도입니다. 태도보다 중요한 것은 정체성입니다. 도대체 내가 누구입니까? 사람은 철학자가 아니더라도 한 번쯤은 이 문제를 스스로 생각해보아야 합니다. 나이 40이 넘었거든 반드시 생각해야 됩니다. '내가 누구인가?' '나는 어디로 가고 있는가?' 이렇게 스스로 물어야 합니다.

미국의 전문상담가인 아돌포 퀘자다는 「Loving Yourself for God's Sake」라는 아주 특별한 책을 써서 유명해졌습니다. 이 책에서 그는 말합니다. '현대인은 전부가 정체성의 혼돈을 일으키고 있다.' 한마디로 자기 자신이 누구인지 모르고 있다는 것입니다. 다른 사람도 알고, 세상도 알고, 과학도 아는 것 같지만, 정작 가장 중요한 나 자신을 모르고 있다는 것입니다. 어찌 이토록이나 자기 운명을 모를 수가 있습니까. 여기에 혼돈이 있다는 것입니다. 자기 자신이 어떤 존재인지를 바로 알기 전에는 아무 문제도 해결되지 않습니다. 신체도 마음에 들지 않고, 성격도 마음에 안 들고, 자기 지능도 영영 자기 같지가 않습니다. 내가 아닌 것입니다. 그래서 정체성에 혼돈이 온다는 것입니다.

다음으로 문제되는 것은 '내가 어디에 있는가?' 하는 데 대한 혼돈입니다. Belongingness, 곧 소속의 문제입니다. '나는 어디 속해 있느냐?' 우선 나는 가족의 일원입니다. 그러나 가족과 나와의 관계에서 어디까지가 나고, 어디까지가 가족인지 알 수 없습니다. 내가 가정을 위해서만 살고, 자녀를 위해서만 산다면, 이건 아니지 않습니까. 어느 순간에 혼돈을 일으킬 수밖에 없습니다. 나는 나인데, 어찌 내가 가족을 위해서만 존재할 수 있겠습니까. 내가 가족을 위해서만 존재한다면 그것은 허무요 공허입니다. 친구나 직장도 나와는 별개입니다. 잊지 말아야 합니다.

그리고 일에 대한 불평이 또 문제입니다. 내가 하는 일이 내 소중한 인생을 바칠 만한 가치가 있는 것인가? 도대체 나는 무엇을 위해서 일하고 있는 것인가? 이 일이 주는 결과는 무엇인가? 현대사회에서 가장 큰 문제 가운데 하나가 바로 이것입니다. 농경문화시대에 농사짓던 사람들은 스스로 일한 만큼 결과를 얻을 수 있었습니다. 하지만 지금 이 현대사회를 살아가는 사람들은 자신이 무슨 일을 하고 있는지도 모릅니다. 왜냐하면 오늘날 사람은 현대라는 이 커다란 사회구조 속의 한 부품에 지나지 않기 때문입니다. 공장으로 치면 나는 어디에 쓰이는지도 모르는 부속품을 만들고 있을 뿐이기 때문입니다. 그러면서 돈을 법니다. 이 얼마나 허무한 일입니까. 내가 지금 무엇을 위해서 일하고 있는지, 그 자체를 알 수 없는 것이 오늘날 현대인의 모습입니다.

가장 중요한 것은 내가 내 과거를 용서할 수 없다는 것입니다. 가만히 돌이켜보면 잘못한 일이 너무나 많습니다. 절대로 그러지 말

앉아야 했는데 그러고 말았습니다. 그 한 순간의 실수, 한 순간의 오판이 한평생 나를 괴롭힙니다. 제가 아는 장로님 한 분은 부부간에 서로 나이 차가 십 년 넘게 납니다. 장로님은 고등학교 선생님이었습니다. 수학여행지에서 밤에 바닷가로 산책을 나갔습니다. 여학생들이 죽 걸어가는데, 그 가운데 한 명이 멀리 뒤쳐져서 가더랍니다. 저러다가 행여 잘못되기라도 하면 안 되지 싶어 장로님은 그 여학생과 보조를 맞춰서 갔더랍니다. 그러다가 그 여학생이 도랑을 건너다 그만 삐끗하여 휘청 하더랍니다. 그래 얼른 그 손을 잡아주었답니다. 그랬더니 여학생이 벌떡 일어나더니 "책임지세요!" 하더랍니다. 결국 하는 수 없이 그 여학생과 결혼을 했더랍니다. 이것이 문제입니다. 장로님이 농 반 진 반으로 하소연합니다. "그때 그 손을 잡지 말았어야 했는데, 역사적인 실수였습니다." 그 한 순간의 일로 한 사람의 일생, 그 운명이 바뀐 것입니다.

여러분은 '그래, 그때 참 잘했지! 그것 참 옳았어! 아, 축복이었어!' 하고 지난 일을 다 합당하게 여깁니까? 아니면 '내가 나를 용서할 수 없어! 그때 그 한 번의 실수로 오늘의 불행이 시작된 거야!' 합니까? 과거와 화해하지 못한 사람은 영원히 불행합니다. 하나님의 사랑에 대한 긍정적 해석이 있어야 합니다. '하나님께서는 언제나 나를 사랑하셨다. 내가 실수하고 잘못했을 때에도 사랑하셨다. 우연한 일 같지만, 거기에 하나님의 돌보심이 있었다. 생각하면 할수록 이것도 저것도 다 하나님의 사랑이다.' 그래야 내 올바른 정체성을 찾을 수 있습니다. 율법 앞에서 나를 비판하면 끝도 없습니다. 그러나 은혜 안에서 생각하면 모든 것이 은혜입니다. 은혜 안에 내가 존재함을 알고, 그 은혜로 존재하는 나를 알게 되면 내 미래가 보입니다. 이걸 잊지 말아야 합니다.

오늘 본문에는 아주 기가 막히고 절절한 사건이 나옵니다. 이스라엘 백성이 애굽을 탈출합니다. 그리고 40년 동안이나 광야를 헤맵니다. 그리고 이제 마지막으로 요단강을 건너가는 시간입니다. 그야말로 가장 결정적인 운명의 순간입니다. 그 중요한 시간에 선택의 기로에 섭니다. 그냥 가야 되느냐, 아니면 정탐꾼을 보내야 되느냐, 하는 것입니다. 인간의 상식으로 생각하면 남의 땅을 점령하려는 참이니 당연히 먼저 정탐꾼을 보내어 그곳 사정을 파악해야 할 것 아닙니까. 하지만 그것은 인본주의입니다. 지금까지 어디 정탐꾼에 의지해서 여기까지 왔습니까. 광야 40년을 자기들의 계획대로 살아온 것이 아닙니다. 오직 은혜로 살았고, 하나님의 능력으로 살았습니다. 그렇다면 이번에도 그냥 밀고 나아가야 합니다. 하지만 그들은 그렇게 하지 못했습니다. 마지막 그 결정적인 순간에 그만 실수를 합니다. 신명기를 보면 하나님께서는 이렇게 말씀하십니다. "보내지 마라. 너희가 언제 정탐해가지고 여기까지 왔느냐? 너의 지혜에 의지한 것이 아니지 않느냐?" 한데도 백성들은 "이건 너무나 중요한 일이니까 정탐꾼을 먼저 보내야 된다!" 하고 난리를 칩니다. 결국은 그러기로 합니다. 이 자체가 불신앙입니다. 그러나 하나님께서는 양보하십니다. "그래, 보내려면 보내라." 그래서 정탐꾼 열두 사람이 갔습니다. 뒤에 돌아와 보고를 하는데, 여기에 문제가 있습니다. "가서 보니, 가나안 땅은 정말로 젖과 꿀이 흐르는 땅입니다! 굉장합니다!"

저는 성경의 이 대목을 읽을 때마다 느끼는 바가 있습니다. 그 정탐꾼들은 증표로 커다란 포도 한 송이를 긴 막대기에 끼워서 매

고 왔습니다. 제가 어렸을 때 성경의 이 대목을 보면서 속으로 생각
했습니다. '거짓말이다. 포도송이가 커봤자 얼마나 크다고? 말이 안
돼.' 하지만 나중에 이 생각이 바뀌었습니다. 제가 1963년도에 미국
으로 유학을 갔습니다. 한데 공부를 하다가도 어디 농촌에서 무슨
행사를 한다는 소식이 들려오면 꼭 시간을 내어 가보고 싶더라고요.
아무래도 제가 농촌출신이라고 그랬던가 싶습니다. 언젠가 한 번은
농산물을 전시하는 행사가 있다기에 기어이 짬을 내어서 가 보았습
니다. 놀랐습니다. 포도 한 송이가 얼마나 큰지 모릅니다. 지금 거봉
이라는 게 있는데, 꽤 크지요? 하지만 그때 그 박람회에서 본 것에
대면 아무것도 아닙니다. 족히 다섯 배는 된다고 봐야 합니다. 그때
제가 그걸 보고 성경말씀을 문자 그대로 믿게 되었습니다. '저 정도
크기라면 정말 막대기에 꿰어서 들고 왔을 법하다.' 그렇게 큰 포도
송이는 처음 봤습니다.

　그 커다란 포도송이를 가나안 땅의 산물이라고 정탐꾼들이 자
랑합니다. 그래 모두가 희망에 찼습니다. 한데 정탐꾼들은 더욱 놀
라운 이야기를 합니다. "그곳에는 장대한 사람들이 살고 있는데, 그
앞에 가서 딱 서니까 우리는 꼭 메뚜기 같았습니다." 사실이 그렇습
니다. 아랍 사람하고 이스라엘 사람을 나란히 세워놓고 보면 목 하
나만큼 차이가 납니다. 언젠가 아랍 군인들이 행진하는 모습하고 이
스라엘 군인들이 행진하는 모습이 나란히 기사에 실린 적이 있습니
다. 확실히 키 차이가 납니다. 이스라엘 사람들이 아랍 사람들보다
훨씬 작습니다. 아마 옛날에는 더 그랬던 것 같습니다. 오죽하면 이
걸 가리켜 '메뚜기 콤플렉스'라고 표현하겠습니까. '앞에 가서 딱 서
니까 나는 메뚜기 같더라. 저들도 우리를 메뚜기로 봤을 거다.' 이

것이 메뚜기 콤플렉스입니다. 그러니 이제 어쩌면 좋겠습니까? 내가 나를 어떻게 보느냐, 하는 문제입니다. 어디서부터 어떻게 평가하느냐, 하는 것입니다. 하지만 정탐꾼들 가운데서 여호수아와 갈렙은 긍정적으로 보고합니다. "이제 갑시다. 우리는 이길 것이오." 나머지 열 사람은 이와 달리 절망적인 보고를 합니다. "가서는 안 됩니다. 그들이 세운 성도 장대하고, 그곳 사람들도 건장하고, 장수들이 엄청나고, 도저히 안 됩니다." 난리가 났습니다. 다들 하나님을 원망하고, 모세를 원망합니다. 큰 반란이 생길 판입니다. 이것이 오늘본문의 내용입니다.

여러분, 내가 나를 사랑하지 않으면 아무도 나를 사랑하지 않습니다. 누구를 위한다, 누구를 위한다, 하지마는, 자기가 자기를 사랑할 줄 알아야 됩니다. 예수님의 오묘한 말씀이 있지 않습니까. "네 이웃을 네 몸과 같이 사랑하라." 무슨 말씀입니까? 자기를 사랑하지 않는 사람은 남도 사랑하지 않습니다. 요새 끔찍한 사건들이 많습니다. 집단자살이라는 것도 있습니다. 무엇입니까? 어머니가 자기 자신을 사랑하지 않습니다. 그래 자식도 사랑하지 않습니다. 그러다 보니 그 자식도 자기를 사랑할 줄 모르고 남은 더더욱 사랑하지 못합니다. 먼저 내가 나를 사랑할 줄 알아야 남도 사랑할 수 있습니다. 이걸 잊지 말아야 합니다.

루엘 하우는 「Man's Need and God's Action」이라는 저서에서 이렇게 말합니다. '자기 자신을 사랑하지 못하면 아무도 사랑할 수 없다.' 하나님을 사랑하는 것이 곧 하나님 안에서 나 자신을 사랑하는 것임을 잊어서는 안 됩니다. 나는 소중합니다. 왜요? 사랑받는 존재니까요. '하나님이 세상을 이처럼 사랑하사 독생자를 주셨다'라는 말씀이 있지 않습니까. 이걸 좀 바꿔보겠습니다. '하나님이 나를 사랑하사 독생자를 주셨다. 독생자를 주시기까지 나를 사랑하셨다.' 그러니 나는 얼마나 소중한 존재입니까. 그 사랑 안에서 나 자신을 사랑할 줄 알아야 되는 것입니다. 그러지 않고서는 아무도 사랑할 수가 없습니다. 아주 중요한 말씀입니다. 그러니 오늘본문에서 정탐꾼들이 갔다 와서 "우리는 메뚜기 같습디다!" 했으니, 일은 다 끝난 셈입니다. 이것이 '메뚜기 콤플렉스'입니다. 여러분, 할 수 있다 없다, 함부로 말하지 마십시오. 그것은 하나님의 손에 있습니다.

오늘본문에서 여호수아와 갈렙은 소리 지릅니다. "우리는 이기리라! 그러니 요단강을 건너가자!" 이것은 율법의 시각을 벗어나는 일입니다. '지난날 우리가 실수한 일이 많았어. 그러나 하나님께서는 우리와 함께하셨어. 지난날 우리가 하나님을 거역한 때도 많았어. 그러나 하나님께서는 우리를 용서하셨어.' 율법을 극복하고 하나님의 은총으로 이스라엘을 보는 것입니다. 내가 잘못한 일이 많지만, 합동하여 선을 이룬 것입니다. 사도 바울은 위대한 말씀을 합니다. "죄가 많은 곳에 은혜가 많다." 엄청난 말씀이지요? "많은 실수와 허물이 있지마는, 그보다 더 큰 은혜가 있었다. 그래서 오늘 우리가 있는 것이다. 그런고로 저들은 우리의 밥이다. 요단강을 건너가자! 하나님의 약속이 여기에 있다. 우리한테 많은 허물과 실수가 있었지만, 하나님의 약속은 변치 않는다. 그러니 약속의 땅을 향하여 가자! 우리는 하나님께 속했다. 하나님의 능력이 우리와 함께 있다. 우리는 메뚜기가 아니다. 우리는 하나님의 백성이다. 그런고로 요단강을 건너가자!" 신앙인의 간증입니다. 젖과 꿀이 흐르는 땅, 그 아름다운 땅이 있습니다. 그걸 바라보는 올바른 영적 지각이 있어야 합니다. "능히 이기리라!" 그렇습니다. "하나님께서 함께하시니 이길 것이요, 오늘까지 하나님께서 인도하셨으니 이길 것이요, 하나님의 약속이 여기에 있으니 우리는 이길 것이다!" 그래서 민수기 14장 9절에 재미있는 말씀이 있습니다. "그들은 우리의 밥이다! 우리의 밥이다! 그런고로 가자!" 과거에서 배웁시다. 거기에 하나님 은혜가 있었습니다. 미래의 약속을 보면서 오늘을 봅시다. 여기에 하나님의 축복이 있습니다. 때때로 우리의 마음이 약해질 때도 있고, 어찌 이런 일이 있나, 하고 세상을 어둡게 보기도 하고, 절망할 수도 있습니다. 그때마다 잊지 마십시다. 우리는 메뚜기가 아닙니다. 하나님의 축복이 우리와 함께합니다. 우리는 사랑하는 주의 백성입니다.

옛날 제가 인천에서 목회할 때 있었던 일입니다. 실화입니다. 그때 나무로 지은 3층집이 있었는데, 그 집 아래층에서 학교 갔다 온 어린아이가 낮잠을 자고 있었습니다. 그러고 있는데 불이 났습니다. 목조 집이니 금세 벌겋게 타올랐습니다. 잠에서 깬 이 아이가 불을 피해서 계단을 타고 위층으로 올라갔습니다. 소방대원들이 신고를 받고 출동해서 와 보니 아이가 연기 속에 옥상에서 울고 있습니다. 불길이 하도 거세서 옥상으로 갈 방법이 없습니다. 결국 소방대원들은 담요를 가져와서 그 네 귀퉁이를 붙들어 펴놓고 아이한테 뛰어내리라고 외쳤습니다. "애야, 뛰어내려라! 어서 뛰어내려!" 하지만 겁에 질린 어린아이가 그 높은 옥상에서 어떻게 뛰어내리겠습니까. 시커먼 연기 속에서 아이는 울기만 합니다. 속수무책입니다. 그때 마침 어머니가 돌아왔습니다. 그래 아이의 이름을 부르면서 "아무개야, 엄마다! 뛰어내려!" 하니까 그제야 아이가 "어머니!" 하면서 훌쩍 뛰어내렸답니다. 그때 이 이야기를 제가 전해 들으면서 많은 생각을 했습니다. 그 어린아이는 자기 어머니의 목소리가 귀에 들려올 때까지 용기를 낼 수 없었습니다. 여기에 무슨 설명이 필요하겠습니까. "우리가 안전하게 받아줄 테니, 걱정 말고 뛰어내려라!" 아무리 소방대원들이 이렇게 소리쳐도 아무 소용이 없었습니다. 오로지 어머니의 음성이 들려 올 때에만 비로소 아이는 큰 용기를 낼 수 있었던 것입니다. 오늘본문에서도 마찬가지입니다. "하나님께서 우리와 함께하신다! 약속의 땅이 저기에 있다! 우리는 이기리라! 반드시 이길 것이다! 오직 승리뿐이다!" 거기에 승리가 있고, 축복이 있습니다. △

너희가 먹을 것을 주라

날이 저물어 가매 열두 사도가 나아와 여짜오되 무리를 보내어 두루 마을과 촌으로 가서 유하며 먹을 것을 얻게 하소서 우리가 있는 여기는 빈 들이니이다 예수께서 이르시되 너희가 먹을 것을 주라 하시니 여짜오되 우리에게 떡 다섯 개와 물고기 두 마리밖에 없으니 이 모든 사람을 위하여 먹을 것을 사지 아니하고서는 할 수 없사옵나이다 하니 이는 남자가 한오천 명 됨이러라 제자들에게 이르시되 떼를 지어 한오십 명씩 앉히라 하시니 제자들이 이렇게 하여 다 앉힌 후 예수께서 떡 다섯 개와 물고기 두 마리를 가지사 하늘을 우러러 축사하시고 떼어 제자들에게 주어 무리에게 나누어 주게 하시니 먹고 다 배불렀더라 그 남은 조각을 열두 바구니에 거두니라
(누가복음 9 : 12 - 17)

너희가 먹을 것을 주라

세계적인 대도시 뉴욕에 가면 비행장이 세 개가 있습니다. 그 가운데 뉴욕시내 한복판에 있는 '라구아디아'라고 하는 비행장이 있습니다. 뉴욕시장을 세 번이나 역임했던 피오렐로 라구아디아 시장의 이름을 따서 지은 비행장입니다. 저도 여러 번 이 비행장에 가보았는데, 크기는 작아도 많은 비행기들이 드나듭니다. 이 라구아디아 시장은 뉴욕시장이 되기 전에 뉴욕시의 즉결재판부 판사로 있었습니다. 이런 일화가 있습니다. 1935년 1월 매우 추운 어느 날, 라구아디아 판사 앞에 누더기차림의 한 노인이 빵 한 덩이를 훔친 죄로 기소되어 끌려왔습니다. 판사가 물었습니다. "왜 빵을 훔쳤습니까?" 노인이 울먹이면서 대답합니다. "죄송합니다. 지금 저는 딸과 함께 살고 있는데, 사위는 집을 나가버렸고, 딸은 병들었으며, 두 손녀딸이 있는데, 먹을 것이 없어서 굶고 있습니다. 너무 배가 고프고 힘들어서 빵 가게 앞을 지나가다가 저도 모르게 손이 나가서 빵 한 덩이를 훔치게 되었습니다. 죄송합니다. 잘못했습니다." 그러나 빵 가게 주인은 고소를 취하하지 않았습니다. 그리고 말합니다. "판사님, 여기는 매우 나쁜 동네입니다. 이 지역 사람들은 다 못된 사람들이니까 그들에게 교훈을 주기 위해서 저 노인을 처벌해주시기 바랍니다." 판사는 한숨을 내쉬었습니다. 그리고 엄한 목소리로 말합니다. "당신은 남의 빵을 훔쳤기에 벌을 받아야 합니다. 법에는 예외가 없습니다. 10불 벌금을 내든지, 10일 구류형을 당하든지 해야 됩니다." 그러나 노인에게 돈이 있을 리 없습니다. 판사는 판결을 내리고 나서 조용히 혼자 일어났습니다. 그리고 이렇게 말합니다. "저도 죄가 있는 죄인입니다. 이렇게 배고픈 사람들이 헤매고 있는데, 저는 좋은 음식을 먹으며 즐기고 있었으니, 그 죄가 큽니다. 저도 10불 벌금을 내겠습니다." 그리고는 모자를 벗어서 죽 돌리면서 "여러분도 죄가 있거든 벌금을 내세요" 하니, 금세 47불이 모였습니다. 그래서 벌금 10불을 내고 남은 돈을 이 노인에게 주었습니다. 노인은 눈물로 감격하며 돈을 가지고 법정을 나갔습니다. 이 따뜻한 재판장이 뒤에 뉴욕의 시장이 되고, 세 번이나 연거푸 당선된 유명한 라구아디아 시장입니다. 그러나 그는 불의의 비행기사고로 세상을 떠났습니다. 그래서 그를 기념하여 그 비행장의 이름을 '라구아디아 비행장'이라고 이름 지은 것입니다.

오늘본문에서 예수님 말씀하십니다. "너희가 먹을 것을 주라." 놀라운 말씀입니다. 마음에 깊이 새기십시다. "너희가 먹을 것을 주라." 줄 수 있을까요? 줄 수 있음을 알아야 합니다. 안 주는 것이지, 못 주는 것이 아닙니다. 이 점을 알아야 합니다. 예수님께서 5천 명을 먹이신 이 놀라운 사건에는 몇 가지 중요한 교훈이 있습니다. 먼저는 불쌍히 여기셨다는 것입니다. 예수님께서 저들을 불쌍히 여기셨습니다. 마태복음 15장 32절에서는 이렇게 말씀하십니다. "내가 무리를 불쌍히 여기노라. 굶겨 보내지 못하겠노라." 깊은 동정입니다. 하나님의 사람의 마음에 있는 깊은 동정은 기적을 낳습니다. 진정한 사랑입니다. 이 사랑의 뒤에는 반드시 하나님의 기적이 따라갑니다. 잊지 말아야 합니다. 정말로 뜨겁고 깊은 동정과 사랑에는 기적이 함께합니다.

이 사건에는 우리가 주목해야 할 부분이 또 한 가지 있습니다.

성경을 자세히 보면 이런 궁금증이 생깁니다. '왜 저들은 사흘씩이나 광야에 있었을까?' 메시아에 대한 감격 때문입니다. 저는 이런 생각을 해봅니다. 5천 명이나 광야에 모였다면 그들 가운데 예수님의 설교를 제대로 들은 사람은 몇이겠습니까? 노천에서 말을 하면 아무리 목청이 커도 3백 명 이상은 못 듣습니다. 그러니 5천 명이나 운집해 있는 곳에서는 예수님 가까이에 있는 사람들만 말씀을 제대로 들을 수 있고, 나머지 저 멀리에 있는 사람들은 그저 바라보고만 있을 것입니다. 자신이 지금 예수님 가까이에 있다는 사실만으로 만족하는 것입니다. '저기에 메시아가 계시다. 우리가 그렇게 기다리던 메시아가 오셔서 말씀하고 계시다.' 마음속 깊은 곳의 이런 동경과 사랑으로, 존경으로, 그리고 경건으로 하염없이 바라보는 것입니다. 흩어질 줄을 모릅니다. 그렇게 사흘이 지난 것입니다. 저마다 준비해왔던 비상식량도 다 바닥이 나고, 이제 정말 배고픈 굶주림의 시간이 되었습니다. 그러니까 그들은 말씀 때문에 굶주리게 된 셈입니다. 그야말로 말씀에 매료되어 광야에서 꼬박 사흘을 지낸 것입니다. 그렇기 때문에 예수님께서 "내가 저들을 굶겨 보낼 수 없다"고 말씀하신 것입니다. 마태복음 4장에서 시험받으실 때 예수님 말씀하십니다. "사람이 떡으로만 사는 것이 아니요, 하나님의 입에서 나오는 말씀으로 산다." 말씀이 먼저입니다. 특별히 우리가 생각해야 할 것은 이 말씀이 40일 금식을 하셨을 때의 말씀이라는 점입니다. 40일을 굶은 바로 그 절박한 시간에도 예수님께서는 말씀하십니다. "말씀이 먼저다. 말씀이 먼저야." 이 얼마나 중요한 말씀입니까.

제가 아주 오래 전 미국으로 유학을 갔을 때의 일입니다. 1963년입니다. 미시간 주의 유니온 베이라고 하는 모레비안 교회에 가서 부활절 방학을 지낸 일이 있습니다. 거기서 제가 깊은 감명을 받았습니다. 그 교회 목사님에게 세 아이가 있었는데, 이 아이들이 밥을 먹을 때 절대 그냥 먹지 않습니다. 반드시 성경을 봅니다. 요절만큼 큰 글자로 써놓은 핸드북입니다. 먼저 그 성경에서 한 절을 딱 읽고 나서야 "아멘!" 하고 밥을 먹는 것입니다. 밥만 먹는 법은 없습니다. 말씀을 먼저 먹고, 그 다음에 밥을 먹습니다. 모레비안 교파는 참 철저합니다. 아름다운 풍경 아닙니까.

그들은 말씀을 사모해서 거기까지 왔습니다. 말씀이 먼저입니다. 그러나 말씀을 사모한 자에게 말씀만 있는 것이 아닙니다. 말씀에 뒤이어서 배부름이 따라와야 됩니다. 사람이 떡으로만 사는 것은 아닙니다. 말씀도 떡도, 둘 다 필요합니다. 하나님의 말씀을 떠나면 떡도 없습니다. 진리를 떠나면 경제도 없습니다. 오늘본문의 정황을 봅시다. 사람들이 말씀을 찾아서 여기까지 왔고, 피곤해졌습니다. 이런 까닭에 예수님께서는 "내가 저들을 굶겨 보낼 수 없노라! 저들을 꼭 먹여서 보내겠다!" 하고 말씀하십니다. 이것이 하나님의 마음입니다. 좀 더 깊이 생각하면, 이 말씀에는 대단히 중요한 의미가 있습니다. 예수님께서는 많은 이적을 행하셨습니다. 문둥병자를 고치시고, 장님을 눈뜨게 하시고, 죽은 자를 살리셨습니다. 귀신을 쫓아내시고, 수많은 이적들을 많이 행하셨습니다. 솔직히 생각해보십시오. 5천 명을 먹이신 사건은 매우 사치스러운 이적입니다. 사흘 굶었다고 죽지는 않습니다. 오늘 집에 돌아가면 되는 것입니다. 생각해보면 굉장히 사치스러운 기적입니다. 문둥병자를 고쳐주신 기적과는 다릅니다. 장님이 눈을 뜨는 이야기하고는 다릅니다. 이 사건은 내용상 매우 사치스러운 이적입니다. 거꾸로 생각해보면 이렇습니다. 하나님께서는 우리가 굶주리는 거 좋아하지 않으신다는 것입니다. 우리가 넉넉하게 살기를 원하십니다.

요한복음 2장에 가나의 혼인잔치 이야기가 나옵니다. 이것이 기록상 예수님께서 행하신 첫 번째 이적입니다. 물로 포도주를 만드신 이적입니다. 잔칫집에서 포도주를 마시며 다 같이 즐기다보니 포도주가 떨어졌습니다. 상식적으로는 그쯤에서 잔치를 그만하면 됩니다. 그런데도 굳이 물로 포도주를 만드는 이적까지 행하시면서 그 집의 잔치분위기를 다시금 고양시키셔야 할 이유가 무엇입니까? 굉장히 사치스러운 이적 아닙니까. 그러니까 하나님께서는 우리가 아주 즐겁게 지내기를 원하신다, 이것입니다. 우리가 행복하기를 원하시는 것입니다. 잔칫집에 포도주 떨어져서 분위기가 침체되는 것을 하나님께서는 원치 않으신다, 이것입니다. 끝까지 충만한 가운데 즐겁기를 원하십니다. 그래서 예수님께서 이적을 행하신 것입니다. 이 얼마나 사치스러운 이적입니까. 어찌 생각하면 오늘본문의 5천 명을 먹이신 이야기도 비슷합니다. 그 사람들이 그날 하루 먹지 않는다고 당장 굶어 죽는 것 아닙니다. 집에 돌아가서 먹으면 됩니다. 한데도 예수님께서는 말씀하십니다. "아니다. 굶겨 보낼 수 없노라." 이 얼마나 귀한 마음입니까. 이것이 하나님 아버지의 마음입니다. 하나님께서는 우리가 행복하기를 원하십니다. 우리가 배고파 고생하는 것, 목마른 것 원치 않으십니다. 건강하게 충만한 행복을 누리기를 하나님께서는 바라신다는 말씀입니다. 그래서 이적을 행하신 것입니다. 물로 포도주를 만드신 것은 질을 바꾸신 것입니다. 오천 명을 먹이신 것은 양을 바꾸신 것입니다. 아주 특별한 이적입니다.

"너희가 먹을 것을 주라." 예수님께서 이렇게 5천 명을 먹이신 이야기는 4복음서에 다 기록되어 있습니다. 예수님께서 "너희가 먹을 것을 주라" 하시자 빌립이 말합니다. "예수님, 여기는 광야입니다. 사다가 먹일 수도 없고, 그만한 돈도 없고, 시간도 많이 걸릴 것입니다. 불가능한 일입니다. 왜 이런 말씀을 하십니까? 설사 돈이 있다 해도 안 됩니다." 빌립이 말했습니다. 아주 계산까지 했습니다. 그러나 예수님께서는 말씀하십니다. "너희가 먹을 것을 주라." 여러분, 먹을 것을 줄 마음만 있으면 된다는 뜻입니다. 계산하지 마십시오. 된다느니, 안 된다느니, 결과가 어떻다느니…… 이런 얘기 하지 맙시다. 그저 간절한 마음만 있으면 하나님께서 역사를 이루십니다. 여기서 제일 중요한 것은 지금 있는 것을 가지고 역사하셨다는 사실입니다. 예수님께서는 그 순간 그냥 하늘에서 만나를 내리실 수도 있고, 돌덩이로 떡을 만드실 수도 있는 분이십니다. 하지만 예수님께서는 그렇게 하지 않으셨습니다. 떡 다섯 덩이와 물고기 두 마리는, 비록 작은 것이지만, 이미 가지고 있는 것입니다. 5천 명이 먹자고 들면 아무것도 아닙니다. 그러나 그 작은 것이 예수님의 손에 들릴 때 기적이 나타납니다. 하나님께서는 지금 내 손에 있는 것을 통해서 역사하십니다.

예배시간에 성경을 봉독할 때마다 기억나는 것이 있습니다. 하나님께서 모세에게 "네가 이스라엘을 구원하라!" 하시니 모세가 대답합니다. "제가요? 저는 애굽에서 살인을 저지른 사람입니다. 제가 무슨 능력이 있습니까? 이 광야에 와서 40년 동안이나 목자생활을 한 초라한 제가, 방랑객인 제가 어찌……" 그때 하나님께서 물으십니다. "네 손에 있는 것이 무엇이냐?" 아주 중요한 질문입니다. 모세가 답합니다. "지팡이입니다." "그래, 됐다. 그 지팡이로 네가 이스라엘을 인도할 것이다." 그렇습니다. 모세는 그 지팡이로 기적을 행합니다. 홍해를 가릅니다. 반석을 칩니다. 마지막에는 모세가 지팡이를 잘못 휘둘러서 가나안에 못 들어갑니다. 하지만 그 지팡이와 함께 기적이 이루어졌습니다. 여러분 손에 있는 것이 얼마입니까? 하나님께서는 바로 그것을 통하여 기적을 이루십니다. 하나님께서는 바로 그것을 통하여 오늘도 역사하시기를 기대하고 계십니다. "네 손에 있는 것이 무엇이냐?" "떡 다섯 덩이입니다." "좋아, 가져와라." 그것이 예수님의 손에 딱 들리면 큰 역사가 이루어집니다.

여기서 한 가지 더 생각해야 할 것이 있습니다. 예수님께서 기적을 나타내시는 과정이 아주 중요하다는 것입니다. 떡 다섯 덩이와 물고기 두 마리를 딱 손에 드시고 5천 명이 보는 앞에서 감사기도를 하십니다. 이 대목에서 제가 늘 궁금해 하는 것이 하나 있습니다. 성경에는 나오지 않는 내용입니다. 예수님께서 그 5천 명 앞에서 떡 다섯 덩이를 손에 드시고 뭐라고 기도하셨는지, 그것을 알고 싶은 것입니다. 그러나 성경은 간단하게 한마디로 표현합니다. 유카리스테오, 축사하시고 감사하셨다, 이것입니다. 감사입니다. 하늘을 우러러 감사하셨다, 그것뿐입니다. 뒷이야기가 없습니다.

감사는 기적을 낳습니다. 떡 다섯 덩이, 물고기 두 마리를 손에 들고 5천 명 앞에서 "오, 하나님!" 하고 감사하는 그 모습을 생각해 보십시오. 예수님의 마음에 지금 무엇이 있습니까? 예수님께서 드리시는 기도문이 무엇이겠습니까? 바로 이것이 기적입니다. 감사하는 순간 기적이 나타납니다. 감사하는 마음에 기적이 있습니다. 감사하는 현실 속에 기적이 있습니다. 원망과 불평 속에는 아무것도 없습니다. 엄청난 사건 앞에서도 하늘을 우러러 감사합니다. 아마도 이러셨을지도 모릅니다. "이 어린아이가 떡 다섯 덩이를 가지고 있는데, 이걸 자기가 먹지 않고 제게 주었습니다. 하나님, 감사합니다." 아마 이러셨을는지도 모릅니다. 여러분, 잊지 마십시오. 감사하는 곳에 기적이 있습니다.

물리학자 알버트 아인슈타인은 이렇게 기록합니다. '우리가 경험하는 바의 실제적인 것은 신비로움이다. 이것을 모르는 사람에게는 더 이상 경이로움은 없다. 더 이상 감탄할 수도 없다. 과학이 발전할수록 신비로움이 벗겨지는 것이 아니라, 과학이 발전할수록 더욱더 깊은 신비에 감격하게 된다.' 그렇습니다. 과학이 발전하면 발전할수록 더 깊은 신비에 놀라게 됩니다. 천문학자들은 천문경을 보면서 신앙이 있는 사람은, 너무 놀라워서, 광활한 우주를 보면서 하나님을 찬양합니다. 연구할수록, 깨달을수록 신비의 세계는 점점 커집니다.

예수님께서 5천 명을 먹이셨다는 것, 어찌 보면 우리 좁은 생각으로는 이해가 안 됩니다. 그러나 확실한 것은 불쌍히 여기는 마음과, 사랑하는 마음과, 하나님 앞에 은총에 대하여 감사하는 마음이 있을 때 기적은 있습니다. 긍휼과 헌신과 감사, 거기에 엄청난 기적의 세계가 있는 것입니다. 다시 한 번 귀 기울여 들어보십시오. "너희가 먹을 것을 주라!" △

곤고한 사람의 실체

　우리가 율법은 신령한 줄 알거니와 나는 육신에 속하여 죄 아래에 팔렸도다 내가 행하는 것을 내가 알지 못하노니 곧 내가 원하는 것은 행하지 아니하고 도리어 미워하는 것을 행함이라 만일 내가 원하지 아니하는 그것을 행하면 내가 이로써 율법이 선한 것을 시인하노니 이제는 그것을 행하는 자가 내가 아니요 내 속에 거하는 죄니라 내 속 곧 내 육신에 선한 것이 거하지 아니하는 줄을 아노니 원함은 내게 있으나 선을 행하는 것은 없노라 내가 원하는 바 선은 행하지 아니하고 도리어 원하지 아니하는 바 악을 행하는도다 만일 내가 원하지 아니하는 그것을 하면 이를 행하는 자는 내가 아니요 내 속에 거하는 죄니라 그러므로 내가 한 법을 깨달았노니 곧 선을 행하기 원하는 나에게 악이 함께 있는 것이로다 내 속사람으로는 하나님의 법을 즐거워하되 내 지체 속에서 한 다른 법이 내 마음의 법과 싸워 내 지체 속에 있는 죄의 법으로 나를 사로잡는 것을 보는도다 오호라 나는 곤고한 사람이로다 이 사망의 몸에서 누가 나를 건져내랴 우리 주 예수 그리스도로 말미암아 하나님께 감사하리로다 그런즉 내 자신이 마음으로는 하나님의 법을 육신으로는 죄의 법을 섬기노라

(로마서 7 : 14 - 25)

곤고한 사람의 실체

아주 옛날, 저 헬라에 디오게네스라는 유명한 사상가이자 철학자가 있었습니다. 그에 얽힌 일화가 많습니다. 그는 아테네의 이 골목, 저 골목을 돌아다니며 구걸을 했는데, 특히나 돌을 다듬는 석공들에게 구걸을 했습니다. 사람들이 그에게 물었습니다. "석공들은 이 도시에서도 가장 가난한 사람들 축에 듭니다. 아무리 구걸해도 당신한테 돈 한 푼 주기 어려운 사람들입니다. 한데도 당신은 왜 그렇게 가난한 석공들에게 구걸을 합니까?" 그러자 디오게네스는 빙그레 웃으면서 이렇게 대답했습니다. "아무것도 받지 않는 연습을 하고 싶어서입니다. 여러분, 우리가 누구에게 가서 무엇을 부탁한다고 합시다. 그대로 되는 것만은 아니잖아요? 거절당할 수 있잖아요? 그렇게 거절당할 때 내가 어떤 마음으로 임하느냐는 것이 중요합니다. 그래서 나는 이렇게 내게 한 푼도 줄 수 없는 사람들을 찾아다니면서 구걸을 하는 것입니다." 디오게네스, 참 대단한 철학자라고 생각됩니다. 또 이런 일화도 있습니다. 그는 종종 대낮에 등불을 켜들고 이 골목, 저 골목을 다녔습니다. 그걸 보고 누가 물었습니다. "당신은 이렇게 환한 대낮에 등불을 켜들고 도대체 무얼 찾는 겁니까?" 그러자 디오게네스는 이렇게 대답했습니다. "정직한 사람을 찾는 중입니다. 이 세상에 정직한 사람이 없어서요." 그렇습니다. 오늘 우리가 말해야 될 것, 생각해야 될 것, 깊이 마음에 두어야 할 것은 정직함입니다. 정직함이 없이는 용기도 없습니다. 정직함이 없이는 기도응답도 없습니다. 정직함이 없이는 신앙도 없습니다. 종교개혁자 마르틴 루터는 말합니다. "신앙이란 뭐냐? Honest to God, 하나님 앞에 정직함이다." 유명한 말입니다. 하나님 앞에 정직해야 한다는 것입니다. '하나님 앞에 정직함. 그것이 바로 신앙이다.' 정직함이 가장 중요합니다. 특별히 정직함이란 자기 자신을 정확히 아는 것입니다. 자기 자신에 대해서 정직해야 합니다.

　　요새 세계적인 유행어 가운데 하나가 '워커홀릭'입니다. 오츠카라는 유명한 교수가 쓴 「워커홀릭」이라는 책으로 말미암아 알려진 말입니다. 두 가지 단어의 합성어입니다. 하나는 'work(일한다)'이고, 또 하나는 'alcoholic(알코올중독자)'입니다. 이 둘을 합쳐서 'Workaholic'이라는 신조어가 된 것입니다. 다시 말하면 일에 중독되었다는 뜻입니다. 그런 사람이 있다는 것이지요. 이와 관련하여, 저는 언젠가 마음 아픈 경험을 한 적이 있습니다. 우리 교회 교인은 아닙니다마는, 어떤 교회의 장로님 아들이 개인적으로 저를 좋아해서 결혼주례를 해달라고 부탁해왔습니다. 그래서 제가 "아, 그러시지요" 하고 승낙했습니다. 그 아들은 하버드대학에서 박사학위를 받은 사람이고, 한국에 돌아와 예쁜 아가씨하고 알게 되어 아주 멋지고 훌륭한 결혼식을 올렸습니다. 얼마나 좋은 일입니까. 게다가 좋은 직장에도 다니게 되었습니다. 나중에 아이도 하나 낳았습니다. 일도 열심히 했지요. 그런데 결혼한 지 3년 만에 덜컥 세상을 떠나고 말았습니다. 그는 전형적인 workaholic이었던 것입니다. 회사에서는 물론이고 퇴근한 뒤에도 일감을 집에 가져와 밤늦도록 일했습니다. 그래도 계속 일이 쌓이니까 그걸 감당하려고 그렇게나 애를 쓰다가 그만 죽게 된 것입니다. 일에 중독된 사람으로 대표적인 실례입니다. 여러분, 이걸 알아야 됩니다. 일이라는 것은 그렇게 하는 것이 아닙니다.

제가 프린스턴 신학교에서 공부할 때 거기에는 아인슈타인 박사의 사택이 있었습니다. 그분에 얽힌 일화가 많습니다. 그 가운데 하나, 제 마음에 크게 감동을 준 일화가 있습니다. 그는 아침에 사무실로 출근하여 일을 하는데, 글을 쓰거나 책을 읽는 것이 아닙니다. 그저 의자에 딱 붙어 앉아서 머릿속으로 생각만 합니다. 그런 식으로 꼬박 한 달 동안 생각을 하고 나서 마침내 비서를 불러서 이렇게 이릅니다. "Dictation!" 그러면 비서가 아인슈타인이 하는 말을 받아쓰기 시작합니다. 한꺼번에 죽 이야기를 합니다. 그러면 유명한 박사학위 논문 한 편이 나온다는 것입니다. 얼마나 뛰어난 천재기에 그럴 수 있을까요? 하여튼 사람들이 이걸 하도 궁금해 한 나머지 아인슈타인 박사가 세상을 떠나고 나서 실제로 그 두뇌를 해부해보았다지 않습니까. 지금도 그 두뇌를 보관하고 있습니다. 한데 이분의 특징 가운데 하나가 뭐냐 하면, 이렇게 사무실에 가만히 앉아서 골똘히 생각을 하는 것입니다. 연구의 일환입니다. 그러다가 점심 종이 땡 하고 울리면 나가서 식사를 하고, 또 퇴근 종이 땡 하고 울리면 바로 사무실을 떠나 집으로 돌아옵니다. 하지만 집에서는 절대 책을 보는 일이 없습니다. 아이들하고 놀고, 음악회에 가고, 정원을 가꿉니다. 연구에 대해서는 전혀 생각을 안 한다는 것입니다. 획이 아주 분명합니다. 사무실의 자기 자리에 앉으면 연구하고, 그 자리에서 일어서면 연구는 깨끗이 잊습니다. 집에 와서는 온전히 정원을 가꾸거나, 음악회에 가거나, 아이들하고 놀면서 시간을 보내는 것입니다. 이 점에서 그는 아주 특별한 사람이었습니다. 너무나 특별해서 지금도 연구대상이 되고 있습니다.

한 가지, 분명히 알아야 할 것이 있습니다. alcoholic이나 workaholic이나 모두 마찬가지입니다. 일에 미치는 것은 자살행위입니다. 성경은 분명히 말씀합니다. "안식하라. 안식년을 가져라." 쉬어야 된다, 이것입니다. 깨끗하게 끊어야 됩니다. 일에 미쳐가지고 밤낮없이 일만 하는 것은 하나님의 뜻이 아닙니다. 그래서는 스스로를 지켜나갈 수도 없습니다. 그러다 보면 내가 누구인지도 잊어버리게 됩니다. 이것이 가장 무서운 일입니다. 술에 취한 사람처럼 아주 멍청해지고 맙니다. 정신적으로는 이미 죽은 것이나 다름없습니다. 늘 자기는 자기가 잘 안다고 스스로 판단하지만, 자기가 자기한테 속은 것을 아는 순간, 이보다 더 비참한 일은 없습니다. 다른 사람에게 속았다면 원망이라도 하지요. 세상에 속고, 돈에 속았다고 한탄할 수도 있습니다. 하지만 스스로에게 속으면 어디 하소연할 데도 없습니다. 이 얼마나 괴로운 일입니까. 자신에게 속은 것을 아는 순간 사람은 절망할 수밖에 없습니다. 자기 실망이라는 것, 아주 심각한 일입니다. '나는 내가 뭘 좀 아는 줄 알았는데, 이제 보니 아는 게 아무것도 없구나. 내가 뭘 좀 가진 줄로 알았는데, 이제 보니 아무것도 가진 것이 없구나.' 실제로 그렇습니다. 이것저것 따져가며 손익계산을 해보니 빚더미에 올라앉은 신세입니다. 생각은 많이 하는데, 생각하는 대로 말할 수 없습니다. 원하는 바는 많은데, 행하는 바는 없습니다. 밤낮 결심만 하다가 맙니다. 오늘도 결심하고, 내일도 결심하고…… 지금 나이가 얼마입니까? 아직도 결심만 하고 있습니까? 비참한 이야기입니다. 또, 느끼는 것과 생각하는 것이 서로 다릅니다. 가슴과 머리가 따로따로입니다. 가슴은 이쪽으로, 머리는 저쪽으로입니다. 느끼는 것과 생각하는 것이 따로 갈 때, 이것이 바로 정신병입니다. 원하는 바, 소원과 행위가 서로 다릅니다. 뭔가를 소원했다면 그 소원한 것을 행해야 하지 않습니까. 하지만 '소원 따로, 행위 따로'입니다. 이래서야 되겠습니까. 학생이 좋은 학교에 입학하겠노라고 결심해놓고, 오늘 공부를 안 합니다. 어쩌자는 것입니까? 원하는 것과 행하는 것이 완전히 따로따로 가게 되면 요샛말로 멘탈붕괴가 옵니다. 멍청해지는 것입니다. 견디다 못해 술을 마십니다. 자살입니다. 이미 끝난 것입니다.

저는 오늘본문에 나타난 사도 바울을 볼 때마다 깊고 큰 감명을 얻곤 합니다. 사도 바울은 정직했습니다. 예전에 제가 신학대학에서 강의를 하던 시절의 일입니다. 로마서를 가르치던 교수가 갑자기 유학을 가게 되었습니다. 로마서는 신학대학에서 매우 중요한 과목입니다. 반드시 배워야 하는 필수과목입니다. 그래 교수회의에서 의논 끝에 저한테 이렇게 부탁해왔습니다. "목사님께서 이 과목을 앞으로 몇 년 동안 강의해주셨으면 좋겠습니다. 목사님 전공은 아니지만, 조직신학을 공부하신 목사님께서 이 과목을 가르쳐주시면 좋겠습니다." 그래서 제가 전공도 아닌 로마서 강의를 몇 년 했습니다. 강의를 위해서 로마서를 비롯하여 여러 책들을 많이 읽었습니다. 그렇게 늘 읽던 성경인데도 강의를 위해서 새삼 로마서를 다시 읽다가 깜짝 놀랐습니다. 사도 바울의 얼굴을 바라보고, 그를 묵상하면서 제가 그 앞에 고개를 숙였습니다. 왜냐하면 로마서 7장 때문이었습니다. 기가 막힙니다. 사도 바울은 어찌 이토록 정직할 수가 있습니까? 바울이 누구입니까? 대사도입니다. 위대한 사도가 어찌 이렇게 정직할 수가 있습니까? 자기 자신에 대하여 그는 이렇게 말합니다. "나는 선은 행할 수 없고, 원치 않는 죄만 짓는다. 오호라, 나는 곤고

한 사람이로다." 유명한 말씀입니다. '타라이 폴로스 에고 안드로프스.' 이 불쌍한 사람아, 하고 자기 자신을 객관시하는 것입니다. 로마서가 무엇입니까? 자기 얼굴도 보지 못한 로마사람들에게, 그 로마의 교회에 보내는 편지입니다. 기독교의 복음, 자기가 전하던 복음을 집약해서 쓴 것이 로마서입니다. 중간에 자기 자신을 고백합니다. '나는 이런 사람이다!'라고요. 자기 얼굴을 보지 못한 사람들에게 어찌 이렇게 말할 수 있는 것입니까. 이 말을 읽는 사람들이 어떻게 생각하겠습니까? '사도 바울, 위대한 사람인 줄 알았더니, 별 거 아니구먼?' 이렇게 생각하지 않겠습니까. 그러나 사도 바울은 개의치 않습니다. 정직해야 하기 때문입니다. 그래서 아주 정직한 자기 모습을 보여주는 것입니다.

아브라함 링컨이 남북전쟁을 하고 있을 때 두 진영이 크게 싸우는 가운데 좀처럼 전쟁이 끝나지를 않았습니다. 이래저래 많은 희생이 있었습니다. 그때 마침 참모총장하고 대통령 사이에 의견대립이 생겼습니다. 참모총장은 "이번 전쟁에 나가지 맙시다!" 하고, 링컨 대통령은 "나갑시다!" 합니다. "나가지 맙시다." "나갑시다." 이렇게 실랑이를 합니다. 하지만 대통령은 아브라함 링컨입니다. 그래 그의 의견대로 출전을 결정합니다. 그러나 결과는 패전이었습니다. 병사들이 많이 죽고 희생당했습니다. 그래 이 참모총장이 대통령 때문에 이렇게 되었다고 분통을 터뜨립니다. 그러고 있는데 대통령이 비서를 통해서 메모지 한 장을 보내왔습니다. 딱 한마디였습니다. 'I am sorry. from Abraham Lincoln.' 전화가 없을 때니까 비서가 그걸 직접 가져와서 참모총장한테 건네준 것입니다. 참모총장이 그걸 딱 보더니 이렇게 소리를 지릅니다. "That's ridiculous guy!(멍청한 녀석!)"

대통령 없는 데서야 무슨 욕을 못 하겠습니까. 그 소리를 듣고 비서가 대통령한테 돌아갔습니다. 링컨이 물었습니다. "그래, 메모지 잘 갖다주었나?" "예, 잘 갖다 주었습니다." "그가 그걸 보았나?" "보았습니다." "뭐라고 하던가?" 대통령 앞에서 비서가 어떻게 거짓말을 하겠습니까. 그래 사실대로 보고합니다. "멍청한 녀석이라고 했습니다." 그때 아브라함 링컨이 뭐라고 했는지 아십니까? 껄껄 웃으면서 "그 친구, 사람 볼 줄 아는구먼!" 했습니다. 얼마나 좋습니까. 얼마나 여유 있습니까. 멍청한 사람더러 멍청하다고 말하는 게 무슨 잘못입니까. 분명하지 않습니까. 나 자신을 아는 것, 나 자신을 바로 아는 거기에서부터 복음의 역사는 시작됩니다.

또 사도 바울은 로마서 7장에서 적나라한 자기 모습을 고백합니다. 나는 이런 사람이다, 하고요. 그리고 나서 그 유명한 로마서 8장을 써내려갑니다. "주 예수 그리스도 안에 결코 정죄함이 없느니라." 8장의 이 기가 막힌 말씀이 바로 7장을 배경으로 하고 있다는 사실을 잊지 말아야 합니다. 오늘본문에서 그는 이렇게 고백합니다. "나는 곤고한 사람이로다." 번역하면 '나는 상처 난 사람이다. 구제 불능한 사람이다. 불쌍한 사람이다'라는 뜻입니다. 왜요? 그는 스스로 고백합니다. '나는 육신에 속한 사람이다'라고요. 나는 구원을 받았고, 하늘나라를 지향하고 살지마는, 아직도 나는 육신에 속한 사람이다, 이것입니다. 육신의 욕망을 완전히 버리지 못했다, 이것입니다.

또 고백합니다. "죄 아래 팔렸도다." 무슨 말씀입니까? 자유가 없다는 뜻입니다. 팔렸다는 것은 노예가 되었다는 뜻입니다. 노예제도가 있을 때입니다. 노예를 물건처럼 팔고 사고 할 때입니다. 한 번

팔려 가면 그 집에서 일생을 노예로 살아야 합니다. 노예는 아무 권리도 없고, 생각의 자유도 없습니다. 노예는 도덕성도 없습니다. 주인이 가라면 가고, 오라면 와야 합니다. 그저 주인이 시키는 대로만 해야 합니다. 바울은 고백합니다. "나는 완전히 팔렸다. 죄에 팔렸다. 죄악에 완전히 팔려서 살아가고 있다." 이 얼마나 정직한 고백입니까. 그런가하면 알지 못할 때도 있습니다. 무의식이라는 것입니다. 무의식중에 죄를 짓습니다. 생각지 않은 데서 거듭거듭 실수를 합니다. 내 행위를 내가 알지 못합니다. 내 속에 죄악에 있기 때문입니다. 그런가하면 바울은 또 유명한 고백을 합니다. "악이 함께 있도다."

마르틴 루터의 유명한 고백이 있습니다. 어느 날 아침식사를 하는데, 아끼는 개가 무릎 앞에 앉아 있습니다. 루터가 식사를 하면서 빵을 손으로 집으면 이 개가 빵을 보고, 또 루터가 그걸 입에 넣으면 입을 쳐다봅니다. 이렇게 개가 계속 올려다보고 내려다보고, 올려다보고 내려다보고 하는 것입니다. 루터가 그 모습을 보다가 어느 순간 탁 무릎을 치면서 한마디 했습니다. "이 개는 요 고기조각을 먹고 싶어서 쳐다보는 동안 아무 생각도 안 하는데, 나는 하나님 앞에 기도한다고 하면서 '하나님 아버지!' 해놓고는 이 생각, 저 생각에 빠져든다. 이 개가 요 고기조각을 쳐다보는 것처럼 내가 하나님을 집중해서 쳐다볼 수 있으면 얼마나 좋을까?" 시험이 언제 옵니까? 세상을 살 때, 가정생활을 할 때, 경제생활을 할 때 찾아옵니까? 기도생활을 할 때, 바로 거기에 시험이 있습니다. 찬송을 부를 때, 기도할 때, 그리고 예배하는 지금 이 시간 바로 내 마음 속에 시험이 옵니다. 하나님께 온전히 초점을 맞추고 있지 못하는 것입니다. 신경이 흩어집니다. 이 생각 저 생각, 이런 의심 저런 의심에 빠집니다. 악이 함께 있는 것입니다. 선한 일을 할 때 악이 함께 있습니다. 구제할 때 위선이 있습니다. 하나님 앞에 기도할 때, 그 기도 속에 큰 시험이 있습니다. 사도 바울은 다시금 고백합니다. 죄에 사로잡혀 있는 자신을 보는 것입니다. 자기를 객관시하고 있는 것입니다. 스스로 죄악이 가득한 이 세상에 끌려가고 있습니다. 악한 세력으로부터 아직도 벗어나지 못하여 헤매고 있습니다. 바울은 바로 이 죄 된 자기 모습을 객관시하는 능력을 가졌습니다.

자기 자신의 운명, 자기 자신을 객관시할 수 있는 능력이 있어야 합니다. 남이 뭐라고 하느냐는 중요하지 않습니다. 뭐라고 하면 어떻습니까? 하나님 앞에 내가 얼마나 정직한가가 중요합니다. 하나님 앞에 서 있는 내 모습을 분명하고 정직하게 볼 줄 알아야 합니다. "오호라, 나는 곤고한 사람이로다. 이 사망의 몸에서 누가 나를 건져내랴?" 이어서 또 바울은 이렇게 고백합니다. "우리 주 예수 그리스도로 말미암아 하나님께 감사하리로다." 그렇습니다. 오직 예수 그리스도 말미암아 감사하는 것입니다. 그래서 유명한 데이빗 시멘즈는 「치유하는 은혜」라는 책에서 우리는 두 가지 의식을 잊지 말아야 한다고 말합니다. 첫째, 나는 용서받아야 할 죄인이라는 의식입니다. 언제나 남을 비판하기 전에 내가 먼저 비판 받아야 할 사람이라는 것을 생각해야 한다는 것입니다. 나는 오늘도 내일도 용서받아야 할 죄인이라는 사실을 잊지 말아야 합니다. 둘째, 나는 이미 용서받은 죄인이라는 의식입니다. 잊지 말아야 합니다. 주께서 내 죄를 사해주셨고, 앞으로도 사해주실 것입니다. 나는 용서받은 죄인이요, 동시에 구원받은 하나님의 자녀입니다. 항상 이 긴장관계에서 살아가야 합니다.

사도 바울은 로마서 8장 1절에서 말씀합니다. "그러므로 이제 예수 그리스도 안에 있는 자는 결코 정죄함이 없나니 이는 그리스도 예수 안에 있는 생명의 성령의 법이 죄와 사망의 법에서 나를 해방하였음이니라." 이렇게 구속의 은혜를 높이 찬양하고, 여기서부터 구원받은 사람으로 살아갑니다. 사도 바울은 자기실존을 잊어버리지 않았습니다. 나의 나 됨을 잠깐도 잊어버리지 않았습니다. 나의 나 된 참 모습을 잠시도 잊지 않았습니다. 항상 용서받아야 할 죄인으로, 동시에 이미 용서받은 하나님의 자녀로, 이 긴장관계 속에서 살아가야 합니다. 이 속에서 은혜를 찬양하며 살아야 할 것입니다. 자신을 생각하며, 정직하고 겸손하게 은혜를 생각하며 감사하고 감격하며 살아갈 때 거기에 하나님의 자녀의 모습이 있는 것입니다. △

위엣 것을 찾으라

그러므로 너희가 그리스도와 함께 다시 살리심을 받았으면 위엣 것을 찾으라 거기는 그리스도께서 하나님 우편에 앉아 계시느니라 위엣 것을 생각하고 땅엣 것을 생각지 말라 이는 너희가 죽었고 너희 생명이 그리스도와 함께 하나님 안에 감취었음이니라 우리 생명이신 그리스도께서 나타나실 그 때에 너희도 그와 함께 영광 중에 나타나리라

(골로새서 3 : 1 - 4)

위엣 것을 찾으라

두 해 전에 하나님의 부르심을 받은 강영우 박사님은 한평생을 시각장애인으로 사신 분입니다. 그러나 태어날 때부터 시각장애인 이었던 것은 아닙니다. 중학교 때 사고로 실명하였습니다. 그리고 어머니, 누나와 셋이서 함께 살았는데, 어머니와 누나가 일찍 먼저 세상을 떠납니다. 그는 졸지에 맹인 고아가 되었습니다. 그래 고아 원에서 자라게 됩니다. 그래도 그는 믿음을 잃지 않았습니다. 하나 님만 바라보며 충실하게 주를 섬기는 신앙생활을 하였고, 공부도 열 심히 하였습니다. 나중에 그는 대학을 졸업하고 미국으로 유학을 가 서 시각장애인으로서는 최초로 박사학위를 받았습니다. 그리고 백 악관에서 근무하며 남은 평생을 살았습니다. 결혼해서 슬하에 아들 도 하나 두었습니다. 그 아들이 잠자리에 들 시간이 되면 서양 풍속 을 따라서 어머니가 아이 방의 침대 옆에 앉아서 아이가 잠들 때까 지 성경을 읽어주었습니다. 성경말씀을 들으면서 잠드는 것, 청교도 의 철저한 신앙훈련의 한 가지 모델입니다. 저도 제 어머니가 제 머 리맡에 앉으셔서 제가 잠들 때까지 성경을 읽어주시던 것을 늘 기억 하고 있습니다. 그래 저는 성경을 스스로 읽어서 아는 것보다 어머 니가 들려주셔서 아는 것이 더 많지 않나, 하는 생각도 해봅니다.

이 강영우 박사님이 하루는 "여보, 오늘은 내가 아이를 위해서 성경을 읽을 테니 당신은 뒤로 좀 물러서요" 하면서 성경책을 들고 아이 방에 들어갑니다. 아이 어머니는 "아, 그러세요" 하고 물러납 니다. 그러자 아이가 아버지를 쳐다보고 말합니다. "아버지, 아버지는 성경을 못 보시잖아요?" "걱정하지 마라." 그러면서 아버지가 환히 켜져 있던 불을 껐습니다. 아들이 말합니다. "아버지, 불을 끄시면 어떻게 성경을 봐요?" "걱정 말고 눈을 감아라." 그리고 점자성경을 펴놓고 손으로 더듬어가면서 유창하게 성경을 읽었습니다. 아이가 깜짝 놀랐습니다. 그리고 속으로 감탄했습니다. '아버지는 이 어둠 속에서 어찌 성경을 이렇게 잘 읽으시나?' 그때 아버지가 중요한 말을 합니다. "애야, 잘 생각해봐라. 사람은 눈을 뜨고 보는 것보다 눈을 감고 보는 세계가 더 넓고 위대하단다." 이 말을 듣고 이 아이는 믿음으로 자랐습니다. 나중에 유명한 듀크 대학에서 박사학위를 받았고, 현재 듀크 대학의 교수로 있습니다. 눈을 뜨고 보는 세계만 세상이 아닙니다. 눈을 감고 보는 세계가 더욱 넓고 위대하다는 걸 잊지 말아야 합니다. 현재라고 하는 쇠사슬에 매여서 저 멀리 앞에 있는 신령한 미래를 볼 수 없다면 그는 참으로 불행한 사람일 것입니다. 오늘본문에서 사도 바울은 이렇게 훈계합니다. "위엣 것을 찾으라. 위엣 것을 생각하고 땅의 것을 생각하지 말라. 위엣 것을 찾으라. 위엣 것을 생각하라. 땅의 것을 생각하지 마라."

　제가 1963년 그 옛날에 프린스턴 대학에 가서 공부할 때 맨 처음 접한 책이 바로 독일의 유명한 순교자 본회퍼가 쓴 「옥중서신」입니다. 그는 감옥에서 이 서신들을 쓰고 서른여덟이라는 젊은 나이에 순교합니다. 영어의 몸으로 순교를 앞둔 그의 절절한 심정이 담겨 있는 글들입니다. 제가 이 책을 처음 읽고 얼마나 감격스러웠는지 모릅니다. 특히 골로새서 3장 1절에서 4절까지로 쓴 '위엣 것을 찾으라'가 정말 절절합니다. 순교를 불과 몇 시간 앞두고 마지막으로 쓴 편지입니다. '위엣 것을 찾으라. 위엣 것을 생각하라. 땅의 것을 생각하지 마라.' 읽고, 읽고, 또 읽었습니다. 얼마나 깊은 감명을 받았는지 모릅니다. 그리스도인이란 누구입니까? 그리스도인은 그리스도와 함께 죽고, 그리스도와 함께 살고, 그리스도와 함께 영광중에 나타날 바로 그 존재입니다. 사도 바울은 갈라디아 2장에서 말씀합니다. "나는 예수 그리스도와 함께 십자가에 못 박혔다(I'm crucified with the christ)." 여기서 시작하는 것입니다. 그리스도와 함께 죽었고, 우리 생명은 그리스도 안에 감추어져 있습니다. 동시에 그리스도와 함께 영광중에 나타날 것입니다. 이것을 믿고 오늘을 사는 자가 그리스도인입니다. '그리스도인의 뜻은 그리스도와 함께 죽었다. 나는 십자가를 쳐다볼 때마다 이미 죽었다. 내 정욕도, 내 욕심도, 내 소망도, 내 인간성도, 인간의 나약함도 다 죽었다.' 단점만이 아니고 장점도, 실패만이 아니라 성공도 모두 십자가 안에 죽었습니다. 이것을 확인해야 합니다. 내가 죽었다는 것을 계속 확인하며 살아가야 합니다.

여러분이 다 잘 아시는 김익두 목사님은 원래 신천장에서 유명한 깡패였습니다. 그런 그가 예수 믿고 전도사가 되어 이 집 저 집 다니면서 예수 믿으라고 전도를 했습니다. 하지만 사람들이 그가 깡패출신인 것을 다 알지 않습니까. 그래 어딜 가나 사람들이 물었답니다. "변했나? 사람이 정말 변했나?" 그때마다 김익두 목사님은 이렇게 답했답니다. "옛 사람은 죽었습니다. 저는 그리스도 안의 새사람입니다." 하루는 어떤 집에서 설거지하던 아주머니가 그 말을 가만히 듣다가 갑자기 구정물을 그의 얼굴에다가 확 끼얹었답니다. 그리고 말했답니다. "어디, 죽었는지 살았는지 한번 보자." 그러자 김익두 목사님이 껄껄 웃으면서 이랬답니다. "잘 생각해보세요. 제가

118

죽었으니 지금 당신이 살지, 제가 죽기 전에 당신을 만났다면 오늘 당신은 제 손에 죽었을 겁니다. 제가 죽었으니 당신이 사신 겁니다." 얼마나 멋있는 이야기입니까. 나 하나 죽으면 많은 사람이 삽니다. 그러나 실상은 어떻습니까? 자기 하나 살자고 많은 사람들을 괴롭힙니다. 나 하나 예수와 함께 깨끗이 죽으면 많은 사람들이 살 수 있는 것입니다.

그러니 예수 믿는다는 것이 무엇입니까? 그리스도를 만나야 됩니다. 스데반처럼 계속해서 그리스도를 만나야 됩니다. 돌에 맞아 순교할 때 그는 하늘을 우러러보았습니다. 그리고 하나님 우편의 보좌에 앉으신 예수 그리스도를 쳐다보았습니다. 서로 눈과 눈이 마주치는 그 순간에 스데반의 얼굴은 천사의 얼굴과 같았습니다. 스데반은 우리 그리스도인의 아주 중요한 표본입니다. 하늘을 우러러보고 주님을 만나야 합니다. 성경에 '렉시오 디비나(Lectio Divina)'라는 유명한 말이 있습니다. 성경을 읽을 때마다 주님을 만나야 한다는 뜻입니다. 하나님과 소통하며 성경을 읽어야 한다는 말씀입니다. 성경을 읽을 때마다 주님의 얼굴이 보여야 합니다. 동시에 성경을 읽을 때마다 주님의 음성이 들려와야 됩니다. "내가 너를 사랑한다. 내가 너와 함께한다." 이 음성이 들려올 때까지 읽어야 됩니다. 성경은 철학서가 아닙니다. 성경은 묵상하는 책입니다. 세상의 일반적인 책을 보듯이 봐서는 안 됩니다. 경건한 마음으로 봐야 됩니다. 그래서 제가 젊은 목사님들한테 늘 이렇게 권면합니다. "설교를 똑바로 하려면 성경을 바로 읽어야 한다. 그런고로 성경을 읽을 때에는 잠옷 바람으로 읽지 마라. 특별히 성경을 읽을 때에는 정장을 하고 읽어라. 넥타이를 매고, 하나님 앞에 선 자세로 성경을 읽어라." 이 정도는 되어야 주님의 음성이 들려오지, 잠옷 바람으로 편히 앉아 성경을 봐서야 무슨 소리를 들을 수 있겠습니까. 자세가 중요합니다. 최고의 경건한 자세로 성경을 읽어야 '렉시오 디비나'를 경험할 수 있습니다. 이렇게 거룩한 마음으로 성경을 읽을 때 비로소 주님의 얼굴이 보입니다. 주 안에 있는 내가 보입니다. "내가 너를 사랑하노라!" 하는 주님의 음성이 내 귀에 들려옵니다. 성경은 이렇게 읽는 것입니다. 그리스도를 만나고, 그리스도와 함께 있는 나를 발견하고, 또 그리스도와 함께 동행하는 것입니다. 이렇게 자기 존재를 확인하는 것이 그리스도인의 모습입니다.

오늘본문은 말씀합니다. "위엣 것을 찾으라." 위엣 것이 무엇입니까? 신령한 것입니다. 속된 것이 아니고, 신령한 것입니다. 또한 '위엣 것'이란 미래지향적인 것입니다. 과거의 이야기가 아닙니다. 미래입니다. 옛날이야기가 아닙니다. 앞으로 다가올 현실입니다. 위엣 것, 앞에 있는 것, 미래의 것, 영원한 것입니다. 그 감춘 것을 발견해야 합니다. 또한 '위엣 것'이란 약속된 미래입니다. 이럴 수도 있고, 저럴 수도 있는 것이 아닙니다. 확인할 수 없는 불분명한 세계가 아닙니다. 신앙의 세계란 약속된 미래입니다. 결정적 미래입니다. 땅의 것은 세속적인 것입니다. 과거의 것입니다. 곧 없어질 것입니다. "이로부터 완전히 벗어나서 땅의 것을 생각하지 마라. 위엣 것을 생각하라." 지난날에야 어떻게 살았든 다 잊어버리십시오. 성공했으면 어떻고, 실패했으면 어떻다는 것입니까? 오늘 여기에 내가 있습니다. 이로부터 내 앞에 있는 미래, 내 앞에 있는 영원한 세계를 바라보아야 됩니다. "위엣 것을 찾으라. 위엣 것을 생각하고, 땅의 것을 생각하지 마라." 이 얼마나 귀중한 메시지입니까.

엘리나는 지난 1990년 노벨평화상 후보에 올랐던 유명한 분입니다. 별명이 '노인들의 어머니'입니다. 이분이 언젠가 중국에 선교사로 갔다가 미처 입국허락도 받기 전에 덜컥 폐병에 걸렸습니다. 그래 하는 수 없이 고향으로 돌아옵니다. 하지만 그는 왜 이런 일이 있느냐고 하나님을 원망하지 않았습니다. 오히려 그는 하나님께 딱 하나 이렇게 질문했습니다. '하나님, 지금 제가 무얼 할 수 있을까요? 지금 제가 뭘 하면 되겠습니까?' 그는 일단 몸을 추스르며 아버지가 물려준 농장에서 농사를 지었습니다. 한데 어느 날 탈곡을 하다가 아차 하는 순간에 그만 탈곡기에 손이 빨려 들어갔습니다. 오른손이 잘렸습니다. 손이 하나밖에 안 남았습니다. 하지만 그는 "하나님, 왜 저한테 이런 일이 일어납니까?" 하고 원망하지 않았습니다. 이때도 그는 딱 하나 이렇게 질문했습니다. '하나님, 이제 왼손 하나가 남았는데, 이것으로 무엇을 할까요?' 그때 그는 불쌍하게 여기저기 숨어 지내는 노인들이 많다는 사실을 알았습니다. 그래 농장에다가 노인들을 위한 양로원을 만들었습니다. 그리고 그 노인들을 자기 어머니 아버지를 모시듯이 정성을 다해서 잘 섬겼습니다. 이 양로원이 나중에 세계에서 가장 큰 양로원이 됩니다. 아니, 세계에서 제일 행복한 양로원이 됩니다. 그래서 이 엘리나의 별명이 '노인들의 어머니'인 것입니다.

여러분, 꼭 잊지 말아야 합니다. 하나님의 사람은 "왜 이런 일이 있습니까?" 하고 묻지 않습니다. "하나님, 이제 제가 할 일이 무엇입니까?" 하고 물어야 합니다. 위엣 것을 찾는 것입니다. "오늘을 통하여 하나님께서는 미래를 향해 무엇을 이루려고 하십니까?" 하고 물어야 합니다. 그리스도인의 정체의식이 분명해야 하는 것입니다. 그리스도인의 실존적 가치관이 여기에 있습니다. 잘 했든 못 했든, 지나간 것은 잊어버려야 합니다. 완전히 십자가에 묻어버리고, 이제는 오직 위엣 것을 생각하고, 위엣 것을 찾아가야 합니다. 위로부터 부르시는 음성을 들어가며, 그 음성에 응답하며 살아야 합니다.

우리의 사랑하는 한 형제, 장로님이 계십니다. 이분이 어제 오후 3시 무렵 하나님의 부름을 받아 주님께로 가셨습니다. 두 달 전에 그 부인 되는 권사님이 소식을 알려주셔서 제가 문병을 간 적이 있습니다. 임종이 가까웠습니다. 그래 그분을 위해 기도하고 돌아왔는데, 바로 그 며칠 뒤에 그 권사님이 돌아가셨다는 소식이 들려왔습니다. 그때 장로님 말씀이 이랬습니다. "저 친구가 나보다 먼저 가는데?" 아무튼 두 분이 앞서거니 뒤서거니 하면서 나란히 주님의 부르심을 받았습니다. 그때 문병을 가서 하나님 앞에 예배하며 기도할 때 너무나 아름다웠습니다. 여러분, 남의 이야기가 아닙니다. "위엣 것을 찾으라." 거기에는 그리스도와 함께 내 생명이 감추어져 있습니다. 그리스도의 영광된 시간에 같이 올 것입니다. "땅의 것을 생각하지 마라. 위엣 것을 생각하라. 오직 위엣 것에 초점을 맞추라." 이것이 오늘을 사는 능력이요, 지혜입니다. △

자유함의 복음적 속성

그리스도께서 우리를 자유롭게 하려고 자유를 주
셨으니 그러므로 굳건하게 서서 다시는 종의 멍에를
메지 말라

(갈라디아서 5 : 1)

자유함의 복음적 속성

　세계적으로 유명한 부흥사였던 빌리 그레이엄 목사님의 설교 가운데 종종 나오는 재미있는 일화가 하나 있습니다. 어떤 사람이 홍수에 떠내려가고 있습니다. 넘쳐흐르는 거대한 물결에 떠내려가는 사람이 스스로 자기를 구원하려면 어떻게 하면 좋을까요? 너무나 다급한 나머지 자기가 자기 머리끄덩이를 자꾸 위로 잡아 올린다는 것입니다. 그런다고 구원받겠습니까. 그런다고 살아나겠습니까. 홍수에 떠내려가는 사람은 자기 힘으로는 구원받을 수 없습니다. 반드시 외부에서 누가 밧줄을 던져주거나 해야 합니다. 그 생명줄을 붙잡음으로써 비로소 구원받을 수 있는 것입니다. 혼자 힘으로는 제아무리 몸부림을 쳐봐야 소용없는 일입니다. 자기 머리끄덩이를 제 손으로 잡아 올린다고 구원받을 수 있는 것이 아닙니다. 스스로는 결코 자기를 구원할 수 없습니다. 잊지 말아야 합니다.

　인간이 추구하는 최고의 가치는 행복입니다. 그 옛날 소크라테스도 말했습니다. '사람은 행복을 목적으로 산다.' 맞습니다. 행복해야 합니다. 문제는 그 행복이 어디에서 오느냐, 이것입니다. 행복은 소유에서 오는 것이 아닙니다. 행복은 자유에서 오는 것입니다. '얼마나 자유하냐?' 자유한 만큼 행복한 것입니다. 자유의 영역만큼 행복한 것입니다. 명예도 출세도 권세도 행복은 아닙니다. 건강도 행복이 아닙니다. 오직 자유입니다. 자유만이 행복입니다. 인간은 인간만의 가치를 추구합니다만, 그 가운데에서 최고의 가치가 바로 자유입니다.

여기 돈이 있다고 합시다. 돈은 사람을 자기 노예로 삼습니다. 사람이 돈의 노예가 되기는 너무나 쉬운 일입니다. 돈은 많아도 수전노가 되면 그는 절대로 행복하지 않습니다. 여기 권력이 있다고 합시다. 권력도 사람을 자기 노예로 삼습니다. 사람은 모르는 사이에 권력의 노예가 되어서 거기에 정신이 빠져버립니다. 그런 사람, 행복하지 않습니다. 여기 지식이 있다고 합시다. 지식도 사람을 자기 노예로 삼습니다. 사람은 지식 때문에 교만해집니다. 그런 사람, 절대로 행복할 수 없습니다. 무슨 말입니까? 내가 무엇을 가졌든지 결국은 내가 자유로운 만큼, 내가 누리는 자유만큼만 나는 행복한 것입니다. 이 원리를 우리는 알아야 합니다. 사람은 항상 어떤 제한 속에서 살아갑니다. '돈만 있으면 모든 문제가 해결될 것이다.' 경제적인 제한입니다. 돈이 있고나니 문제가 더 많아집니다. 왜요? 자유함이 없기 때문입니다. 그래서 유명한 아브라함 링컨의 명언이 있습니다. '가난한 자는 자유인이 아니다.' 왜요? 너무 가난하고 어려울 때는 자유를 반납하고 먹을 것을 얻어야 되니까요. 처지가 그러니 가난한 사람은 자유인일 수 없습니다. 또 무식한 사람도 마찬가지입니다. 좀 더 알아야 되고, 알고 싶은 것이 많은데, 이 무식의 노예가 되는 순간 그는 분명히 자유인이 아닙니다. 그러나 지식은 얻었지만, 어느 사이에 교만해졌다면 그 역시 자유인이 아닙니다. 지식은 절대로 그를 행복하게 할 수 없습니다. 가장 중요한 것은 역시 죄의 문제입니다. 요한복음 8장 34절에서 주님 친히 말씀하십니다. "죄를 범하는 자마다 죄의 종이다." 예외가 없습니다. 누구든지 죄를 범했으면 죄의 종입니다. 돈을 벌기 위해서 죄를 범했으면 그는 죄의 종입니다. 출세하기 위해서 죄를 범했으면 그는 절대로 자유인이 아닙니다. 그런고로 행복할 수 없습니다. 우리는 도덕적으로 자유하기 전에 양심의 자유를 온전히 이루어야 합니다. 이것을 이루기까지는 절대로 행복할 수 없습니다.

현대인은 자유에 대해서 많은 생각을 합니다. 그러나 여기에 오해가 있습니다. 자유를 몹시 불안해하는 것입니다. 그래서 이런 말이 있잖아요? '소원대로 안 되면 불만스럽고, 소원대로 되면 불안하다.' 불만과 불안, 어느 쪽이 더 고민입니까? 지성인은 한 차원 높습니다. 불만이 발생하기보다는 불안해집니다. 그래서 지성인의 고민은 불만이기보다는 불안입니다. 왜냐하면 미래가 없는 것처럼 느껴지거든요. 불확실하거든요. 많이 아는 것 같지만, 조금만 더 생각해보면 실은 아는 것도 그리 많지 않습니다. 나약성의 노예가 되고 있더라는 이야기입니다. 에리히 프롬의 저서에「Escape From Freedom(자유로부터의 도피)」라고 있습니다. 젊었을 때 제가 이 책을 탐독했습니다. 제목이 너무나 마음에 들었습니다. 무슨 말입니까? 자유하고 싶지 않다, 이것입니다. 자유가 그렇게 좋은 것 같아도 사람들이 자기도 모르게, 어느 사이에 자유를 포기하고 있다는 말입니다. 자유롭지 않기를 바랍니다. 가끔 사업한다는 사람들이 돈이 잘 안 벌리고 형편이 어려워지면 곧잘 이런 말을 합니다. "다 때려치우고 싶구나. 쥐꼬리만 한 월급 받을 때가 더 좋았어!" 무엇입니까? 자유를 포기하고 싶다는 것입니다. 우리 삶 속에서 자유를 스스로 포기하는 경우가 참 많습니다. 그 가운데 하나가 무엇입니까? 술입니다. 맑은 정신으로 사는 것이 자유이잖습니까? 그런데 맑은 정신으로 살면 못 살겠는 것입니다. 그래서 술을 먹어버립니다. 이것은 자유로부터의 도피입니다. 자유를 포기하는 것입니다.

오늘 본문에는 귀한 말씀이 있습니다. "그리스도께서 우리를 자유롭게 하려고 자유를 주셨으니……" 무슨 말씀입니까? 우리가 자유롭지 않습니다. 또 자유는 쟁취하는 것이 아닙니다. 많은 사람들이 자유를 쟁취하는 것인 줄로 압니다. 그래서 쟁취하려고 들다가 마지막에 망가지는 사람이 얼마나 많습니까. 자유는 그렇게 얻어지는 것이 아닙니다. 죄와 율법의 속박에서부터 자유로워야 합니다. 자유는 근본적으로 그리스도께서 우리를 자유케 하실 때에만 자유입니다. 그리스도께서 자유를 주셨다는 것은 확실한 말씀이요, 우주적인 명제입니다. 그리스도께서 자유를 주시기 전에는 아무도 자유로울 수 없습니다. 무슨 말입니까? 죄와 율법으로부터 자유로워야 한다는 뜻입니다. 우리는 죄와 사망과 사탄과 율법과 진노라는 무서운 속박에 매여 있습니다. 죄를 짓는 자마다 죄의 종입니다. 율법에 매입니다. 저주에 매입니다. 사망에 매입니다. 어디에 자유가 있습니까? 점점 죽어가고 있는데, 무슨 자유가 있습니까. 그런고로 죄와 사망으로부터 자유하기 전에는 자유는 없습니다. 그러면 죄와 사망으로부터 자유로울 수 있는 능력이 어디에 있습니까? 오직 주님께만 있습니다. "네 죄를 사했느니라. 네 죄 사함 받았느니라." 주님만이 하실 수 있는 말씀입니다. 그러므로 우리는 자유로울 수 있습니다. 요한복음 8장 36절은 말씀합니다. "아들이 너희를 자유케 하면 너희가 참으로 자유하리라." 쉽게 말하면 하나님께서 "네가 죄 사함을 받았느니라!" 하실 때 비로소 자유할 수 있습니다. 이 말씀 외에는 누구도 자유할 수 없다, 그런 말씀입니다.

이렇게 우리에게 은혜인 자유가 주어졌습니다. 믿음으로 자유함을 얻었습니다. 그렇다면 이제는 이 자유를 지켜야 됩니다. 자유의 수호자가 되어야 합니다. 자유하는 것이 문제가 아닙니다. 자유를 지켜가야지요. 계속적으로 자유를 지켜가야 됩니다. 그러려면 어떻게 해야 하겠습니까? "다시는 종의 멍에를 메지 말라." 얼마나 소중합니까. 주어진 자유의 소중함을 알아야 됩니다. 오늘 우리 젊은 세대가 이것을 알아야 합니다. 자유가 얼마나 중요하고, 또 어떻게 지켜야 하는지를 알아야 합니다. 우리나라 사람들이 애국운동을 많이 하고, 독립운동을 많이 했습니다. 하지만 결정적으로는 우리가 해방되었을 때 자유는 공짜로 주어졌습니다. 그렇지 않습니까. 일본과 미국이 서로 싸워가지고 일본이 졌습니다. 그래 일본이 무조건 항복함으로써 우리에게 자유가 주어진 것입니다. 공짜로 주어졌기 때문에 그 가치를 잘 모릅니다. 그래서 금방 6·25를 겪게 되잖아요? 이걸 우리가 알아야 합니다. 자유가 주어진다고만 생각해서는 안 됩니다. 주어진 자유를 지키기 위해서는 이 자유가 어떻게 주어진 것인지, 그 소중함을 알아야 됩니다. 그 가치를 알아야 합니다. 예수께서 우리를 위하여 십자가를 지셨습니다. 우리를 대신하여 십자가를 지시고 우리를 속량해주셨습니다. 이 엄청난 가치를 알아야 합니다. 어떤 희생 속에 내가 있는지를 알아야 합니다. 이것을 모르면 자유의 소중함을 지킬 수 없습니다.

바르트는 늘 말합니다. '십자가를 쳐다볼 때마다 내가 얼마나 큰 죄인인지를 알아야 한다.' 나는 십자가에 죽을 수밖에 없는 죄인이라는 것을 알아야 됩니다. 또한 주께서 십자가라는 엄청난 대가를 치르시고 우리를 속량하셨으니, 그만큼 우리가 소중한 존재라는 사실을 알아야 합니다. 그래야 자유를 지켜갈 수 있습니다. 나한테 주어진 자유에 얼마나 높은 가치의 희생이 있었는지를 알아야 됩니다.

그렇지 않고서는 이 자유를 보존할 수 없습니다. 공짜로 번 돈은 술값으로 없애버립니다. 도박으로 번 돈은 향락으로 써버립니다. 세상 이치가 그렇게 되어 있습니다. 공짜는 없습니다. 소중함을 모르면 어떤 것도 결코 내 것이 될 수 없습니다. 자유는 오직 은혜라는 사실을 알아야 합니다. 자유가 없었던 내 옛 모습을 잠시도 잊어서는 안 됩니다.

어린아이들이 보는 동화책에 이런 재미있는 이야기가 나옵니다. 여기저기 돌아다니던 호랑이가 어쩌다 그만 함정에 빠졌습니다. 하도 깊어 아무리해도 나올 수가 없습니다. 시간이 흘러 배가 고파 옵니다. 기운이 빠집니다. 이러다 굶어죽을지도 모릅니다. 큰일 난 것입니다. 바로 그때 한 여우가 우연히 그곳을 지나가다가 함정에 빠진 호랑이를 발견했습니다. 호랑이가 함정을 내려다보는 여우에게 애원합니다. "여우야, 나 좀 살려주라. 제발 나 좀 살려주라." 그러자 여우가 말합니다. "살려주면 네가 나를 잡아먹을 텐데, 안 되지." 호랑이가 장담합니다. "절대 그럴 일 없다. 이렇게 어려운 가운데 네가 나를 살려주었는데, 내가 너를 잡아먹을 리가 있겠느냐?" 다급해진 호랑이는 온갖 사탕발림으로 여우를 꾀었습니다. 결국 마음을 돌린 여우는 긴 나뭇가지를 함정 속으로 내려뜨려서 호랑이가 그걸 붙잡고 올라오게 해주었습니다. 한데 막상 함정 밖으로 나온 호랑이는 배가 너무나 고팠습니다. 그러니 어떻게 했겠습니까? 바로 앞에 있는 손쉬운 먹잇감, 여우를 잡아먹으려 들었습니다. 여우는 약속이 틀리지 않느냐고, 구해주면 잡아먹지 않겠다고 하지 않았느냐고, 은혜를 원수로 갚으면 어떻게 하느냐고 항의합니다. 그때 마침 토끼가 그 옆을 지나가고 있었습니다. 여우의 항변에 입장에

곤란해진 호랑이가 그 토끼한테 자초지종을 설명하고 어떻게 했으면 좋겠느냐고 물었습니다. 그때 토끼가 하는 말입니다. "여우가 너를 살려주기 전에 네가 어떤 모양으로 있었느냐? 내가 그걸 알아야 대답을 해줄 수 있겠다." 그 말을 듣고 호랑이가 다시 그 함정으로 텀벙 뛰어 들어갔습니다. 그리고 밖을 올려다보며 이렇게 말했습니다. "이렇게 하고 있었다." 그러자 토끼는 "그럼 그대로 있어라. 이제 됐네!" 하고는 그냥 지나가버렸답니다.

우리 주변에는 상식적으로 이해가 잘 안 가는 사람들이 있습니다. 어떤 사람은 돈이 많은데도 그 돈 다 버리고 농촌에 가서 삽니다. 왜요? 자기는 돈에 미쳤던 사람이라 돈이 생기면 생길수록 잘못된다는 것입니다. 그래서 돈 다 버리고 농촌에 가서 산다는 것입니다. 어떤 사람은 문둥병 환자들과 함께 삽니다. 제가 물어보았습니다. "어떻게 이런 결정을 하실 수 있었습니까?" 그랬더니 그분 대답이 이렇습니다. "제가 과거를 압니다. 저는 이렇게 살아야 하루라도 자유할 수 있습니다." 내가 누구입니까? 스스로를 판단해보십시오. 나는 자유하면 안 될 사람입니까? 많은 사람들이 돈 때문에, 또 명예 때문에 망합니다. 자유를 자기 마음대로 써버리는 것입니다. 자유는 마음대로 사용하라고 있는 것이 아닙니다. 자유는 지켜야 할 대상입니다. 적극적으로 하나님께 의존함으로, 하나님께 굳게 매임으로 자유로울 수 있다는 걸 알아야 합니다. 자유를 반납해야 합니다. 자유를 포기해야 합니다. 갈라디아서 5장 13절은 말씀합니다. "자유로 육체의 기회를 삼지 말고 오직 사랑으로 서로 종 노릇 하라." 귀한 말씀입니다.

토마스 그룸(Thomas H. Groome)의 유명한 말이 있습니다. 기독교 윤리에서 세 가지 유형의 자유가 있다는 것입니다. 첫째는 합리적 사유의 자유입니다. 깨끗한 양심으로 인한 합리적 사유의 자유입니다. 둘째는 이 합리적 사유의 자유를 선택할 수 있는 자유입니다. 셋째는 이 선택의 자유를 실현하는 실천적 자유입니다. 이 세 가지가 다 갖추어질 때 비로소 자유가 온전해진다는 것입니다. 서기 6세기, 그 옛날에 있었던 고레스 왕의 재미있는 일화가 있습니다. 이 왕이 어느 날 전쟁에 나가서 승리했습니다. 그래 적장과 그 가족을 몽땅 포로로 잡았습니다. 그들 앞에서 고레스 왕이 말합니다. "당신은 이제 내 포로요. 내가 당신네를 다 죽일 수도 있고, 다 살릴 수도 있소. 만일 내가 당신의 생명을 살려 석방해주면 당신은 어떻게 하겠소?" 적장이 말합니다. "제가 가진 재산의 절반을 바치겠습니다." 왕이 또 말합니다. "만일 내가 당신의 아들을 석방해주면 어떻게 하겠소?" 적장이 답합니다. "제 재산의 나머지 절반까지 다 바치겠습니다." "만일 내가 당신의 아내를 놓아준다면 어떻게 하겠소?" 적장이 말합니다. "제 생명을 바치겠습니다." 그러자 고레스 왕이 빙그레 웃으면서 부하들에게 말합니다. "이렇게 사랑을 아는 사람은 절대로 잘못 될 수가 없다. 다 놓아주도록 하라." 사랑을 아는 사람, 중요합니다. 사랑의 깊은 뜻을 아는 사람, 그 사람만이 자유인이라는 것을 잊지 말아야 합니다.

　사도 바울은 노예가 되었습니다. 복음에 매이고 성령에 매인 노예가 되었습니다. 그랬기에 그는 능력의 사람이 되었습니다. 진리의 종이 될 때 비로소 온전한 자유인이 될 것입니다. 사랑의 노예가 될 때 비로소 능력의 사람이 될 것입니다. 자유하려고 하는 노력보다 자유를 하나님께 바치고, 하나님께 온전히 의지하고, 사랑의 노예가 되고, 성령의 노예가 되고, 진리의 노예가 될 때 비로소 온전한 자유인이 될 것입니다. 그리스도께서 우리를 자유케 해주셨고, 자유를 주셨으니, 그러므로 굳건하게 서서 다시는 종의 멍에를 메지 마라—
△

안식일의 주인

그 때에 예수께서 안식일에 밀밭 사이로 가실새 제
자들이 시장하여 이삭을 잘라 먹으니 바리새인들이
보고 예수께 말하되 보시오 당신의 제자들이 안식일
에 하지 못할 일을 하나이다 예수께서 이르시되 다윗
이 자기와 그 함께 한 자들이 시장할 때에 한 일을 읽
지 못하였느냐 그가 하나님의 전에 들어가서 제사장
외에는 자기나 그 함께 한 자들이 먹어서는 안 되는
진설병을 먹지 아니하였느냐 또 안식일에 제사장들
이 성전 안에서 안식을 범하여도 죄가 없음을 너희가
율법에서 읽지 못하였느냐 내가 너희에게 이르노니
성전보다 더 큰 이가 여기 있느니라 나는 자비를 원
하고 제사를 원하지 아니하노라 하신 뜻을 너희가 알
았더라면 무죄한 자를 정죄하지 아니하였으리라 인
자는 안식일의 주인이니라 하시니라
(마태복음 12 : 1 - 8)

안식일의 주인

'워커홀릭(Workaholic)'이라는 말이 있습니다. 'Work'라는 말과 'Alcoholic'이라는 말의 합성어입니다. '일 중독자'라는 뜻입니다. 미국의 경제학자 오츠카의 저서 「워커홀릭」에서 처음 쓰인 말입니다. 오로지 일만 생각하는 사람을 가리키는 말입니다. 오츠카는 이 책에서 워커홀릭인 사람들의 특징을 20가지로 정리해 말합니다. 그 가운데 몇 가지만 예로 들어보겠습니다. 워커홀릭인 사람은 일만 생각하면 마음이 들뜹니다. 흥분됩니다. 또 피곤하다가도 일만 생각하면 에너지가 넘칩니다. 그래 취침 전에도, 주말에 휴가를 가서도 일거리를 꼭 곁에 둡니다. 언제나 가장 하고 싶은 일이 일입니다. 대화를 할 때에도 일에 관해서만 말합니다. 일 외의 이야기에는 흥미가 없습니다. 주 40시간 이상 일합니다. 취미활동도 일과 관계되는 것만 합니다. 업무 결과에 대해서는 전적으로 책임을 집니다. 운전할 때에도, 잠자리에 들 때에도 오직 일만 생각합니다. 밥을 먹으면서도, 길을 걸으면서도 일만 생각합니다. 그래서 돈만 벌면 인생의 모든 문제가 해결되리라고 생각합니다. 이것이 워커홀릭, 일 중독자의 모습입니다.

어떤 큰 회사의 사장님이 주말이 되자 아이들과 함께 모처럼 어디 가서 쉬고 올 생각을 했습니다. 그래 좋은 음식을 마련하여 차에 싣고 운전기사에게 일렀습니다. "미안하지만, 오늘 수고 좀 해주게." 운전기사와 함께 놀러간 것입니다. 그래 한적한 곳에 가서 잘 쉬고, 준비해간 좋은 음식을 둘이 함께 나누어먹었습니다. 일정을 끝내고 운전기사가 집으로 돌아왔습니다. 그때 한 말이 뭔지 아십니까? "아, 피곤하다." 사장님은 집으로 돌아와 어떤 말을 했을까요. "오늘 공휴일에 이렇게 수고해줬으니, 내일은 하루 쉬게." 운전기사는 그렇게 쉬게 된 날 이번에는 자기 집 아이들을 데리고 소박한 김밥을 싸들고 덜컹거리는 버스를 타고 어제 갔던 바로 그 자리에 또 갔습니다. 그래 아이들과 함께 김밥을 먹고 같이 놀다가 집에 돌아왔습니다. 그리고 하는 말입니다. "오늘 잘 쉬었다." 여기서 "잘 쉬었다"와 "아, 피곤하다"의 기준이 어디에 있는 것입니까?

오늘본문에서 예수님은 이렇게 말씀하십니다. "인자는 안식일의 주인이니라(8절)." 참 신비롭고 신학적이고 종말론적이고, 두고두고 생각해야 될 귀중한 말씀입니다. 인자는 안식일의 주인이다— 유대사람들은 안식일을 철저하게 지킵니다. 그래서 이런 유명한 말이 있습니다. '유대사람이 안식일을 지켰느냐? 안식일이 유대사람을 지켰느냐?' 그들은 디아스포라로 삽니다. 인구의 태반인 약 70퍼센트가 디아스포라입니다. 전부 딴 나라에 가서 나그네로 사는 것입니다. 하지만 자기의 전통을 지킵니다. 그것이 안식일입니다. 그들은 목숨을 걸고 안식일을 지킵니다. 어떤 핍박과 손해도 감수하고 안식일을 지킵니다. 왜 그렇습니까? 계명이기 때문입니다. 안식일을 단순한 휴식으로 생각하지 않고, 하나님께서 주신 계명이라고 생각하기 때문입니다. 그렇기에 최우선적으로 지키려 하는 것입니다.

그런데 여기에는 좀 지나친 면이 있습니다. 부칙이 아주 많습니다. 이렇게 하면 안 된다, 저렇게 하면 안 된다…… 이런 부칙이 무려 612가지나 됩니다. 이걸 다 기억해가면서 안식일을 지키려 애를 씁니다. 제가 그들과 안식일을 한번 같이 지내본 적이 있습니다. 유대인들은 안식일이 되면 전화를 받지도 않고, 전화를 걸지도 않고, 텔레비전 스위치를 켜지도 않고, 신문도 보지 않습니다. 여러분, 우리가 다른 것은 몰라도 이거 하나만은 좀 따라해 보면 어떨까 싶습니다. 주일에는 전화를 받지도 걸지도 않고 지내보는 것입니다. 그리고 신문도 보지 마십시오. 그 복잡한 신문, 봐서 뭘 어쩌자는 것입니까. 깨끗이 머리를 비우고, 주일에는 성경만 읽으십시오. 몇 살까지 살 것입니까. 지켜야 되는 것입니다. 주일에까지 텔레비전 보고, 신문 보고 이러면 머리가 아픕니다. 안식이 없는 것입니다. 이것이 문제입니다. 이스라엘 사람들은 안식일을 철저하게 지킵니다. 우리 교회에는 열 가지 목회지침이 있습니다. 그 가운데 하나가 '주일의 안식일화'입니다. 이스라엘 사람들이 안식일을 지키는 것처럼 우리는 주일을 지키겠다는 다짐입니다. 어떤 모습으로든지, 이것이 축복의 길임을 잊지 말아야 합니다. 율법입니다. 하나님께서는 우리가 이렇게 하면 복을 주시겠다고 하셨습니다. 이걸 알아야 합니다.

　어린 시절 제가 고향에 살 때 우리 할아버지, 아버지는 아주 철저하게 신앙생활을 하시면서 안식일을 지키셨습니다. 여름에 농사꾼들이 얼마나 바쁩니까. 모내기할 때, 김맬 때 말할 수 없이 바쁩니다. 그러나 주일만 되면 딱 쉬는 것입니다. 그러다보면 이 집, 저 집 또 품앗이라는 게 있어서 제가 저 집에 가서 일해주면 또 저 집 사람이 우리 집에 와서 일을 해주거든요. 가만히 보니까 우리 아버지, 어머니가 이것 때문에 고민입니다. 그래서 오늘 저 집에서 모내기를 한다고 그러면 그 집 사람이 우리 집에 와서 모내기를 해줬기 때문에 이번에는 우리가 가줘야 되겠는데, 이럴 때는 어떻게 하느냐, 이것입니다. 그래 부득불 다른 사람을 대신 보내거나, 그마저도 여의치 않으면 아예 돈으로 사람을 사서 그 집으로 보냅니다. 그리고 어쨌거나 주일은 쉬는 것입니다. 그 바쁜 세월에도 그렇게 하셨습니다. 모내기하고, 품앗이하는 그 바쁜 세월에도 주일이면 딱 쉬는 것입니다. 그뿐이 아닙니다. 소도 쉽니다. 심지어 뉘 집에 빌려주지도 않습니다. 하루는 주일에 마당 앞에다 소를 딱 메어놨는데, 그걸 보고 할아버지가 이런 말씀을 하셨습니다. "저 소 좀 봐라. 떡 앉아가지고 새김질을 하고 있는데, 놈도 안식일을 지키느라고 얼마나 편하냐?" 그렇습니다. 소도 안식일에는 쉽니다. 다 쉬는 것입니다.

그렇게 제가 어린시절부터 훈련을 받았는데, 언젠가 딱 한 번 큰 시험에 빠진 적이 있습니다. 제가 미국의 프린스턴으로 유학 가서 공부를 하는데, 영어가 서툰 가운데 숙제는 많고 하니 얼마나 공부를 열심히 해야 했겠습니까. 그러다 주일이 되었습니다. 하필이면 그 이튿날이 시험입니다. 그래 제가 주일이니 공부를 하지 말고 쉬어야 하나, 아니면 그래도 시험이니 공부는 해야 하나, 하고 시험에 빠져버렸습니다. 그래도 쉬어야 합니다. 아무리 바빠도, 아무리 숙제가 많고, 내일이 시험이라 잘못하면 낙제를 할 상황이라도 어쨌거나 주일에는 쉬어야 합니다. 철저하게 쉬어야 합니다. 아니면 워커홀릭이 됩니다. 일 벌레가 되고, 공부벌레가 됩니다. 이것을 하나님께서 잘 아십니다. 그래서 안식일을 지키라는 계명이 십계명에 들어 있는 것입니다. 계명도 참 여러 가지 아닙니까. 부모님께 효도하라, 간음하지 말라, 도둑질하지 말라…… 그리고 안식일은 간단히 말하면 '쉬어라!'입니다. 이것이 계명입니다. '놀아라!'입니다. 사람은 놀 줄 알아야 됩니다. 아주 중요합니다.

이 '안식'은 히브리어로 '사바트'인데, 그냥 쉰다는 뜻입니다. 그러나 우리가 십계명에서 보는 바와 같이 이것은 창조의 원리입니다. '하나님께서 천지를 창조하시고 안식하시니라.' 창조의 원리에 뿌리를 두고 있는 말입니다. 어기면 살아남지 못합니다. 하나님께서 만들어주신 계명입니다. 이 창조의 원리 속에 안식이 있는 것입니다. 그런고로 우리는 육체로서는 쉬고, 영으로서는 하나님께 예배하며 영혼이 쉬는 것입니다. 예배하면서 쉬는 것입니다. 시간적으로는 우리가 주일을 쉬는 것이 안식일이요, 공간적으로는 히브리서 4장 10절의 가나안 땅입니다. 그 광야생활, 가나안은 안식입니다. 그런고로 성경은 말씀합니다. '안식에 들어가기를 힘써라.' 따라서 공간적으로는 가나안 땅이 안식이요, 시간적으로는 주일이 안식입니다. 이런 의미로 볼 때 안식은 소중한 우리에게 주신 하나님의 축복의 계명입니다.

캐슬린 케이시는 「안식일의 선물」이라는 저서에서 이렇게 말합니다. '안식일은 비우는 선물이다.' 모든 짐을 내려놓는 것이다, 이것입니다. '내가 하고 있는 일로부터 내가 출애굽 하는 것이다. 일에 중독된 일 버러지로부터 벗어나는 것이다.' 잊지 말아야 합니다. 자유하는 것입니다. 끝없는 일, 해도 해도 끝이 없는 일, 그것을 일단 딱 멈추는 것입니다. 일이라는 것이 다 알아야 될 것도 아니고, 다 해야 될 것도 아닙니다. 멈추는 것, 이것이 축복입니다. 비우는 것입니다. 끊어버리는 것입니다. 끊어버리는 훈련이 있어야 됩니다. 죽을 때까지 이것을 준비 못하고 있다가 당황하는 사람들 많습니다. 그저 날마다 죽는다 치고 하나하나 정리하면서 살아야 됩니다. 이것이 안식일입니다. 안식일은 일로부터 벗어나는 것입니다. 일에서 떠나는 시간입니다. 이 훈련을 해야 됩니다.

그런가하면 인식은 또 균형의 선물입니다. 안식일이 되면서 일을 끝내고 생각합니다. '우선순위가 무엇인가? 해야 될 일이 무엇이고, 하지 말아야 될 일이 무엇인가? 어디까지 해야 되나?' 안식하는 가운데 이렇게 생각의 균형을 맞추는 것입니다. 균형을 잡는 것입니다. 우선순위를 정해야 합니다. '이것은 중요한 일, 이것은 오늘할 일, 이것은 하지 말아야 할 일, 이것은 우선적으로 해야 할 일, 이것은 천천히 할 일……' 이렇게 결정하는 것이 안식일입니다. 그런가하면 안식일은 새로운 창조의 선물입니다. 용서할 사람을 용서하고, 만나야 할 사람을 만나고, 회개해야 될 것을 회개하는 시간입니다. 그러면서 새로운 세계로 나아가는 것입니다. 뿐만 아니라, 안식은 하나님의 현존의 선물입니다. 안식은 하나님께서 주신 계명임을 잊지 말아야 합니다. 안식해서 손해나는 것은 하나님께서 책임지십니다.

출애굽기에는 재미있는 이야기가 많습니다. 하나님께서 하늘에서 만나를 내리십니다. 하지만 안식일 전날에는 배로 거두라 하십니다. 그리고 안식일 당일에는 만나를 거두지 말라고 하십니다. 하지만 욕심 많은 인간들은 하나님의 말씀을 어기고 안식일 당일에 먹을 것까지 다 걷었습니다. 하지만 그렇게 먹고 남은 것은 다 썩어버려 악취가 났습니다. 여러분, 잊지 마십시오. 안식하면서, 말씀을 따라 살면서 혹 손해가 온다고 합시다. 그것은 하나님께서 책임지십니다. 잊지 말아야 합니다. 그런고로 안식한다는 말에는 신앙고백의 의미도 있고, 하나님 앞에 우리 생을, Total Commitment, 전적으로 위탁하는 것입니다. 하나님께 책임을 지워드리는 의미가 있습니다. 안식일을 잘 지키는 훈련을 해야 합니다. 주일이 되어 '교회에 가나, 안 가나?' 생각해서는 안 되지요.

오늘 아침에 비가 왔습니다. 제가 차를 운전하고 교회로 오면서 하나님께 감사기도를 드렸습니다. 왜냐하면 사람들이 골프 치러 못 갈 테니까요. 그리고 교회로 나올 테니까요. 예수 믿는 사람이 어째서 교회 대신 골프장으로 갈 수가 있습니까. 어찌 그렇게 하고 복 받기를 바라십니까. 여러분, 잊지 마십시오. 철저하게 안식일을 지켜야 합니다. 지금까지 못 지켰다면 이제부터라도 지키십시오. 그래야 건강합니다. 일 한다고 돈 버는 게 아닙니다. 위생을 지킨다고 건강한 게 아닙니다. 안식일을 지켜서 쉬어야 건강합니다. 이것이 성경이 우리에게 알려주는 위생법입니다. '하루를 쉬어라. 완전히 쉬어라.' 십계명을 읽어보십시오. 안식일에 대하여 얼마나 설명이 깁니까. "안식일을 지켜라!" 하나님께 위탁하고 살아야 합니다. 그리고 이 안식일을 주신 하나님께 감사해야 합니다. 제가 예전에 미국 사람들하고 같이 지내보니까 다들 이런 이야기를 합니다. 그분들은 주말을 중요하게 여깁니다. 토요일을 참 중요하게 여기는 것입니다. 그래 금요일 저녁에는 꼭 축배를 들고, 축제를 합니다. 그리고 주일에는 교회에 나가서 편안하게 쉬는 것입니다. 그렇게 신앙생활 하는 것을 제가 직접 보았습니다. 그런데 그들이 이런 말을 합니다. "주일이 없다면 우리가 어떻게 살까? 주일이 있으므로 내가 있다. 삶에 의미가 있다." 주일을 깨끗하게 지켜보십시오. 그렇게 할 때 비로소 모든 문제가 해결됩니다.

제가 소망교회에서 목회하면서 얻은 중요한 신앙경험이 하나 있습니다. '주일, 안식일을 잘 지켜야 되겠다.' 이 말씀을 듣고 어느 젊은 부부가 생각합니다. '녹록치 않은 살림이지만, 어떻게 해야 주일을 잘 지킬까?' 그래 하루는 주일에 음식을 좀 장만해서 아이들을 데리고 양로원을 방문했습니다. 아주 열악한 양로원이었습니다. 할머니들이 기거하는 방이 어지럽고 꼴이 말이 아닙니다. 거기서 이 부부가 준비해온 음식을 내놓고 그분들하고 나누어먹으면서 하루를 같이 지내고 저녁에 돌아왔습니다. 아이가 이러더랍니다. "할머니네 집이 너무 더럽더라." "아, 그러면 우리가 도배해드릴까?" "도배?" "그러자." 그래서 그 다음 주일에는 풀을 쑤고 도배지를 사가지고 가서 아이들과 함께 그곳에 도배를 하였습니다. 그러고 나서 또 준비해간 음식을 할머니들과 나누어먹고 돌아오는데, 참 좋은 것입니다. 너무나 좋은 것입니다. 아이들이 집에 돌아와 밤에 잘 때 손을 딱 모으고 기도하면서 눈물을 흘리더랍니다. 그래 엄마 아빠가 물었지요. "너 왜 우냐? 그 할머니들이 불쌍해서 우냐?" 아이가 답합니다. "아닙니다. 우리가 너무나 행복해서 울어요." 이것이 안식일입니다.

여러분, 주일에 내 마음에 걸리는 분이 있다면 찾아가서 만나십시오. 병원에 입원해 있는 분이 있다면 문병가십시오. 아무것도 할 수 없는 분에게 손을 펴십시오. 진정한 안식이 거기에 있습니다. 내 영혼이 살아나고, 내 육체가 건강하고, 내 사업이 번창할 것입니다. 이것이 하나님께서 약속해주신 것입니다. '안식일을 지키라.' 계명입니다. 하나님의 약속입니다. 축복입니다. 안식을 통해서 큰 축복이 우리 모두 성도들에게 임하기를 바랍니다.　△

온유한 자의 승리

　　악을 행하는 자들 때문에 불평하지 말며 불의를 행
하는 자들을 시기하지 말지어다 그들은 풀과 같이 속
히 베임을 당할 것이며 푸른 채소 같이 쇠잔할 것임
이로다 여호와를 의뢰하고 선을 행하라 땅에 머무는
동안 그의 성실을 먹을 거리로 삼을지어다 또 여호와
를 기뻐하라 그가 네 마음의 소원을 네게 이루어 주
시리로다 네 길을 여호와께 맡기라 그를 의지하면 그
가 이루시고 네 의를 빛 같이 나타내시며 네 공의를
정오의 빛 같이 하시리로다 여호와 앞에 잠잠하고 참
고 기다리자 자기 길이 형통하며 악한 꾀를 이루는
자 때문에 불평하지 말지어다 분을 그치고 노를 버리
며 불평하지 말라 오히려 악을 만들 뿐이라 진실로
악을 행하는 자들은 끊어질 것이나 여호와를 소망하
는 자들은 땅을 차지하리로다 잠시 후에는 악인이 없
어지리니 네가 그곳을 자세히 살필지라도 없으리로
다 그러나 온유한 자들은 땅을 차지하며 풍성한 화평
으로 즐거워하리로다

(시편 37 : 1 - 11)

온유한 자의 승리

　　지난 백 년 동안 세상을 시끄럽게 하고 어지럽힌 사람이 두 사람 있다고 역사가들은 말합니다. 한 사람은 칼 마르크스입니다. 그는 다윈의 진화론을 근거로 해서 변증법적 유물론을 내놓았습니다. 이 Materialism, 유물론 때문에 세상이 아주 시끄러워졌습니다. '모든 것은 물질이다. 물질 외의 것은 없다. 모든 것은 물질을 위하고, 물질을 위해서 싸우고 죽고, 그렇게 되는 것이다.' 그래 동물의 세계를 보면서 '정글 속에 있는 현실이 이 세상에도 있다. 그러니까 강자가 약자를 죽이는 것이고, 또 약자가 또 다른 약자를 죽이는 것이다. 세상은 싸움이다. Struggle for existence. 생존경쟁이다. 그리고 약육강식이다. 적자생존이다' 하고 말합니다. 이걸 동물세계에서만 보고 말했더라면 '동물학자가 하는 말이다' 했겠지요. 하지만 유물론은 이 관점을 우리가 사는 사회로 옮겨놓았습니다. '이 사회 속에 동물세계의 것과 똑같은 현상이 일어나고 있다.' 이 관점으로 마르크스는 온 세상을 뒤흔들어놓았습니다. 수천 년을 내려오던 정신적 가치와 철학이 다 무너집니다. '오로지 물질, 그리고 물질을 위한 투쟁뿐이다. 이것이 세상이다.' 이렇게 세상을 혼돈 속에 빠트립니다.

　　또 한 사람이 프로이트입니다. 그는 심리학자로서 말합니다. '사람의 마음속에는 잠재적으로 성적 욕구가 있다. 이 욕구가 세상을 지배한다. 사랑하고 미워하는 것이 모두 다 성적 욕구에서 온다.' 이렇게 보니까 사람이 추잡한 동물이 되더라고요. 사람이 동물의 세계에서도 볼 수 없는 추잡한 동물이 되어버렸습니다. 이런 우스갯소리도 있잖아요? 우리가 걸핏하면 '개 같은 놈!'이라고 그러지요? 그래서 개가 이런답니다. '우리만큼만 해봐라.' 개만도 못한 사람, 얼마든지 많습니다. 문제는 이걸 정당화한다는 것입니다. 소위 인간의 잠재의식이니 뭐니 해가면서요. 이것이 오늘 세상을 이토록 시끄럽게 만들고 있습니다. 유물사관에서는 무조건 강한 자가 승리합니다. 하지만 성경은 정반대로 말씀합니다. '온유한 자가 땅을 차지한다.'

여러분, 이 시간을 통해서 생각을 바꿉시다. 강자가 이기는 세상이 아닙니다. 약자가 이기는 세상입니다. 강자가 지배하는 우주가 아닙니다. 온유한 자가 지배하는 세상입니다. 세계관을 바꾸어야 됩니다. 내적으로 강할 때 외적으로 오히려 유(柔)하다는 것을 우리가 알고 있지 않습니까. 넉넉할 때 여유가 있습니다. 많이 알 때 오히려 온유할 수 있습니다. 정말입니다. 많이 아는 사람더러 "이 무식한 놈!"이라고 해보십시오. 그 사람, 빙그레 웃고 맙니다. "당신이 뭘 좀 모르는구먼?" 이러고 말지요. 그러나 정말로 낫 놓고 기역자도 모르는 사람(요새 와서는 이런 말 안 합니다. 낫을 본 사람이 없으니까요), 지게 놓고 A자도 모르는 사람, 아무튼 무식한 사람더러 무식하다고 한마디 했다가는 결딴납니다. 참 좋은 사람이 한 분 있습니다. 박사요 교수입니다. 훌륭한 분입니다. 한데 나름대로 어떤 생각이 있어서 초등학교도 못 나온 여자하고 결혼했습니다. 부인이 정성껏 남편을 도우면서 삽니다. 언젠가 한 번 TV에 나와서 말하는 걸 본 적이 있습니다. 그가 말하기를 부인하고 살 때 딱 한마디를 조심해야 한다는 것입니다. 바로 "그것도 몰라?"입니다. 어쩌다 실수로 이 말을 했다가는 벼락이 떨어진답니다. 무식한 사람더러 무식하다고 하면 큰 일 날 일입니다. 하지만 유식한 사람보고 무식하다고 해서 화내는 사람 없습니다.

제가 아주 오래전에 특별한 경험을 했습니다. 미국에서 유학할 때의 일입니다. 제가 교회의 소개로 뉴욕에 있는 어느 은행장 댁에 가서 하룻밤을 쉬게 되었습니다. 그런데 그날 밤 이 은행장 입장이 조금 어려워졌습니다. 두 개의 파티에 동시에 초대를 받은 것입니다. 양쪽 다 꼭 가야 되는 파티였습니다. 한 쪽은 부부동반 파티고, 다른 한 쪽은 혼자 가도 되는 파티였습니다. 궁리 끝에 이 은행장이 저한테 부탁을 해왔습니다. 제가 그의 부인을 데리고 파티에 가서 남편 노릇 좀 해주면 안 되겠느냐고요. 그래 제가 그 은행장 부인하고 파티에 참석했습니다. 동부인하는 것처럼 말입니다. 그때 제가 그 부인을 가만히 봤더니 목에 건 진주목걸이가 예쁘더라고요. 저는 지금도 목걸이는 진주목걸이가 제일인 줄 압니다. 여러분 아시는 대로 서양 사람들의 파티는 먹을 것은 없고 말은 많습니다. 이 사람하고 얘기하고, 저 사람하고 얘기하고, 아무튼 얘기를 잘 해야 파티 분위기를 살리는 건데, 이 사모님하고 할 말이 없더라고요. 그래서 가만히 보다가 진주목걸이가 예쁘다고 그랬지요. 당신에게 잘 어울린다고 칭찬을 했습니다. 그러자 그러냐고 참 좋아하더라고요. 예쁘다고 하면 다 좋아하지 않습니까. 그렇게 한참을 좋아하더니 하는 말입니다. "사실 이 목걸이 가짜예요." 그래서 제가 처음부터 그런 줄 알았다고 했지요. 그 부인 하는 말이, 자기 남편이 크리스마스 때 3천불짜리 좋은 진주목걸이 해주었는데, 너무나 예뻐서 그건 목에 걸고 거울 한 번 보고 딱 풀어놓고, 어디 갈 때에는 그 비슷한 가짜를 하고 나온답니다. 생각해보십시오. 그 부인이 진짜가 따로 있으니까 제가 그 목걸이를 보고 가짜라고 해도 화를 안 내는 것입니다. 정말 가짜 밖에 없는 사람이 가짜를 하고 나왔으면 저는 그날이 죽는 날입니다. 더구나 저 같은 외국 사람한테 그런 모독을 당하고 살겠습니까. 그리고 집으로 돌아가면 아마 부부 간에 대판 싸우겠지요.

그렇습니다. 넉넉한 사람은 이 말 저 말 좀 들어도 상관없습니다. 가벼이 넘겨 버릴 수 있습니다. 이것이 바로 온유함입니다. 온유함은 텅 비었다는 뜻이 아닙니다. 넉넉하다는 뜻입니다. 헬라어로 '프라우스'입니다. 아리스토텔레스가 이 말의 뜻을 설명해줍니다. '온유함이란 두 극단을 피하는 것이다. 치우치지 않는 것이다. 그래서 분노하지 않고, 동시에 낙심하지도 않는 것이다. 그게 온유함이다.' 절대 비굴함이 아닙니다. 이것이 온유함입니다. 또한 온유함은 Self-control, 자기 마음을 잘 다스려서 어떤 경우에나 넉넉하게 행동하는 것입니다. 익숙한 행동반경, 어떤 일에도 치우치지 않는 것입니다. 아리스토텔레스는 또 말합니다. '온유함은 항상 배우는 마음이다. 자기는 부족하다고 생각하고, 이번에도 배우고, 여기서도 배우고, 저기서도 배우고, 항상 듣고 배우는 자세, 이것을 온유라고 한다.' 참으로 귀한 해석입니다.

오늘 본문인 시편 37편은 대단히 중요한 말씀입니다. 읽고, 읽고, 또 읽어보십시오. 온유도 보통 온유가 아닙니다. 신앙적 온유, 신학적 온유입니다. 그래서 이렇게 시작합니다. "악을 행하는 자 때문에 불평하지 말며 불의를 행하는 자를 시기하지 말지어다 저들은 풀과 같이 속히 베임을 볼 것이며 푸른 채소 같이 쇠잔할 것임이로다." 이것이 온유입니다. 신앙적입니다. 악한 사람을 질투할 것 없습니다. 악한 사람 때문에 괴로워할 것도 없습니다. 왜요? 곧 무너질 테니까요. 악한 사람은 곧 망할 테니까요. 하나님의 심판이 곧 나타날 테니까요. 그 후속 결과를 보면서 미리 온유하는 것입니다. 절대 비굴함이 아닙니다. 이런 자세가 신앙적입니다. 그 다음 결과를 알기 때문이지요. "푸른 채소 같이 쇠잔할 것임이로다." 악한 사람, 눈에 거슬리는 사람, 다 사라질 것입니다. 그것을 내다보면서 온유한 것입니다.

어떤 가정의 부부가 평소 참 화목한데도 종종 부부싸움을 합니다. 한 번 하면 좀 심하게 합니다. 그래 부부싸움이 이쪽 방에서 시작되면 아이들이 저쪽 방에서 자기들끼리 그런답니다. "빨리 옷들 입어라. 외출할 시간이 가까웠다. 아버지 어머니가 싸우고 나서 화해하느라고 또 회식 나가야 된다, 회식. 미리 옷 입고 준비했다가 나가자." 자녀들이 부모보다 한 수 위입니다. 왜요? 그 다음 결과를 다 아니까요. '악을 질투하지 마라. 다 없어질 것이다. 그 방종한 사람, 싹 쓸어버리실 것이다.' 하나님께서 다 정리해주십니다. '그러니까 미리미리 생각하고 온유한 마음을 가져라.' 이것이 온유입니다. 얼마나 신앙적이고 신학적입니까.

그런가하면 또 온유는 하나님의 뜻을 기다리는 마음입니다. 그래서 오늘본문에는 아주 심각한 말씀이 있습니다. '잠잠하고 기다릴지니라. 불평도 하지 말고, 원망도 하지 마라. 눈물방울 흘리지 마라. 팔자타령하지 말고, 신세타령도 하지 말고, 온유한 마음으로 참고 기다려라.' 이렇게 기다리는 마음이 온유입니다. 하나님의 심판을 기다리는, 하나님의 축복을 기다리는 마음입니다. 얼마나 중요합니까. 온유는 기다림입니다. 온유는 하나님 앞에 서 있는 성실한 신앙적 자세입니다.

히브리서 12장에 우리 가슴을 뜨겁게 하는 말씀이 있습니다.

"예수께서 십자가를 참으사……" 히브리서의 저자는 십자가 사건을 인내로 보았습니다. 하나님을 지향하고, 하나님의 뜻을 바라보며 참는 모습으로 십자가를 보았습니다. 이 얼마나 놀랍고 귀한 고백입니까. 여러분은 어디까지 참아보았습니까? 얼마나 억울함을 참아보았습니까? 아무리 억울한들 예수님만큼 억울하겠습니까. 예수님께서는 능력이 있으셨습니다. 그러나 참으셨습니다. "십자가를 참으사……" 온유함을 나타내는 말씀입니다. 그럼 예수님께서는 왜 참으셨을까요? 요한복음 18장 11절은 유명한 말씀입니다. "아버지께서 네게 주신 잔을 네가 마시지 않겠느냐?" 예수님께서는 이 모든 사건, 십자가의 사건, 빌라도의 사건, 가야바의 사건을 전부 다 하나님께 맡기십니다. "아버지께서 네게 주시는 잔을 네가 마시지 않겠느냐?" 이런 신학적 관점에서 예수님께서는 참으셨고, 십자가를 지우는 사람을 위하여 하나님 앞에 기도까지 하십니다. "하나님이시여, 저들의 죄를 사하소서." 이것이 온유입니다. 온유는 비겁함이 아닙니다. 온유는 나약함이 아닙니다. 가장 위대한 신앙고백이며, 가장 위대한 능력의 표현인 것입니다.

저는 온유에 대해서 생각할 때마다 마음에 걸리는 것이 있습니다. 민수기 12장에서 하나님께서는 이렇게 말씀하십니다. '모세의 온유함이 온 지면의 사람보다 승하니라. 최고로 온유하다.' 칭찬입니다. 하지만 아무리 봐도 모세는 온유한 사람이 아니거든요. 사람을 때려 죽였습니다. 반석을 내려쳤습니다. 하나님께서 주신 십계명판을 내던진 사람입니다. 아주 혈기방장한 사람입니다. 한데도 어찌 이렇게 말씀하셨을까요? 하나님께서는 과거를 돌아보지 않으십니다. 과거에는 나약하고, 혈기왕성하고, 자기 멋대로 할 때도 있었지만, 지금은 아닙니다. 하나님께서는 과거를 보시지 않고 지금을 보십니다. 하나님께서는 지금의, 오늘의 모세를 보십니다. "온 지면에 이만한 온유함이 없다." 하나님께서는 과거를 묻지 않으시고, 오직 지금, 오늘 모세의 온유를, 그 수준을 높이 평가하셨습니다.

그럼 도대체 하나님께서는 왜 이렇게 모세를 칭찬하셨을까요? 모세는 실수를 저질렀습니다. 나이가 백 세가 넘은 주제에 구스 여자, 그 젊은 여자를 첩으로 취했습니다. 분명한 실수입니다. 백성들이 원망합니다. 더구나 모세를 업어서 키운 누나 미리암은 그 동생을 거침없이 한바탕 꾸짖었습니다. "하나님의 종 모세가 이게 무슨 짓이냐?" 그런데 하나님께서는 모세는 가만히 놔두시고 오히려 그 미리암을 내리치셨습니다. 그래서 미리암은 문둥병에 걸립니다. 그 때 하신 말씀이 이것입니다. "모세의 온유함이 온 지면에 누구보다도 승하다." 왜요? 저는 이렇게 생각해봅니다. 모세가 미리암의 비난을 들으면서 무슨 생각을 했겠습니까? '죄인더러 죄인이라고 하는데 무슨 할 말이 있으랴?' 하고 꾹 참은 것입니다. 누가 비방을 하든, 누가 욕을 하든 그저 조용하게 참았습니다. 바로 이 순간을 하나님께서는 높이 평가하신 것입니다. '온 지면에 모세 같은 사람이 없다.' 여러분, 이렇게 생각해보면 어떻겠습니까? '우리는 일생을 통해서 온유를 공부하고 있다. 온유를 훈련하고 있다. 지금 내 온유의 수준이 어디까지 왔나?' 모세는 여기까지 왔습니다. 온 지면에 모세만큼 온유한 사람이 없다고 하나님께서 인정해주셨습니다.

저는 잠언 15장을 볼 때에도 마음에 걸리는 것이 있습니다. "유순한 대답은 노를 쉬게 한다." 이유를 불문하고, 나와 상관하는 사람이 분노하면 그 책임은 내게 있습니다. 내가 온유하지 못했기 때문입니다. 상대방을 분노케 한 책임이 나한테 있음을 알아야 합니다. 때리는 자가 있고, 맞는 자가 있습니다. 때린 자만 잘못이 아닙니다. 맞는 자에게도 잘못이 있습니다. 제가 목회할 때 부인들이 남편한테 얻어맞고 상담하러 오는 일이 많습니다. 맞았으니 화가 나겠지요. 그래 눈에 시퍼렇게 멍이 들어가지고 사무실로 저를 찾아와 남편 흉을 보고 욕을 합니다. 그러면 저는 그 소리를 한 30분 동안 아무 말도 하지 않고 가만히 들어줍니다. 다 듣고 나서 제가 꼭 물어보는 말이 있습니다. "남편과 몇 년 사셨나요?" "십 년 살았어요." "그럼 이제는 무슨 말을 하면 남편이 화를 내는지 아시겠네요?" "잘 알지요." "이번에 남편이 손찌검하기 바로 전에 무슨 말을 하셨나요?" 이때 하는 대답이 어쩌면 다 그렇게 똑같습니까. "죽여라!" 했답니다. 여러분, 잊지 마십시오. 흔히들 때린 쪽만 나쁘다고 하기 쉬운데, 아닙니다. 맞은 쪽도 문제입니다. '온유한 자는 땅을 차지한다. 그래서 유순한 대답은 노를 쉬게 한다.'

여러분, 내 수준, 내 온유의 수준이 어디까지 왔습니까? 모세 같은 혈기의 사람이 하나님의 인정을 받았습니다. "온 천하에 모세처럼 온유한 자가 없느니라." 이 얼마나 큰 칭찬입니까. 모세와 같은 수준의 온유함에 도달하는 우리의 생활이 되어야겠습니다. 여러분, 연세가 얼마든 간에 이제부터는 온유하십시다. 이제부터는 온유한 자가 땅을 차지한다는 걸 잊지 마십시오. 마지막 승리는 온유한 자에게 있습니다. 마지막 영광도 온유한 자의 것입니다. 너무나 귀한 말씀 아닙니까. "온유한 자들은 땅을 차지하며 풍성한 화평으로 즐기리로다." △

그런 물을 내게 주소서

사마리아에 있는 수가라 하는 동네에 이르시니 야곱이 그 아들 요셉에게 준 땅이 가깝고 거기 또 야곱의 우물이 있더라 예수께서 길 가시다가 피곤하여 우물 곁에 그대로 앉으시니 때가 여섯 시쯤 되었더라 사마리아 여자 한 사람이 물을 길으러 왔으매 예수께서 물을 좀 달라 하시니 이는 제자들이 먹을 것을 사러 그 동네에 들어갔음이러라 사마리아 여자가 이르되 당신은 유대인으로서 어찌하여 사마리아 여자인 나에게 물을 달라 하나이까 하니 이는 유대인이 사마리아인과 상종하지 아니함이러라 예수께서 대답하여 이르시되 네가 만일 하나님의 선물과 또 네게 물 좀 달라 하는 이가 누구인 줄 알았더라면 네가 그에게 구하였을 것이요 그가 생수를 네게 주었으리라 여자가 이르되 주여 물 길을 그릇도 없고 이 우물은 깊은데 어디서 당신이 그 생수를 얻겠사옵나이까 우리 조상 야곱이 이 우물을 우리에게 주셨고 또 여기서 자기와 자기 아들들과 짐승이 다 마셨는데 당신이 야곱보다 더 크니이까 예수께서 대답하여 이르시되 이 물을 마시는 자마다 다시 목마르려니와 내가 주는 물을 마시는 자는 영원히 목마르지 아니하리니 내가 주는 물은 그 속에서 영생하도록 솟아나는 샘물이 되리라 여자가 이르되 주여 그런 물을 내게 주사 목마르지도 않고 또 여기 물 길으러 오지도 않게 하옵소서

(요한복음 4 : 5 - 15)

그런 물을 내게 주소서

6·25전쟁 때 저는 참전 군인으로 뼈아픈 경험을 많이 하였습니다. 친구들, 전우들이 내 눈 앞에서 세상을 떠나는 장면을 숱하게 보았습니다. 특별히 저는 미군들하고도 여러 차례 작전을 함께 하였는데, 그때 그들과 친하게 지내면서 서툰 영어로 이런저런 한가한 이야기를 많이 나누었습니다. 그러다가 한번은 미군 군목이 이런 이야기 하는 걸 들었습니다. 미국사람들은 마지막 세상을 떠날 때 꼭 이렇게 말한다는 것입니다. "A cup of fresh water(신선한 물 한 잔 주시오.)" 마지막 순간 그렇게 물 한 잔을 찾으면서 세상을 떠난다는 것입니다. 그러면서 그가 제게 하는 말이 한국 군인들은 죽을 때 "어머니!" 하고 죽는다는 것입니다. 이 비교의 이야기를 듣고 제가 참 깊은 인생의 진리에 대하여 생각해보았습니다.

예수님께서 십자가에 돌아가실 때 그 마지막 장면에서 예수님께서 하신 말씀이 무엇입니까? "내가 목마르다"입니다. 목마르다는 것, 인간고뇌의 극치입니다. 우리는 어디가 아프다느니, 쑤시다느니, 괴롭다느니 하는 말들을 흔히 합니다마는, 목마른 것에 대면 아무것도 아닙니다. 예수님의 목마름은 온몸에서 피가 싹 다 빠져나갈 때의 목마릅니다. 생명이 완전히 꺼져가는 그 마지막 고통의 목마름입니다. 헬라의 철학자 탈레스는 그 옛날에 이런 고민을 하였습니다. '도대체 만물의 근원, 아르케가 뭘까?' 나무, 산, 사람, 짐승……그 모든 것의 근본, 만물의 아르케, 그 근원(Origin)은 무엇일까? 그 모든 것은 도대체 무엇으로부터 유출되었을까? 철학의 아버지라는 탈레스는 이 근원을 물이라고 규정했습니다. '만물의 근원은 물이다.' 철학사를 연구할 때 첫 페이지에 나오는 이야기가 바로 이 탈레스의 물입니다.

우리가 사는 지구 표면의 4분의 3이 물입니다. 인체는 그 70퍼센트가 물입니다. 물 없이는 못 삽니다. 여기에 놀라운 것이 있습니다. 물은 땅에서 나옵니다. 땅에서 물을 얻습니다. 그러나 그 물은 하늘로부터 온 것입니다. 하늘에서 비가 오지 않으면 땅에서 물을 구할 수 없습니다. 그러니까 우리가 마시는 물은 하늘로부터 온 것입니다. 한 3년만 비가 오지 않아보십시오. 전부 사막이 되고 말 것입니다. 풀이고 뭐고 다 말라버리고 마니까 그렇습니다. 비가 와야 됩니다. 비는 하늘에서 옵니다. 생명의 근원이 하늘에 있다는 것입니다. 이를 상징적으로 잘 말해주는 것이 바로 비입니다. 과학자들은 천체망원경으로 드넓은 우주를 두루 살피면서 이런 생각을 합니다. '지구 외의 다른 별에도 혹시나 생명이 살지 않을까? 생명 있는 별이 또 없을까?' 여기서 핵심이 무엇입니까? 바로 물입니다. 어느 별이든 물이 있다면 그곳에는 생명체가 있을 가능성이 있다고 생각합니다. 물이 없다면 생명도 없습니다. '생명의 근본은 물이다.' 이 얼마나 귀한 진리입니까. 절대필요입니다. 없어서는 안 됩니다. 마지막 숨 넘어가는 순간까지도 우리는 물을 필요로 합니다. 그래서 예수님께서는 "내가 목마르다!" 하시고 세상을 떠나십니다.

오늘본문에서 예수님께서는 신비로운 말씀을 우리에게 주십니다. '너희가 먹는 물'과 '내가 주는 물'을 서로 대조하여 말씀하신 것입니다. 우리가 먹는 물, 날마다 먹어야 하는 물, 없어서는 절대로 안 되는 물입니다. 그러나 이것은 그냥 물입니다. 예수님께서는 또 다른 물을 말씀하십니다. "내가 주는 물, 이 물은 절대 필요하다. 게다가 내가 주는 물은 영원한 생명이다. 이걸 마시는 자는 그 속에서 샘물이 솟아올라 자기도 시원하고, 그를 만나고 그와 관계 맺는 모든 사람도 시원하게 할 것이다." 예수님의 물은 신령한 물입니다. 참 신비롭고, 희한하고, 비밀스러운 말씀입니다.

이스라엘은 물이 귀한 곳입니다. 거기에 '야곱의 우물'이라는 우물이 있었습니다. 수가성 가까이에 있는 그 우물은 아주 깊은 우물입니다. 두레박 없이는 물을 길을 수가 없습니다. 평소에는 그걸 돌로 잘 덮어놨다가 필요할 때마다 사람들이 와서 돌을 열고 두레박으로 물을 퍼 올립니다. 오늘본문에서 한 사마리아 여인이 물을 길으려고 왔는데, 그 시각이 여섯시입니다. 우리 식으로 하면 낮 열두시, 정오입니다. 해가 가장 뜨거운 때입니다. 이스라엘 사람들의 풍속으로는 서늘한 아침이나 저녁에 물을 긷습니다. 더운 한낮에는 아무도 물을 길으러 가지 않습니다. 뿐만 아니라, 물 길으러 갈 때에는 우물까지 거리가 워낙 머니까 여럿이서 함께 움직입니다. 다 같이 물동이를 이고 모여서 "자, 물 길으러 갑시다!" 하고 우물을 향해 출발하는 것입니다. 그렇게 함께 모여 가면서 서로 이런저런 이야기도 나누고 합니다. 그런데 오늘본문에 나오는 사마리아 여인은 혼자서 그 뙤약볕에 물을 길으러 온 것입니다. 뭔가 피치 못할 사연이 있었다는 뜻입니다. 이 사람은 다른 사람과 만날 수가 없습니다. 만날 마음도 없습니다. 인간관계가 아주 불편합니다. 살고 싶지가 않은 것입니다.

그런 여자가 물을 길으러 왔고, 마침 그 우물가에서 잠깐 쉬시던 예수님을 만난 것입니다. 한데 그 순간 오히려 예수님께서 이 여자에게 물을 좀 달라고 부탁하십니다. "Asked her for a drink." 하지만 오늘본문에서 나와 있듯이 처음에 이 여자는 그 부탁을 거절합니다. 우물에서 좀 떨어진 곳도 아닌데, 그게 뭐 그리 어려운 일이겠습니까. 게다가 나그네에게 선행을 베풀 기회입니다. 하지만 이 여인은 거절합니다. 그때 여인의 생각이 무엇이었겠습니까? "당신은 유대사람 아닙니까. 종교적으로 아주 교만한 사람일 텐데, 그런 분이 저 같은 천한 사마리아 여자에게 왜 물을 달라고 하십니까?" 여러분은 살아오시면서 혹 이런 일 당해보셨습니까? 아니, 우물가에서 물 한 그릇 주는 일이 그렇게나 어렵습니까? 하지만 여인은 거절했습니다. 무엇을 말합니까?

그 순간 이 여인의 마음속 깊은 곳에는 갈등이 있습니다. 무거운 죄책감이 있습니다. 예수님께서 지적하신 대로 이 여인에게는 남편이 다섯이나 있었습니다. 지금 사는 남편도 자기 남편이 아닙니다. 그러니까 여인은 지금 남의 남자하고 사는 것입니다. 팔자가 기구한 여인입니다. 물론 별의별 사정이 다 있었겠지요. 결혼했다가 그만 실패했고, 그 다음에 또 연애하다가 실패하고, 한 사람은 죽었고, 한 사람은 배반했고…… 그런 식으로 지내다보니 남편이 다섯이나 있게 된 것입니다. 더욱이 지금 사는 남편은 자기 남편도 아닙니다. 그러니 그 사정이 어떻겠습니까. 한 가지 짐작되는 것은 있습니다. 미모가 출중했던 것 같습니다. 그런 여자니까 다섯 번이나 시집을 갈 수 있었던 것 아니겠습니까. 그러다가 지금은 남의 집 소실로 있게 된 모양입니다. 그런 여자다보니 다른 여자들이 이 여자 만나는 걸 싫어하지 않겠습니까. 아니, 이 여자도 다른 여자들을 만나고 싶지 않을 것입니다. 평소 뒤에서 얼마나 험담을 하겠습니까. 그래서 그 먼 곳의 우물로 물을 길으러 올 때조차 다른 사람들과 같이 오지 못하고, 정오의 뙤약볕 속에 혼자서 온 것입니다. 그러니 유대사람인 예수님께서 물 좀 달라고 하실 때 선뜻 내어줄 수 있는 마음의 여유가 없었던 것입니다. 유대사람씩이나 되어서 기껏 사마리아 여자한테 물을 달라고 하느냐면서 거절해버립니다. 이것을 보면 이 사마리아 여인은 마음속에 갈등이 많은 사람입니다. 이웃 간에 만나는 것이 부끄럽고, 만나는 것 자체가 싫습니다. 열등의식과 갈등에 휩싸인 비사회적인 인생을 죽지 못해 사는 것입니다. 이런 사람이 오늘 물을 길으러 온 것입니다.

하지만 이 여인은 나름대로 종교적인 마음도 있었습니다. 예배할 곳을 찾습니다. 어디서 예배해야 됩니까? 어디서 기도해야 됩니까? 어디서 주님을 만나야 됩니까? 이런 질문을 합니다. 그만큼 신앙적 갈증, 영적 갈급함이 있는 여자입니다. 그런데 예수님께서 이 사람을 만나주십니다. 그리고 신비로운 말씀을 하십니다. "네게 물 좀 달라고 하는 사람이 누구인지 알았더라면 오히려 네가 그분께 물을 구했을 것이다." 그리고 말씀하십니다. "너희가 먹는 물은 아무리 마셔도 또 목마르겠지만, 내가 주는 물은 마시면 영원히 목마르지 않을 것이다." 마시는 사람도 시원할 뿐 아니라, 모든 사람을 시원하게 할 수 있는 그런 물이라고 신비로운 말씀을 하십니다. 한데 그 순간 이 여자의 반응이 참 재미있습니다. 여인은 예수님의 이런 말씀을 듣자마자 나름대로 해석합니다. 그리고 예수님께 요구합니다. "그런 물이라면 저한테도 좀 주십시오. 그래서 제가 다시는 물 길으러 오지 않도록 해주십시오." 아주 단순한 논리입니다. "그런 물을 저한테 주셔서, 제가 다시는 물 길으러 오지 않게 해주십시오."

간청입니다. 그때 예수님께서 말씀하십니다. "내가 주는 물은 영원히 목마르지 아니하리라." 결국 이 여자는 그 영원히 목마르지 않는 물을 얻었습니다. 예수님을 만났습니다. 아니, 여자가 예수님을 만난 것이 아니라, 예수님께서 이 여자를 만나주신 것입니다. 그런고로 이 이상 더 비밀이 필요 없습니다. 사람들 앞에 나타나고 싶지 않던 여자이지만, 예수님께서는 벌써 다 알고 계시기 때문에 그 예수님 앞에는 비밀이 있을 수 없습니다. 다 보여드립니다. 예수님께서는 벌써 내 속을 다 알고 계시니, 그런 분에게 자기 속을 다 보여드리지 않고 어쩌겠습니까.

인간관계에서 뭔가 감추고 싶은 내 비밀을 알고 있는 사람, 여러분은 만나고 싶습니까? 아닐 것입니다. 여기에 인간의 분수령이 있습니다. 내가 가진 깊은 비밀을 저 사람이 알고 있을 때 그 사람하고 반갑게 지내는 사람은 쓸 만한 사람입니다. 그러나 내 비밀을 알고 있는 사람을 되도록 안 만나고 싶다면, 그래서 '저 사람, 그만 없어져버렸으면 좋겠어!' 싶다면 그는 벌써 영적으로 죽은 사람입니다. 여러분은 어떻습니까? 내 비밀을 아는 사람, 내 과거를 아는 사람, 그 사람하고 친해야 합니다. 그 사람과 등을 지고, 다른 데로 이사가버리고 도망 다닌다고 하늘 아래 어디 갈 데가 있는 줄 아십니까. 하지만 오늘본문에 나오는 사마리아 여인을 보십시오. 비밀이 많은 여인입니다. 아무도 만나고 싶지 않습니다. 그러나 예수님께서는 이 여자를 잘 알고 계셨습니다. 여인의 비밀을 다 알고 계셨습니다. "네가 남편 다섯이 있었으나 지금 남편은 네 남편이 아니다." 여인의 비밀을 완전히 다 알고 계시잖아요? 그러니까 이 여자는 예수님이 오히려 반가운 것입니다. 보통의 관계에서라면 남의 비밀을 말하는 것은 아주 조심해야 할 행동입니다. 그리고 그런 말을 들으면 아주 못할 말을 하고 도망가야 할 처지지만, 이 여자는 그러지 않았습니다. 자기 비밀을 아는 분께 마음을 열었습니다. 여기서부터 시작하는 것입니다. 내 모든 비밀을 아는 분께 마음을 활짝 열고 이렇게 생각합니다. '당신은 선지자십니다. 당신은 메시아십니다.' 그리고 이제 정체성을 회복하게 됩니다. '예수님께서 나를 만나주셨다. 예수님께서는 나를 아신다. 나를 사랑하신다. 내 죄를 다 사하셨다. 내 어두운 과거를 다 용서하셨다.' 사죄의 기쁨입니다. 그동안 매이고, 시달리고, 괴로웠던 것을 이제 모두 벗어던지고 자유로워집니다. 심령이 자유로워질 때 너무나 행복합니다. 그리고 인간관계를 회복합니다. 이제는 이웃 만나는 것이 두렵지 않습니다.

다음이 더 재미있습니다. 성경에는 이렇게 나옵니다. "물동이를 버려두고……" 얼마나 중요한 물동이인데, 그걸 버려두고 마을로 들어가서 "내가 메시아를 만났다!" 하고 소리치고 돌아다니며 복음을 전하게 됩니다. 얼마나 아름다운 광경입니까. 이 자유로운 여인, 이 행복한 여인을 생각해보십시오. 물 긷는 것은 이제 중요하지 않습니다. 사람들이 수군대는 것도 두렵지 않습니다. 누가 뭐라고 하든 상관없습니다. 자신이 메시아를 만났다는 사실이 중요합니다. 아니, 실은 내가 예수님을 만난 것이 아니라, 예수님께서 나를 만나주셨습니다. 예수님께서 나를 찾아주셨습니다. 이 아름다운 관계에서 마음속 깊은 곳으로부터 생명의 샘물이 솟아오릅니다. 이제는 모든 사람들이 반갑습니다. 사람 만나는 게 즐겁습니다. 여러분, 잊지 마십시오. 사람 만나기 싫어하면 우울증 걸립니다. 우울증의 근본은 사람 만나기를 싫어하는 것입니다. 그래서 말하기를 싫어하고, 얼굴 마주

치는 것을 꺼리는 것에서부터 시작됩니다. 부지런히 만나야 됩니다. 반갑게 만나야 됩니다. 왜요? 주님께서 나를 만나주셨으니까요. 그래서 주님께서 나와 함께하시는 기쁨을 함께 나눠야 됩니다.

오늘본문에서 사마리아 여인은 예수님을 만난 뒤 물동이를 버려두고 동리에 들어갔습니다. 참 재미있는 말씀입니다. 아마도 웬만한 사람이라면 이렇게 생각했을 것입니다. '예수님을 만났으니, 나 혼자서 믿으면 되지. 보기 싫은 저 사람들에게 내가 왜 예수를 전해야 되나?' 하지만 아닙니다. 어느 사이에 마음 문에 걸려 있던 빗장이 풀어지면서 이 여인은 모든 사람에게 이 소식을 전하고 싶어졌습니다. 이 기쁜 소식을 전하고 싶어졌습니다. 그래서 득달같이 동리로 달려가 복음을 전한 것입니다. 그런데 그때 사마리아 사람들의 반응을 보십시오. 참 못됐습니다. 이 여인으로 인하여 예수를 만나 그들도 예수를 믿게 되는데, 그 사마리아 사람들이 이런 말을 합니다. "네가 우리에게 전해서 우리가 예수를 믿는 게 아니고, 우리가 직접 만나보고 믿는다." 참 딱하지 않습니까. 그러나 이 여자는 상관없습니다. 부끄러운 과거는 다 날아갔습니다. 그 괴롭던 시간, 그 절망적인 시간이 이제는 바뀌었습니다. 예수를 만났기 때문입니다. 어쩌면 그날 물을 길으러 간 일 그 자체가 축복입니다. 예수님과 일대일로 만났습니다. 그 많은 세월에 예수님과 일대일로 만난 사람이 몇이나 되겠습니까. 이 여인은 그것이 너무나 행복했습니다. 가장 부끄럽고 수치스러웠던 자신이 그 만남으로 가장 영광스러운 존재가 됩니다. 이 모습을 가리켜 성경은 '샘물이 솟아난다'라고 표현합니다. 내 심령이 시원할 뿐만 아니라, 모든 사람을 시원하게 하는 것입니다.

　　여러분 마음속에 혹시라도 어두운 그림자가 있습니까? 아직도 만나고 싶지 않은 사람이 있습니까? 주님을 만나고 나면 우리 마음속에 시원함이 있고, 주님께서 나를 찾아주신 것을 생각하면 참 시원합니다. 나 같은 죄인을 구속해주신 주님의 은혜를 생각할 때의 시원함, 이 시원함을 전하게 될 때 거기에 구원의 역사가 있습니다. 생수는 곧 예수님을 만나는 시간입니다. 내가 예수를 만난 것이 아니라, 예수님께서 나를 벌써 알고 계셨다는 사실입니다. 내 모든 모든 비밀, 그 모든 깊은 것까지 다 아시고 나를 사랑하시는 것입니다. 그 사랑에 감격하는 순간 내 정체가 새로워집니다. 뿐만 아니라, 내가 만나는 모든 사람이 반가워집니다. 이것을 잊지 말아야 합니다. 반가워지는 것입니다. 그래서 사람이 반가워야 됩니다. 그래서 만나고 싶어야 합니다. 바로 여기에 생수의 신비가 있습니다.　△

가까이하여 말씀을 듣는 자

너는 하나님의 집에 들어갈 때에 네 발을 삼갈지어
다 가까이 하여 말씀을 듣는 것이 우매한 자들이 제
물 드리는 것보다 나으니 그들은 악을 행하면서도 깨
닫지 못함이니라 너는 하나님 앞에서 함부로 입을 열
지 말며 급한 마음으로 말을 내지 말라 하나님은 하
늘에 계시고 너는 땅에 있음이니라 그런즉 마땅히 말
을 적게 할 것이라 걱정이 많으면 꿈이 생기고 말이
많으면 우매한 자의 소리가 나타나느니라 네가 하나
님께 서원하였거든 갚기를 더디게 하지 말라 하나님
은 우매한 자들을 기뻐하지 아니하시나니 서원한 것
을 갚으라 서원하고 갚지 아니하는 것보다 서원하지
아니하는 것이 더 나으니 네 입으로 네 육체가 범죄
하게 하지 말라 사자 앞에서 내가 서원한 것이 실수
라고 말하지 말라 어찌 하나님께서 네 목소리로 말미
암아 진노하사 네 손으로 한 것을 멸하시게 하랴 꿈
이 많으면 헛된 일들이 많아지고 말이 많아도 그러하
니 오직 너는 하나님을 경외할지니라

(전도서 5 : 1 - 7)

가까이하여 말씀을 듣는 자

한 20년 동안 한 교회에 열심히 봉사하는 내외분이 있었습니다. 두 분 다 교회의 집사님이고, 성실히 교회를 섬겼습니다. 그런데 어느 주일이었습니다. 당연히 교회에 나가야지요. 하지만 그날 가정에 특별한 일이 생겨서 부인 집사님이 교회에 못 가게 되었습니다. 그래 남편에게 말했습니다. "당신도 알다시피 내가 20년 동안 교회를 별로 빠진 일이 없었는데, 오늘은 부득이 당신 혼자 갔다 오셔야겠어요. 은혜 곱빼기로 받고 와서 그 말씀을 나한테 전해주세요. 그럼 내가 그 말씀으로 한 주일을 은혜 속에 살 것 아니겠어요?" 그래 남편이 그러마고 답하고 집을 떠나려는데, 아내가 또 부탁을 합니다. "당신에게 두 가지 부탁이 있어요. 첫째는 제발 오늘은 맨 앞에 앉으세요. 당신은 늘 뒷자리에 앉기를 좋아하는데, 그거 좋지 않아요. 오늘은 부탁이니까 무조건 맨 앞에 앉으세요." 남편은 약속했습니다. 부인이 또 말합니다. "그리고 졸지 마세요. 그거 좋지 않은 일입니다. 오늘은 정신 바짝 차리고 목사님 말씀 잘 듣고 와서 전해주세요." 남편은 그러마고 대답하고 교회에 갔습니다. 그날은 정말로 맨 앞에 앉았습니다. 교회를 20년 다녔지만, 맨 앞에 앉은 것은 그날이 처음이었습니다. 여러분도 아마 이 맨 앞에 한 번도 못 앉아본 분 많을 것입니다. 쉽지 않은 일입니다. 하여튼 그 남편, 맨 앞에 앉았습니다. 그러니 목사님하고 걸핏하면 눈이 마주칩니다. 졸 시간이 어디 있습니까. 덕분에 설교를 아주 잘 들었습니다. 같은 목사님이요, 같은 교회입니다. 한데도 그날따라 은혜가 충만합니다. 세상이 밝아지고, 행복해지고, 소중해지고, 하늘이 환하게 열리는 기쁨을 느꼈습니다. 그리고 집에 돌아왔습니다. 부인이 부엌에서 설거지를 하고 있습니다. 그 뒷모습을 보는데 세상에, 천사같이 보이는 것입니다. '저 사람이 나한테 시집와서 20년을 이렇게 봉사하고 있구나!' 너무나 고마운 것입니다. 그래 가까이 다가가서 아내의 허리를 잡고 사랑한다고 말했습니다. 신혼여행 갔을 때 딱 한 번 해본 뒤로 결혼생활 20년 만에 처음이었답니다. 부인이 너무나 행복해서 궁금하지 않겠습니까. 도대체 오늘 무슨 말씀을 들었기에 이러는 것이냐고 물었습니다. 하지만 웬일인지 남편이 계속 답을 해주지 않습니다. 월요일인 이튿날 아침, 부인은 이렇게 생각했습니다. '남편이 변화되어 내가 남편의 사랑을 많이 받았는데, 목사님께 인사라도 드려야지.' 그래 과일 바구니를 하나 사들고 목사님 댁에 예방을 갔습니다. 그리고 물었습니다. "목사님, 남편이 어제 교회에서 은혜를 받고 완전히 딴 사람이 되었습니다. 그런데 무슨 말씀을 들었느냐고 물어도 답을 안 합니다. 목사님, 어제 주일예배 때 설교제목이 무엇입니까?" 그랬더니 목사님 대답이 이랬습니다. "네 원수를 사랑하라." 로마서 5장은 말씀합니다. '내가 하나님과 원수 되었을 때 주께서 나를 위하여 십자가의 은혜를 베푸셨다.' 그가 깨닫게 될 때에 은혜 많이 받고, 은혜 받고 돌아가 보니 원수 같던 마누라가 천사처럼 보이는 것입니다. 은혜란 이런 것입니다.

오늘본문을 잊지 마십시오. 성경을 너무 복잡하게 생각하지 말고 문자대로 받아들이십시오. 가까이하여 말씀 듣는 것이 축복입니다. 여러분 앞자리가 꽉 찼다면 모르지만, 앞자리 놔두고 굳이 뒤에 앉는 사람, 그 심보가 무엇입니까? 그 먼데서 여기까지 교회를 와

가지고 기왕이면 가까이 앉아야 하지 않겠습니까. 학교에서 보십시오. 우등생은 전부 앞에 앉습니다. 맨 뒤에 앉는 학생은 열등생입니다. 가까이한다는 것, 이 얼마나 중요합니까. 물리적으로 아주 중요합니다. 가까이하여야 합니다. 말이라는 것, 귀로 듣습니까? 아닙니다. 말은 눈으로 듣는 것입니다. 가까이에서 눈과 눈이 마주쳐야 그때부터 비로소 제대로 들려오는 것입니다. 딴 곳을 보고 있다면, 그건 귓등으로 듣는 것입니다. 그러면 말씀의 역사가 이루어지지 않습니다.

여러분, 스스로 한번 생각해보십시오. 부부싸움 해보셨지요? 부부싸움을 왜 합니까? 원인은 똑같습니다. 부부싸움 할 때는 마주보는 사람이 없습니다. '너는 말해라. 나는 간다.' 전부 듣지를 않습니다. 자기 말만 하고 상대의 말은 듣지 않습니다. 듣지 않으니까 싸움이 끝날 날이 없습니다. 들어야 합니다. 눈과 눈이 마주쳐야지요. 가까이하여 듣는 마음이 있으면 거기에서 사랑의 교감이 이루어지는 것입니다. 비로소 이해가 되는 것입니다. 가슴이 움직이는 것입니다. 이걸 잊지 말아야 합니다. 가까이하여 듣는다는 것, 이 얼마나 중요한 말씀인지 모릅니다. 너무 복잡하게 생각하지 마십시오. 아주 그대로 한번 실천을 해보십시오. 멀리서 듣는 게 아니고, 가까이하여 듣습니다.

특별히 여기에는 신학적으로 중요한 의미가 있습니다. 하나님께서 우리를 심판하십니다. 우리가 회개하지 않을 때 심판하십니다. 그 심판이 저 지옥에서만 이루어지는 것이 아닙니다. 이 땅에서도 이루어집니다. 여러 모양으로 이루어집니다. 우리가 모를 뿐입니다. 하지만 잘 아시잖아요? 하나님께서 심판하십니다. 현재적 심판입니다. 아직 지옥에 간 것도 아니고, 아직 벼락을 맞은 것도 아닙니다. 아직 세상이 망한 것도 아닙니다. 하지만 이미 심판을 받았습니다. 멀쩡한 사람인데, 벌써 심판을 받았습니다. 무엇입니까? 강퍅케 되는 것입니다. 성경에 분명히 있습니다. 출애굽기는 말씀합니다. '바로 왕의 마음을 강퍅케 하시니라.' 아주 난해한 구절입니다. 바로 왕이 점점 완악해져서 끝내는 망하게 되지 않습니까. 어째서 하나님께서는 바로를 회개시키지 않으시고, 그 마음을 열어주지 않으시고 오히려 굳게 만드셨을까요? '강퍅하다'는 말은 굳어진다는 뜻입니다. 왜 강퍅케 만드셨습니까? 심판이기 때문입니다. 심판입니다. 회개할 수 있을 때 회개 안 하면 강퍅케 되는 것입니다. 뉘우칠 수 있을 때 뉘우치지 않으면 마음이 굳어집니다. 점점 더 굳어집니다. 그래 아주 딴 사람이 됩니다. 얼굴도 딴 판이 됩니다. 상상할 수도 없는 악마 같은 인간이 되고 맙니다. 자기 마음대로 못합니다. 왜요? 이미 심판을 받았으니까요. 이것이 바로 현재적 심판입니다. 쉽게 말하면 들리지 않는다는 것은 이미 심판을 받았다는 것입니다. 점점 더 마음이 강퍅해집니다. 심판을 받은 것입니다. 은혜라는 것이 무엇입니까? 은총이란 들리는 마음입니다. 그래서 들립니다. 믿어집니다. 재미가 있습니다. 매력을 느낍니다. 심취합니다, 깊이. 그리고 하나님의 말씀에 몰입합니다. 이것이 은혜입니다. 하나님의 말씀에 몰입하는 순간 말씀에 기적이 나타납니다. 말씀에 능력이 나타납니다.

사도행전 14장에는 루스드라의 앉은뱅이가 나옵니다. 나면서부터 앉은뱅이입니다. 사도 바울이 그곳을 지나가다가 몇 사람 모아놓고 설교를 했습니다. 그때 이 앉은뱅이가 사도 바울을 쳐다봅니다.

열심히 쳐다봅니다. 제가 이제 한 50년 목사생활 했기 때문에 설교를 하다가 보면 은혜 받는 사람과 못 받는 사람이 다 구별됩니다. 어찌 안 그렇겠습니까. 설교를 50년 해보니 저절로 그렇게 됩디다. 사도 바울도 마찬가지입니다. 그 순간 설교를 하면서 죽 살펴보니 이 앉은뱅이가 열심히 쳐다보고 있는 것입니다. 얼마나 열심인지, 그냥 듣는 것이 아닙니다. 아주 받아먹는 것입니다. 그렇게 열심히 집중하는 모습을 성경은 이렇게 표현합니다. '구원 얻을 만한 믿음이 있는 것을 보고……' 저는 이 말씀이 너무나 마음에 듭니다. 이 순간 그 앉은뱅이에게 구원 얻을 만한 믿음이 있다는 사실을 사도 바울이 마음속으로 느낀 것입니다. 그래 설교하다 말고 바울이 그를 향해 "일어나라!" 하고 소리치니까 앉은뱅이가 벌떡 일어났습니다. 여기서 우리가 생각해야 됩니다. 집중해서 들으면, 그리고 주시는 말씀에 순종하면 말씀의 능력이 나타나게 되어 있다는 것입니다.

그런데 문제가 하나 있습니다. 현대인을 향하여 주시는 중요한 메시지입니다. 십계명을 여러분이 잘 아십니다. 그 제2계명은 '우상을 섬기지 마라'입니다. '땅에 있는 것이든지, 땅 위에 있는 것이든지, 어떤 형상이라도 만들지 마라.' 길게 설명합니다. 십계명 중에서 제일 깁니다. 현대식으로 바꾸면 '볼거리를 만들지 마라'입니다. 구경거리를 만들지 말아야 합니다. 요즘 매스 미디어가 문제입니다. 여러분 아시는 대로 우리 교회에는 스크린이 없습니다. 영상을 보여주지 않습니다. 요새 교회마다 그게 문제입니다. 커다란 영상으로 목사님의 얼굴을 보여줍니다. 성도들이 그거 보느라고 정신이 없습니다. 그러면서 속으로 생각합니다. '아이고, 목사님 감기 걸리셨나? 머리가 많이 빠지셨네……' 그러느라고 설교를 못 듣습니다. 설교는 귀로 들어야 합니다. 목사님 얼굴을 너무 가까이 보려고 하지 마십시오. 대충 봐도 됩니다. 저기 서 계시는구나 하면 되는 것이지, 커다랗게 확대해서 보여주니까 그만 거기에 취해버렸습니다. 저는 그래서 우상을 만들지 말라는 이 제2계명을 현대판으로 고쳐 생각합니다. '볼거리를 만들지 마라.' 우리 교회에는 그래서 아무것도 없습니다. 여기에 구호부터 아무것도 없지 않습니까. 텅 비었지요. 다들 아실 테지만, 어떤 교회에 가보면 여기저기에 그림도 걸고, 전도하는 교회니, 봉사하는 교회니, 십일조 하는 교회니 뭐니 하고 온갖 것을 사방에 갖다 붙여놓았습니다. 다 읽으려면 30분은 걸립니다. 여러분 이걸 아셔야 됩니다. 예루살렘 성전에는 아무것도 없습니다. 심지어 천장도 없습니다. 텅 빈 공간입니다. 하나님 앞에서 예배하는 곳입니다. 하나님 외에는 어떤 형상도 만들지 말라는 것, 이것은 명령입니다.

요새 젊은 사람들 보니까 모조리 휴대전화 하나씩 들고 다니면서 그거 들여다보느라고 가다가 쓰러지기도 하고, 넘어지기도 하고 별 짓 다합니다. 그거 보는 동안 듣는 것이 아무것도 없습니다. 보는 데 신경을 쓰는 동안 아무것도 듣지를 않습니다. 듣지 않으면 어떻게 됩니까? 생각이 없어집니다. 그래서 현대인의 제일 큰 병이 뭔고 하니 멍청해지는 것입니다. 어리벙벙해집니다. 무슨 말 하나 제대로 듣는 게 없습니다. 큰 문제입니다. 들어야 합니다. 듣는 마음이 있어야 합니다. 들으면 생각할 수 있습니다. 듣고, 생각하고, 묵상합니다. 요즘 이 묵상이 없어졌습니다. 보는 문화는 허상에 빠지게 되어 있습니다. 점점 더 과장합니다. 작은 것을 크게 만듭니다. 점점 더 크게, 굉장하게 만듭니다. 마지막에는 알맹이가 없어집니다. 내용도 없고, 끝도 없고, 사람을 그만 멍청하게 만들어버립니다. 이것이 현대문화의 결정적인 약점입니다. 깊은 생각이 없습니다. 묵상이 없습니다.

오늘본문은 말씀합니다. '복음은 들으면서 나는 것이다.' 들음은 묵상입니다. 듣고, 생각하고, 묵상해야 합니다. 그래서 성경은 이렇게 말씀합니다. '가까이하여 말씀을 듣는 것이 우매자의 제사보다 낫다.' 내가 있는 처지에서 가까이하는 것입니다. 좀 더 가까이 가서 눈과 눈이 마주쳐야 합니다. 그런 자세, 존경과 흠모와 경외함을 말합니다. 가까이하여 듣는다는 것, 얼마나 중요합니까. 또 하나는 내 생각이나 내 말을 먼저 해서는 안 됩니다. 오늘본문은 말씀합니다. '조급하게 말하지 마라. 함부로 입을 열지 마라.' 내가 기도한다고 몸부림을 치지만, 그 내용을 가만히 보면 구할 만한 기도가 아닙니다. 도대체가 기도제목이 될 수 없는 것입니다. 너무나 함부로 입을 엽니다. 여러분, 아시지 않습니까. 어른들 앞에서는 함부로 입을 열면 안 되지요. 나보다 더 훌륭한 분 앞에서는 함부로 입을 열어 성급히 말을 할 수가 없는 것입니다. 조급함이나 원한이나 두려움이나 불신이나 편견 같은 것이 있어서는 안 됩니다. 그 옛날 노자의 이런 말이 있습니다. '사람들의 모든 성장은, 정신적 성장은 들음에서 온다. 첫째, 남의 말을 잘 들어라. 남의 말을 귀담아 들어라. 둘째, 자기 마음 속에서 하는 말을 들으라. 양심의 소리를, 속에서 하는 말을 들어라. 그리고 초월한 저쪽에 있는 신의 음성도 들어라.' 조급한 마음으로 하고 싶은 말을 좀 멈추고, 먼저 들어야 합니다. 급한 마음으로 말하지 말아야 합니다. 말을 많이 해서도 안 됩니다. 우매자의 소리를 죽이고, 먼저 들어야 됩니다. 출애굽기 14장 13절에 유명한 말씀이 있지 않습니까. "조용하고 내가 하나님 됨을 알지어다." Be still and know that I am God. 조용해야 하나님의 하나님 됨을 알고, 하나님의 음성을 들을 수 있습니다. 가까이 들려옵니다. 그 음성에 내가 응답할 때 그곳에서 하나님과 나와의 만남이 이루어집니다. 말씀의 교감이 이루어집니다. 그 말씀이 창조적 능력으로 내 속에 들어와 역사하는 것입니다. 그렇게 말씀의 능력을 체험하는 것, 그것이 신앙생활입니다.

여러분, 가장 큰 복이 무엇입니까? 잘 듣는 것입니다. 효자가 누구입니까? 잘 듣는 자입니다. 여러분, 혹 고향을 방문해서 어른들을 만납니까? 들으십시오, 그냥. 내 말을 하려고 하지 말고 들으십시오. 이것이 중요합니다. 잘 들으면 그 속에 깊은 사랑과 은총이 있습니다. 들어야 됩니다. 들을 수 있는 기회, 놓치지 맙시다. 들을 수 있는 마음을 언제나 준비해둡시다. 이 들을 수 있는 믿음, 이 경건이 있어야 됩니다. 말씀은 곧 권능입니다. 잘 들을 때 하나님께서 내 속에 귀한 생명의 역사를, 그 창조적인 능력을 나타내십니다. 내가 하고 싶은 말을 하나님 앞에 하기 전에 먼저 하나님께서 하시는 말씀을 들어야 합니다. 그래서 성경은 확실하게 말씀합니다. '가까이하여 말씀을 듣는 것이 우매자의 제사보다 낫다.' △

가장 고상한 지식

끝으로 나의 형제들아 주 안에서 기뻐하라 너희에게 같은 말을 쓰는 것이 내게는 수고로움이 없고 너희에게는 안전하니라 개들을 삼가고 행악하는 자들을 삼가고 몸을 상해하는 일을 삼가라 하나님의 성령으로 봉사하며 그리스도 예수로 자랑하고 육체를 신뢰하지 아니하는 우리가 곧 할례파라 그러나 나도 육체를 신뢰할 만하며 만일 누구든지 다른 이가 육체를 신뢰할 것이 있는 줄로 생각하면 나는 더욱 그러하리니 나는 팔일 만에 할례를 받고 이스라엘 족속이요 베냐민 지파요 히브리인 중의 히브리인이요 율법으로는 바리새인이요 열심히는 교회를 박해하고 율법의 의로는 흠이 없는 자라 그러나 무엇이든지 내게 유익하던 것을 내가 그리스도를 위하여 다 해로 여길 뿐더러 또한 모든 것을 해로 여김은 내 주 그리스도 예수를 아는 지식이 가장 고상하기 때문이라 내가 그를 위하여 모든 것을 잃어버리고 배설물로 여김은 그리스도를 얻고 그 안에서 발견되려 함이니 내가 가진 의는 율법에서 난 것이 아니요 오직 그리스도를 믿음으로 말미암은 것이니 곧 믿음으로 하나님께로부터 난 의라

(빌립보서 3 : 1 - 9)

가장 고상한 지식

　제가 유치원 다닐 때 부르던 노래가 있습니다. 아주 어렸을 때 배웠는데도 이 노래 하나는 일생동안 잊을 수가 없습니다. 오늘도 그대로 부를 수 있는 동요입니다. 가사가 이렇습니다. '바닷가의 모래밭에 어여쁜 돌 주워보면 다른 돌만 못해 보여 다시 새 것 바꿉니다. 바닷가의 모래밭에 돌멩이도 너무 많아 맨 처음에 버린 돌을 다시 찾다 해가 져요.' 동요지만 아주 철학적입니다. 저는 바닷가에 살았습니다. 거기 나가면 아주 반질반질하게 닳은 예쁜 돌들이 많습니다. 그 가운데 하나를 주워들고 보면 다른 돌들이 더 좋은 것 같습니다. 그래서 바꾸고 또 바꿉니다. 계속 바꿉니다. 그러다 가만히 생각해보니 맨 처음에 발견했던 돌이 제일 예쁜 것 같습니다. 그래 그걸 찾으려다보니 그만 해가 지더라는 것입니다. 참 철학적이지 않습니까.

　인생을 의미 있게 하는 것은 목적입니다. 그 목적 하나를 찾는 데 일생이 걸립니다. 내 생애의 목적이 무엇입니까? 지금까지 무엇을 위해서 살아왔습니까? 그런데 살다가 도중에 목적을 수정합니다. 목적을 부인합니다. 이렇게 허우적거리며 일생을 살았다는 말입니다. 도대체 나는 목적이 어디에 있었습니까? 뚜렷한 목적, 그 다음에는 이에 걸맞은 목표, 그리고 합당한 우선순위…… 어차피 다 하지는 못합니다. 우선순위가 중요합니다. 무엇부터 하느냐? 이것만은 꼭 해야 되는 것, 그 나머지는 중요하지 않습니다. 그렇지 않습니까. 우선순위를 정해야 됩니다. 그 다음에는 결단이 있어야 됩니다. 우선순위가 정해졌으면 그걸 꼭 쥐고 흔들림 없이 나아가야지요. 그리고 자기가 한 일에 책임을 져야 됩니다. 절대로 남을 원망해서는 안 됩니다. 누구 탓이라는 생각은 꿈에도 하지 마십시오. 인생을 망가트리는 길입니다. 모든 책임은 결국 내가 지는 것입니다. 이것이 인생을 바로 사는 길입니다. 절대가치입니다.

빌립보서 2장에 제가 아주 귀하게 여기는 말씀이 있습니다. "너희 믿음의 제물과 봉사 위에 내가 나를 관제로 드릴지라도 나는 기뻐하고……(17절)" 여기서 '관제'는 '피를 쏟아 붓는다'는 뜻입니다. 너희를 위해서 내가 피를 쏟아 부어도 나는 기뻐하리라…… 그만큼 사도 바울은 높은 가치에 목적이 있었습니다. 가치관이 그랬습니다. 그만큼 확실한 생애의 사역입니다. 쉽게 말하면 '이대로 죽어도 좋다. 이대로 죽어도 좋다'입니다. 행복의 극치 아니겠습니까. 예수님 말씀 가운데에도 그런 이야기가 있습니다. 어떤 사람이 밭을 갈다가 거기에 감추어진 보화를 발견했습니다. 아마도 그는 남의 밭을 갈고 있었던 것 같은데, 옛날에 누가 그 땅에 보화를 숨겨놓고 난리를 피해 도망을 갔던 모양입니다. 바로 그 보화를 찾은 것입니다. 그는 너무나 기뻐서 그걸 흙으로 다시 잘 덮어놓고는 돌아가 가진 재산을 다 팔아서 이 밭을 샀습니다. 이 사람이 보화가 들어 있는 밭을 사려고 자기 집을 팔 때 괴로웠을까요? 아닙니다. '이 밭만 사면 된다.' 밭의 절대가치를 알았으니 그는 아마도 집을 팔 때 서두르느라고 헐값에 팔지 않았겠습니까. 그래도 그는 기뻤을 것입니다. 왜요? 밭만 얻으면 되니까요. 이 절대가치, 이것이 바로 희열이요, 행복이요, 극치 아니겠습니까.

이런 재미있는 이야기가 있습니다. 골동품 장사를 하는 어느 골동품전문가가 있었습니다. 그가 하루는 시골로 여행을 하다가 어떤 집에서 아침을 먹게 되었습니다. 자리에 앉아 무심코 마당을 내려다보는데, 그 집 개의 밥그릇이 굉장한 골동품인 것입니다. 그래 그가 주인한테 말합니다. "저 개 밥그릇을 나한테 파세요." "왜요?" "아, 글쎄 묻지 말고 파세요." 그래서 그는 그 개 밥그릇을 사가지고 왔습니다. 엄청나게 값나가는 보화입니다. 여기서 한 가지 잊지 말아야 할 것이 있습니다. 그 밥그릇은 그 집에 있는 동안에는 한갓 개 밥그릇에 지나지 않았습니다. 하지만 그것이 골동품전문가의 손에 들어왔을 때 비로소 높은 가치의 보화가 되는 것입니다. 아무리 소중한 보화라도 안목이 없는 시원치 않은 사람한테는 그저 무시당할 수밖에 없습니다. 가치의 절하입니다.

발달심리학과 관련된 재미있는 이야기가 있습니다. 유아기에 아이는 그저 어머니의 젖만 있으면 됩니다. 아이한테는 엄마의 가슴을 손에 쥐고 젖을 먹고 있을 때보다 더 행복한 시간이 없습니다. 천하를 얻은 것이나 마찬가지입니다. 그러나 조금 커서 유년기가 되면 그렇지 않습니다. 장난감이 더 좋습니다. 소년기에는 친구가 좋습니다. 청년기에는 이성이 좋습니다. 30대에 접어들면 지식이 중요합니다. 그러나 40대가 되면 사업이 중요합니다. 50대가 되면 명예가 중요합니다. 그럼 60대에는요? 유감스럽지만 이제는 먹는 것만 좋습니다. 가치의 변화입니다.

오늘본문에 '가장 고상한 지식'이라는 말이 있습니다. 아주 중요한 말입니다. 헬라어로 '휘페레콘'입니다. Excellency the best, 이 이상 더 바랄 수 없는, 어디에도 비교할 수 없는 최고의 가치를 뜻합니다. 가장 고상한 것이 뭐겠습니까? 여러분, 지금까지는 소중한 것이 많았겠지마는, 오늘이 내 인생의 마지막 날이라고 생각해보십시오. 그럼 지금 이 순간의 가치는 뭐겠습니까? 하나님께로부터 의롭다함을 얻는 것입니다. 죄 씻음 받고 구원받는 것입니다. 그래서 하나님의 자녀가 되는 것입니다. 궁극적 관심은 죄 씻음 받고, 하나님의 자녀가 되어 그리스도의 영접을 받고 하늘나라에 들어가는 것입니다. 지금까지는 이것이 좋고, 저것이 좋고 했지만, 나이 들면 정신 차려야 합니다. 그런 것은 중요하지 않습니다. 마지막 순간에 임박해서 후회하지 마십시오. 가장 고상한 것은 의롭다함을 얻는 것입니다. 그래서 하나님의 자녀가 되고, 마지막 순간 주님의 영접을 받는 종말론적 축복이 가장 큰 관심사 아니겠습니까. 가장 고상한 것을 얻으면 나머지 다른 것들은 아낌없이 버리게 됩니다. 아주 쉬운 일입니다.

요새 담뱃값 때문에 문제가 많습니다. 안 피우면 될 텐데, 그러면 참 간단한 일인데, 이걸 두고 큰 시비가 벌어집니다. 하지만 정작 중요한 것은 무엇입니까? 어째서 담배를 끊어야 되는 줄 잘 알면서도 못 끊는 것입니까? 담배는 백해무익합니다. 어느 모로 보아도 하나 이로울 것이 없습니다. 한데도 끊지 못합니다. 왜요? 취미가 잘못되어서 그렇습니다. 고상한 취미를 가져야 합니다.

이제는 나이가 많아져서 다 그만두었습니다마는, 저는 한때 고상한 취미 두 가지가 있었습니다. 하나가 음악 감상입니다. 돈만 모이면 새 전축을 사들였습니다. 집에 아무리 밤늦게 들어가도 한 30분 동안 전축을 크게 틀어놓고 음악을 듣노라면 하루의 피로가 싹 사라졌습니다. 또 하나는 카메라입니다. 제가 한때 카메라에 미쳐서 새것을 자꾸 사느라고 돈을 많이 썼습니다. 새로 나온 좋은 카메라로 좋은 경치를 찍어가지고 오면 너무너무 좋더라고요. 취미생활이 그렇습니다. 고상한 것을 가지면 나머지 시시한 것들은 당장 눈 밖에 납니다. 버리기가 어렵지 않습니다. 버리지 못한다면 그건 고상한 것을 발견하지 못했기 때문입니다. 미치도록 좋은 고상한 것을 발견하지 못했기 때문에 생활이 허무하게 되는 것입니다. 허우적거리게 되는 것입니다. 별것도 아닌 시시한 걸 버리지 못해서 허우적거리며 한 생을 보내서야 되겠습니까.

사도 바울은 전에 좋아하던 것들을 다 버렸습니다. 오늘본문에는 참으로 심오한 사도 바울의 간증이 나옵니다. 그는 자신이 전에 좋아하던 것들을 세 단계로 버렸습니다. 첫째, 잃어버리는 것입니다. 이는 무관심입니다. 관심 밖으로 나갔다는 뜻입니다. 다음은 그 잃어버린 것을 잊어버리는 것입니다. 마지막으로 잊어버렸다는 사실마저 잊어버리는 것입니다. 제가 여기에 성경책 둔 것을 잊어버리고 그냥 밖에 나갔다고 칩니다. 한참 뒤에 생각이 납니다. '아차, 성경책을 놓고 왔구나.' 생각이 났으니 이제 고민이 되지 않겠습니까. 여기까지만으로는 부족합니다. 이제 누가 그 성경책을 가지고 와서 "이거 목사님 거죠?" 할 때 "그래, 내 것 맞다!" 하면 아직 덜 잃어버린 것입니다. "아니!" 해야 됩니다. 깨끗이 잃어버려야 합니다. 두 번 다시 생각나지 않을 만큼 깨끗이 잊어버려야 합니다. 이것이 진짜 잃어버리는 것입니다. 잃어버린 것은 잊어버려야 됩니다. 의식에서 완전히 지워야 합니다. 왜요? 더 좋은 것이 있으니까요. 더 좋은 것 없이는 이런 일이 있을 수 없습니다.

둘째, 성경말씀대로 배설물로 여기는 것입니다. 헬라어로는 '땅'입니다. 물론 우리말은 '똥'입니다. 발음이 거의 같습니다. 똥과 같이 여기라는 것입니다. 그런 걸 아쉽다고 뒤돌아보는 사람이 어디 있습니까. 더럽게 여겼다, 배설물로 여겼다…… 얼마나 중요한 이야기입니까. '전에 좋아하던 것을 배설물로 여겼다. 그렇게 좋아서 미쳐 돌아가던 것, 이제는 더럽게 여겼다.' 얼마나 귀중한 고백입니까.

　　그런가하면 해롭게 여겼다는 뜻도 있습니다. 극단적으로 주관적인 것입니다. 보편적인 것이 아닙니다. 다른 사람에게는 이로워도 이 사람에게는 해롭습니다. 돈 때문에 미쳐 돌아가던 사람은 이제 돈 생각 하지 말아야 합니다. 왜냐하면 그는 돈에 약한 사람이기 때문입니다. 돈이 그의 약점입니다. 여자 때문에 미쳤던 사람은 여자는 악마라고 생각하고 살아야 됩니다. 다시 만나면 안 됩니다. 바로 이것입니다. '그래서 해롭게 여겼다.' 다른 사람에게는 해롭지 않습니다. 그러나 나한테는 해롭습니다. 내가 나 자신을 잘 알지 않습니까. 그래서 사도 바울은 자기 과거를 잃어버리고, 배설물로 여기고, 해로 여겼습니다. 철저하게 과거를 자기 인생에서 제거해버린 것입니다. 그러나 이것은 빼앗긴 것이 아닙니다. 상실된 것도 아닙니다. 사기당한 것이 아닙니다. 내가 스스로 버린 것입니다. 그리스도께서 주신 은혜로 버릴 수 있게 된 것입니다. 자연스럽게 버리게 됩니다. 그 다음 말씀이 더욱 소중합니다. "가장 고상한 지식은 그리스도를 아는 지식이다." 십자가의 은혜입니다. 여기서 '안다'라는 말은 헬라어로 '체험으로 안다'는 뜻입니다. 생각으로만 안다는 것이 아닙니다. 가슴으로만 아는 것이 아닙니다. 체험으로 날마다 확증해나가는 지식입니다. 그리스도를 아는 지식이 가장 고상하다는 것을 아는 것입니다.

　　사도 바울은 이것을 세 가지로 말합니다. 첫째는 '그리스도를 알고'입니다. 알지 못하면 소유가 아닙니다. 아무리 귀한 것을 가졌어도 그 가치를 모르면 아무 소용이 없습니다. 아무리 돈을 많이 가졌어도 그 가치를 모르면 소용없는 일입니다. 지식도 마찬가지입니다. 아무리 지식을 많이 가졌어도 그 가치를 모르는 자에게 지식은 아무 소용이 없습니다. 안다는 것, 중요합니다. 무엇이든 그 가치를 알아야 그것이 내 소유가 됩니다. 돈의 가치를 제대로 아는 사람만이 돈을 통해서 유익을 얻습니다. 모르는 사람은 오히려 돈 때문에 죽습니다. 돈 때문에 미치고, 돈 때문에 망합니다. 지식이 이 파국을 막아줘야 됩니다. 알아야 극복할 수 있습니다. '그리스도를 안다.' 얼마나 좋은 말입니까. 알고 또 알고, 더 알고, 더 깊이 알고, 더 높이 알고, 계속 그리스도를 알아나가야 합니다. 그 다음에는 '그리스도를 얻고……'입니다. 체험하는 것입니다. 생활 속에서 그리스도를 발견하는 것입니다. 여기에서 저기에서 그리스도의 능력을 발견하는 것입니다. '그 안에서 발견되려 함이니 그리스도 안에서 발견된다.' 신비로운 말씀입니다. 나라는 존재가 없어지고 그리스도만 남습니다. '그리스도로 발견된다.' 내 이름 석 자는 중요하지 않습니다. 내가 그리스도인이라는 것만 알면 됩니다.

　소망교회 묘지에 비석을 만들어놓고 거기에 '소망교회 성도의 묘'라고 새겼습니다. 그랬더니 사람들이 와서 저한테 이런 말을 합니다. "목사님, 그 비석 뒤에다가 제 이름자 하나 쓰면 안 될까요? 제 이름 석 자, 비석 뒤에 좀 쓸게요." 그래서 제가 말했습니다ㅣ. "아니에요. 제 이름도 안 쓸 겁니다." '소망교회 성도'면 안 되겠습니까. 자기 이름 석 자가 그렇게 중요합니까? 이름, 잊어버리십시오. 이름 석 자, 골치 아픕니다. '성도'면 족합니다. 이 얼마나 귀한 이름입니까. '그리스도의 사람. 예수 믿는 사람.' 이보다 더 아름다운 이름이 어디에 있습니까. 그래서 사도 바울은 말합니다. '그리스도 안에서 발견되려 한다.' 어디 가서 무슨 일을 하든지, 그리스도인이면 됩니다. 거기서 끝입니다. 그 이상도 없고, 그 이하도 없습니다. 오직 그리스도인으로 족합니다. 이 얼마나 아름다운 일입니까. 그런데도 종종 주의 일을 한다면서 자기 이름을 나타내려고 할 때가 있습니다. 문제입니다.

서울에 있는 어느 큰 교회에서 북한에 10만 불어치의 약품을 보냈습니다. 많이 보낸 것입니다. 그런데 얼마 뒤에 그 약이 다시 돌아왔습니다. 장로님들이 저한테 와서 "아, 이 약품이 왜 돌아왔지요?" 하고 묻더라고요. 그래 제가 "그 약품에다 뭐라고 썼습니까?" 하고 물으니 "아무 교회라고 썼지요" 합니다. 또 그 밑에다가는 '주 예수를 믿어라'라고 썼답니다. 그래 제가 그랬습니다. "여보세요, 그 사람들이 누군데 아무 교회에서 보낸 거 받을 수 있어요? 왜 그렇게 생각이 없습니까." 이름이 그렇게 중요합니까? 여기 사도 바울이 말합니다. '그 안에서 발견되려 한다.' 그리스도의 이름만 남고 내 이름은 없습니다. 우리 이름은 없습니다. 그것이 사도 바울의 생각입니다. 여러분, 이름을 지워버립시다. 이름? 사실 별것 아닙니다. '오직 그리스도의 이름만 발견되려 한다.'

유명한 토마스 아퀴나스가 하루는 기도하던 중에 천사가 나타나 이렇게 말했습니다. "네가 오랫동안 기도해서 내가 응답하고 싶은 마음이 있는데, 네 소원이 뭐냐? 소원을 말해라." 그 순간 토마스 아퀴나스의 대답이 유명합니다. "I want nothing but Christ." 그리스도 외에는 바라는 것이 없다, 이것입니다. 그리스도 외에는 소원이 없습니다. 여러분, 이제 그 너절하고 시시한 것 다 털어버리고, 오직 그리스도를 알고, 그리스도를 얻고, 그리스도로 발견되는 생을 살아가야 됩니다. 버려야 될 줄 알면서도 버리지 못하는 이유가 무엇입니까? 가장 고상한 것을 발견하지 못했기 때문입니다. 절대가치를 찾지 못했기 때문입니다. 공부고 사업이고 뭐고 왜 허무해지는 것입니까? 왜 피곤합니까? 허무하기 때문입니다. 왜 그렇습니까? 알아야 할 것을 알지 못했기 때문입니다. 절대가치를 찾지 못했기 때문입니다. 사도 바울은 그리스도를 알았습니다. 그리스도를 얻었습니다. 그리스도로 발견되고, 그리스도를 위해서 일생을 삽니다. 왜요? 다 얻었기 때문입니다. 그리스도를 알면 다 안 것입니다. 그리스도를 얻으면 다 얻은 것입니다. 사도 바울의 유명한 간증이 있지 않습니까. 'To live is Christ and to die is gain(사는 것이 그리스도요, 죽는 것도 유익하다).' 내가 그리스도를 위해 사는 것이 아닙니다. 사는 것 자체가 그리스도입니다. 그래서 죽는 것도 유익합니다. 왜냐하면 그리스도가 너무나 소중하기 때문입니다. 가장 고상한 지식입니다. 오늘도 여기에 초점을 맞춥시다. 가장 고상한 지식에 도달할 때 우리는 그 모든 허무한 일들을 깨끗이 잊고 자유하게 될 것입니다.   △

구원에 이르는 믿음

여리고에 가까이 가셨을 때에 한 맹인이 길 가에 앉아 구걸하다가 무리가 지나감을 듣고 이 무슨 일이냐고 물은대 그들이 나사렛 예수께서 지나가신다 하니 맹인이 외쳐 이르되 다윗의 자손 예수여 나를 불쌍히 여기소서 하거늘 앞서 가는 자들이 그를 꾸짖어 잠잠하라 하되 그가 더욱 크게 소리 질러 다윗의 자손이여 나를 불쌍히 여기소서 하는지라 예수께서 머물러 서서 명하여 데려오라 하셨더니 그가 가까이 오매 물어 이르시되 네게 무엇을 하여 주기를 원하느냐 이르되 주여 보기를 원하나이다 예수께서 그에게 이르시되 보라 네 믿음이 너를 구원하였느니라 하시매 곧 보게 되어 하나님께 영광을 돌리며 예수를 따르니 백성이 다 이를 보고 하나님을 찬양하니라

(누가복음 18 : 35 - 43)

구원에 이르는 믿음

벌써 오래 전 일입니다마는, 제 손녀 아이가 두 살 때 할아버지 집에 놀러왔습니다. 저녁을 먹고 재미있게 놀다가 아빠 엄마가 "이젠 가자!" 하고 나서니까 손녀가 하는 말이 "난 안 갈래요. 할머니하고 잘래요" 하는 겁니다. 그래 손녀는 그날 밤 할아버지 집에 남아 할머니 곁에서 잤습니다. 그런데 이 녀석이 밤 열두 시가 돼서 문득 깨는 겁니다. 그러고는 엄마를 찾기 시작합니다. 아이고, 무슨 말을 해도 달랠 수가 없습니다. 결국 그 밤중에 제가 이 아이를 엄마한테 데려다줬습니다. 그 며칠 뒤에 아이가 엄마 아빠를 따라서 또 놀러왔습니다. 아빠 엄마가 집에 간다고 일어서니까 또 "나 할머니하고 잘래요" 합니다. 그래 제가 "너 지난번에 그랬다가 울었잖아. 내가 널 믿을 수 있냐?" 했더니 얘가 "나도 나를 못 믿어요" 합니다. 지금은 할머니하고 자고 싶지만 자다가 깨면 생각이 달라지니까 어찌할 도리가 없습니다. 여러분, 먼저는 하나님을 믿고, 다음으로는 나자신을 믿어야 됩니다. 그리고 이웃을 믿어야 됩니다. 그래야 완전한 믿음입니다. 바로 '샬롬'이지요. 평화요 기쁨입니다.

세계적인 물리학자 아인슈타인은 언젠가 이런 질문을 받았다고 합니다. "당신이 하나님과 대화할 수 있는 시간이 되었다면 당신은 하나님께 무엇이라고 질문을 하겠습니까?" 아인슈타인은 대답했습니다. "우주가 어떻게 시작되었는지를 하나님께 여쭤볼 겁니다. 그 이후의 일은 다 수학으로 풀면 알 수 있는 것이니까요." 그런데 잠시 생각에 잠겼다가 다시 말합니다. "아닙니다. 제가 하나님을 만난다

면 이렇게 여쭈어보고 싶습니다. '왜 우주를 창조하셨습니까?' 왜냐
하면 그걸 알아야 제 삶의 의미를 알 수 있을 테니까요." 이 얼마나
중요한 말입니까.

왜 나는 존재하는가? 이 현실은 왜 이렇게 되었는가? 작은 일
이든 큰일이든, 이 모든 일은 하나님 앞에서 어떤 의미가 있는가를
우리는 물어야 합니다. 하나님, 왜 이런 일이 있는 것입니까? 하나
님 앞에 질문하는 순간 두 가지 조건이 있습니다. 당신은 무엇을 알
고 싶으냐? 무엇을 묻고 싶으냐? 무엇을 가지고 싶으냐? 이것은 내
소원에 대한 문제입니다. 두 번째는 무엇을 믿고 있느냐, 하는 것입
니다. 소원과 믿음, 이 둘은 함께 가는 것입니다. 믿음에 따라서 소
원이 달라집니다. 소원에 따라서 믿음이 달라집니다. 믿음과 소원
이 하나님 앞에서 바르게 설 때 온전한 평화가 있고, 삶의 의미가 있
는 것입니다. 마태복음 6장에 이런 말씀이 있습니다. '무엇을 먹을까
무엇을 입을까 하지 마라. 기도한다 하더라도 기도 중에도 무엇을
먹을까 무엇을 입을까, 그런 이야기는 하지 마라. 그건 이방사람들
이 하는 거다. 그러면 너희는 그의 나라와 그 의를 구하라. 그리하면
이 모든 것을 더하시리라.' 다시 말해 우리의 소원이 무엇을 먹을까,
무엇을 마실까에 머무르지 않고, 이 모든 것을 건너뛰어서 '그 나라
와 그 의, 하나님의 뜻이 무엇에 있습니까? 주님께서는 무엇을 원하
십니까?'라고 묻게 될 때 이 해답이 나오면 이를 따라서 이 모든 것
도 해결을 볼 수 있는 것입니다. 귀중한 예수님의 메시지입니다. 그
런고로 우리의 소원에 중생이 있어야 됩니다. 아이들의 소원과 어른
의 소원이 서로 다르지요. 생각이 있는 사람의 소원과 멍청한 사람
의 소원이 다르잖아요? 동물적 소원에 매여 있으면 동물이요, 인간

다운 소원이 있으면 인간입니다. 높은 소원, 거룩한 소원을 품고 살면 그게 그리스도인이라는 말씀입니다.

오늘본문에 나타난 이야기 가운데에는, 잠깐의 사건 속에도 엄청난 계시적 의미가 담겨 있습니다. 모든 문제에 대한 해답입니다. 예수님께서 여리고 가까이 가셨을 때 한 소경을 만나십니다. 이 시각장애인은 앞을 못 보기 때문에 아무 일도 할 수 없어서 거지입니다. 길거리에 나앉아 손을 내밀고 오가는 사람들에게 구걸을 합니다. 말하자면 이것이 그의 본업입니다. 익숙합니다. 이 이상의 소원은 없습니다. 그렇게 한평생을 살았습니다. 어떤 의미에서는 거지로서 전문가입니다. 당연히 얻어먹을 만하고, 구걸할 자격이 있는 사람입니다. 그렇게 길거리에 앉아서 누구든 그곳을 지나가는 사람에게 손을 내밀어 "적선하세요! 도와주세요!" 하면서 연명해나갑니다. 그런데 이상하게도 그날은 아주 많은 사람들이 한꺼번에 길거리를 지나가는 소리가 나서 거지가 누구에게랄 것도 없이 물어봅니다. "무슨 일입니까?" 그러자 누가 답합니다. "아, 예수님께서 지나가시지 않소." 이 거지 소경은 앞을 못 보는 대신에 청각이 아주 밝습니다. 귀로 들은 것은 좀처럼 잊어버리지 않을 정도로 기억력도 좋습니다. 그래 생각합니다. '기회다!'

제 가까운 후배 목사님 한 분이 시각장애인인데, 놀랍게도 병원의 원장으로 있습니다. 그 병원 직원이 80명입니다. 그 많은 사람들의 이름을 다 외우고 있습니다. 뿐만 아니라, 목소리만 들으면 그가 누구인지 훤하게 다 압니다. 그야말로 초인간적입니다. 저는 얼굴을 보고도 잘 모르겠던데, 그 많은 이름들을 다 기억합니다. 제가 전화를 걸면 음성을 듣자마자 "목사님!" 하고 딱 알아듣습니다. 그 청각

의 정확도가 기가 막힙니다. 그러니까 보지 못하는 대신에 듣는 쪽
으로 감각이 많이 발전된 것입니다. 이 시각장애인 거지가 '예수님
께서 지나가신다니, 이것은 기회다!' 하고 나아가 "나사렛 예수여,
저를 불쌍히 여기소서! 나사렛 예수여, 저를 불쌍히 여겨주소서!"
하고 소리칩니다. 메시아적 고백입니다. 다윗의 자손, 곧 메시아입
니다. "메시아시여, 저를 불쌍히 여기소서. 저를 불쌍히 여기소서."
그러자 사람들이 조용히 하라고 나무라며 거지를 방해합니다. 하지
만 어떻게 잡은 기회인데 놓치겠습니까. 오히려 더욱 높이 소리를
지릅니다. "저를 불쌍히 여기소서!" 이렇게 소리 지를 때 예수님께
서 그를 긍휼히 여기시고 발을 멈추십니다. 그리고 "이리 오라!" 하
십니다. 그래 그가 예수님께로 왔습니다. 그때 예수님의 질문이 참
독특합니다. 그가 시각장애인이면 그냥 눈을 뜨게 해주시면 되지 않
겠습니까. 그의 믿음을 심사하십니다. "내가 네게 무엇을 해주랴?
무엇을 바라느냐?" 이 거지의 본래 소원이 무엇입니까? 돈입니다.
오나가나 돈입니다. 자나 깨나 돈입니다. 돈 말고는 아무 소원이 없
는 사람입니다. 돈이면 더 바랄 것이 없습니다. 오직 돈 하나만 바라
보고 길거리에 서 있던 사람입니다. 그런데 그가 예수님 앞에 나아
왔을 때 예수님께서 그에게 "내가 네게 무엇을 해주랴?" 하고 물으
십니다. 그러자 그의 소원이 달라집니다. 그는 말합니다. "주여, 보
게 해주십시오." 소원에 변화가 온 것입니다. 소원에 중생이 왔습니
다. 굉장히 신학적으로 중요한 의미가 있는 장면입니다. 이 거지의
소원이 지금까지는 그저 돈이었습니다. 하지만 이제는 보는 것입니
다. 지금까지는 소원이 돈 받아서 먹고 사는 것뿐이었습니다. 하지
만 이제는 눈으로 보고 사람답게 살고 싶은 것으로 소원이 바뀌었습

니다. 예수님께서는 바로 그 변화를 귀하게 보셨습니다. 예수님께서 말씀하십니다. "네 믿음이 너를 구원했다." 굉장한 말씀 아닙니까.

여기서 한 번 가정을 해보겠습니다. 이 거지 소경이 예수님께서 앞 못 보는 것을 고쳐주시리라고 믿지 않았다면 어떻게 되었을까요? 그랬다면 "네 믿음이 너를 구원했다!"라는 예수님의 말씀을 못 들었을 것입니다. 안 그렇습니까. 이 믿음이라고 하는 그릇이 중요하거든요. 이 그릇만큼 받는 것입니다. 가만히 일생을 보십시오. 믿음만큼 사는 것입니다. 믿음 없이 사는 사람, 만사를 의심하고 사는 사람, 하나님도 의심하고, 사람도 의심하고, 자기도 못 믿고 사는 사람을 보십시오. 다 망가집니다. 인생은 믿음만큼 사는 것입니다. 당신의 믿음의 그릇이 어느 만큼인가를 보십시오. 지금까지는 이 사람의 소원이 오직 돈이었습니다. 오직 돈, 먹을 것, 입을 것, 먹을 것, 입을 것…… 하지만 예수님 앞에서는 달라집니다. 소원이 확 바뀝니다. "보게 해주십시오!" 엄청난 기적을 구하는 순간입니다. 그러자 예수님께서 말씀하십니다. "네 믿음이 너를 낫게 했다. 평안히 가라."

'믿음은 하나님의 은사를 받는 그릇'이라고 종교개혁자 마르틴 루터는 말합니다. 우리가 하나님의 은혜로 구원을 받습니다. 은혜는 공짜로 받는 것이지만, 받는 것은 믿음입니다. 선물은 믿음으로 받는 것입니다. 어떤 때 공짜로 주는 선물이 있다고 하더라도 내가 믿음이 없으면 소용이 없습니다. 믿음이 없으면 받을 수 없는 것입니다. 믿음의 분량만큼 받는 것입니다. 큰 믿음을 가진 사람은 큰 것을 받고, 위대한 믿음을 가진 사람은 위대한 사람으로 살 것입니다. 반면 아주 시시하고 조그마한 믿음을 가지고 사는 사람은 그렇게 살다가 죽을 것입니다. 믿음의 그릇, 굉장한 것입니다. "내가 네게 무엇을 해주랴?" "보게 해주십시오." "왜?" "당신은 저를 보게 해주실 수 있습니다. 다윗의 아들, 예수 그리스도께서는 제 눈을 뜨게 해주실 수 있습니다." 그는 믿은 것입니다. 조금도 의심하지 않았습니다. 그런고로 예수님께서 "네 믿음이 너를 구원했다" 하실 때 번쩍 눈을 뜬 것입니다. 믿은 대로 된 것입니다. "네 믿음대로 될지어다." 이 얼마나 중요한 말씀입니까. 믿음입니다. 이 사람은 예수 그리스도에 대해서는 독특한 소원을 가지고 있었습니다. 이 소원 속에 신앙고백이 있는 것입니다. 이 사람의 믿음은 위대한 믿음입니다. 그래서 "보게 해주세요!" 하니 "보라! 네 믿는 대로 되리라!" 하셨습니다.

중요한 이야기입니다. 아주 불우하고 못된 남편이 있었습니다. 그래서 그 아내가 싸우다 지쳐 부부 간에 같이 살 수가 없어서 저한테 와서 하소연합니다. "이거 계속 살아야 될까요? 아니면 이혼해야 될까요? 애가 셋인데 어떻게 하면 좋을까요?" 그 얘기 다 듣고 나니 저도 그쯤 되면 정말 못 살겠다 싶었습니다. 그래 제가 "아이고, 저라도 못 살겠네요" 했습니다. "오죽하면 제가 이혼하겠다고 그러겠어요?" "그러시겠네요. 그럼 제가 하나만 더 물어볼게요. 어떻게 그래도, 그래도 마지막 희망이 있다면 살 수 없을까요?" 그랬더니 딱 한마디를 합니다. 중요한 말입니다. "그 사람이 거짓말만 안 하면 살겠어요." 무엇입니까? 믿을 수 있으면 살겠다는 뜻입니다. 한데 이 사람은 도대체 믿을 수가 없는 것입니다. 행동이든 마음이든 믿을 수가 없는 것입니다. 그러면 다 소용없는 것입니다. 믿지 못하면 못 사는 것입니다. 거기에는 평화가 없습니다. 사람을 믿는다는 것, 얼마나 중요합니까.

그런데 이 믿음이 우리에게 있습니다. 이 믿음의 지속이 그저 이루어지는 것이 아닙니다. 마가복음 9장에 참 재미있는 이야기가 있습니다. 예수님께서 변화산에 올라가셔서 기도하셨지요? 그때 세 제자를 데리고 올라가셨습니다. 다른 아홉 제자들은 아마 그냥 뒤에 남아 나무 밑에서 잠을 잔 것 같습니다. 그 새벽에 어떤 사람이 귀신들린 아이를 하나 데리고 와서 좀 고쳐달라고 청했습니다. 제 생각에는 제자들이 "저 산 위에 계시는 예수님께서 아침에 내려오시면 이까짓 것 문제가 안 될 테니까 조금만 기다십시오" 하고 기다렸더라면 차라리 좋았겠다 싶습니다. 하지만 이 아홉 제자들은 섣불리 자기들이 귀신을 내 쫓겠다고 생각했습니다. 그래서 안드레가 먼저 했는지, 도마가 먼저 했는지, 누가 먼저 했는지는 모르겠지만, 아이한테 "예수 이름으로 명하노니 나가라! 나가라! 나가라!" 한 것입니다. 여러분은 귀신들린 사람을 위해서 기도해보셨습니까? 해본 사람만 압니다. 기도 딱 하고 나서 깨끗해지면 얼마나 좋겠습니까마는, 더 발악을 하거든요. 점점 더 소리를 지릅니다. 그러니까 아홉 제자가 돌아가면서 다 해본 것입니다. 이때 예수님께서 산에서 내려오셨습니다. 그 소란한 걸 보시고 아이를 딱 만나실 때 그 아이의 부모가 예수님께 하는 말을 보십시오. "예수님, 제가 이 귀신들린 아이를 데리고 왔는데, 당신의 제자들이 귀신을 내쫓지 못했습니다. 무엇을 하실 수 있거든 해주십시오." 굉장히 의심에 찬 이야기입니다. "당신은 선생이시고, 이들은 제자니까 선생님께서 하실 수 있는 일이 있고, 제자가 할 수 있는 일이 따로 있습니다. 그럼 예수님, 하실 수 있거든 뭔가 해보십시오." 이런 뜻입니다. 이 순간 예수님께서 얼마나 기가 막히셨겠습니까. 그래 예수님께서 이렇게 개탄하십니다.

"믿음이 없는 세대여!" 그리고 이르십니다. "이리 내려와라." 그리고 귀신을 깨끗이 내쫓으셨습니다. 그 다음이 문제입니다. 이때 제자들이 놀랐습니다. 그래 예수님께 여쭈어봅니다. "저희는 왜 귀신을 내쫓지 못했습니까?" 여기에 괄호치고 꼭 넣고 싶은 말이 있습니다. '며칠 전에는 했는데요?' 제자들이 여쭈어봅니다. "며칠 전에 우리가 다 같이 나가서 선교할 때에는 귀신을 내쫓고 병도 고치고 다 했는데, 오늘은 왜 안 되는 것입니까? 어제는 됐는데 오늘은 귀신이 왜 안 나가는 것입니까?" 며칠 전에는 귀신이 자기네 말을 듣고 순순히 나갔는데, 오늘은 이놈의 귀신이 왜 안 나가주느냐, 이것입니다. 이때 예수님께서 중요한 말씀을 하십니다. "기도 외에는 이런 것이 나갈 수 없느니라." 아주 중요한 말씀입니다. "너희들이 어젯밤에 기도도 하지 않고 다 자지 않았느냐. 내가 저 위에서 기도할 때 너희들은 이 밑에서 기도하지 않고 그냥 자지 않았느냐. 그런고로 이것이 나갈 수가 없는 것이다. 기도 말고는 이런 유의 문제를 해결할 수가 없다."

이런 좀 우스운 이야기가 있습니다. 제가 사랑하는 신학대학의 제자 하나가 개척교회를 합니다. 한 이삼백 명이 모이는 교회인데, 언젠가 설교 도중에 웬 여자가 벌떡 일어서더니 마구 소리를 지르더라는 것입니다. 귀신 들린 여자입니다. 이걸 어떻게 하면 좋겠습니까? 모름지기 이런 때는 그 옆에 앉은 집사님이 그 여자를 데리고 나가면 됩니다. 목사는 그걸 보고 설교 끝에 "위해서 기도하겠습니다" 하고 기도하면 되는 일입니다. 한데 이 초짜 젊은 목사는 설교를 하다 말고 내려와 그 여자한테로 다가갔습니다. 그래 교인들이 다 보는 데서 "나사렛 예수 이름으로 나가라!" 하고 외쳤습니다. 그러자 이 귀신이 소리를 지르면서 "야, 이놈아!" 하고 목사의 넥타이를 잡아당겼습니다. 망신을 당한 것입니다. 얼마나 창피하고 부끄럽습니까. 그래 그날 밤에 저한테 전화를 걸어왔습니다. "목사님, 제가 오늘 이렇게 큰 망신을 당했는데, 어떻게 하면 좋을까요?" 제 대답이 뭔지 아십니까? "사표 내라. 귀신도 못 알아보는 목사, 그거 됐다 뭐하냐?" 그랬더니 "아이고, 목사님!" "오늘 네가 얼마나 서툰 짓을 한 줄 알아? 기도 외에는 없다. 너 그 사람 꼭 고쳐야 돼. 이제부터 사흘 동안 특별 기도를 해라. 그 다음에 그 사람을 만나라." 사흘 뒤에 목사가 그 여자를 다시 만났을 때 귀신이 나갔습니다. 그리고 교회가 많이 부흥되었습니다. 무엇입니까? 기도 외에는 없다는 뜻입니다. 어제도 되었고, 그제도 되었으니, 오늘도 될 것이다? 아닙니다. 오늘 기도하지 않았으면 오늘 안 됩니다. 오늘 기도가 없으면 오늘 시험에 빠지는 것입니다. 어제 했다고 오늘도 되는 것이 아닙니다. 믿음은 날마다 기도의 생명력을 공급받아야 지켜지는 것입니다. 여러분도 다 잘 아시지 않습니까. 믿었다가 의심하고, 믿었다가 의심하고…… 이 반복입니다. 왜요? 계속 기도하지 않기 때문입니다. 기도의 생명력을 끊임없이 공급받아야 믿음을 지속할 수 있습니다. 그래야 믿음이 온전해질 수 있고, 믿음이 능력을 나타낼 수 있는 것입니다.

한데 오늘 이 여리고에 있던 시각장애인 거지는 참 좋은 믿음을 가졌습니다. 믿어지는 것, 축복입니다. 믿음은 은사입니다. 믿음은 하나님의 선물입니다. 믿어지면 복 된 사람이고, 안 믿어지면 시험에 빠지는 것입니다. 이걸 꼭 잊지 말아야 합니다. 계속 기도하면서 믿음을 키워나가고, 믿음의 높은 수준을 지켜내야 이 어려운 세대를 이길 수 있습니다. 우리의 소원이 어디에 있습니까? 예수님의 제자들이 부끄러워서 예수님께 말씀드립니다. "주여, 믿음을 더하소서!" 마지막 소원은 이것입니다. 돈도 아니고, 명예도 아니고, 출세도 아닙니다. "주여, 믿음을 주세요. 위대한 믿음을 주세요. 큰 믿음을 주세요." 믿음을 바로 세우고 바로 가질 때 믿음은 곧 능력입니다. 기적입니다. 그리고 축복입니다. △

그리스도인의 향기

　내가 그리스도의 복음을 위하여 드로아에 이르매 주 안에서 문이 내게 열렸으되 내가 내 형제 디도를 만나지 못하므로 내 심령이 편하지 못하여 그들을 작별하고 마게도냐로 갔노라 항상 우리를 그리스도 안에서 이기게 하시고 우리로 말미암아 각처에서 그리스도를 아는 냄새를 나타내시는 하나님께 감사하노라 우리는 구원받는 자들에게나 망하는 자들에게나 하나님 앞에서 그리스도의 향기니 이 사람에게는 사망으로부터 사망에 이르는 냄새요 저 사람에게는 생명으로부터 생명에 이르는 냄새라 누가 이 일을 감당하리요 우리는 수많은 사람들처럼 하나님의 말씀을 혼잡하게 하지 아니하고 곧 순전함으로 하나님께 받은 것 같이 하나님 앞에서와 그리스도 안에서 말하노라

(고린도후서 2 : 12 - 17)

그리스도인의 향기

이 세상에서 가장 아름다운 것이 무엇이겠습니까? 여러분은 아름다운 순간이 어떤 것이라고 생각하십니까? 화가들은 그림을 그리기 전에 우선 '무슨 그림을 그릴까?' 하고 생각하지 않겠습니까. 이세상에서 가장 아름다운 순간을 화폭에다 포착해두려고 나름대로 애를 많이 쓰는 것입니다. 세상에는 아름다운 그림들이 참 많습니다마는, 역사적으로 최고의 아름다움은 뭐니 뭐니 해도 어머니가 어린아이를 품에 안고 있는 모습입니다. 그림도 많고 사진도 많습니다. 미술관에 갔을 때 그런 아름다운 장면들 가운데서 가장 눈에 띄는 것이 바로 어머니가 어린아이를 품에 안고 있는 모습입니다. 가장 귀한 순간입니다. 가장 행복한 순간입니다. 하지만 그럼에도 불구하고 그림으로 표현하지 못하는 것이 있습니다. 어머니의 눈빛도 그릴 수 있고, 어린아이가 어머니를 쳐다보는 눈빛도 그릴 수 있습니다. 아이가 젖을 빠는 그림도 있습니다. 하지만 딱 하나 그림으로 도저히 그릴 수 없는 것이 있습니다. 어머니의 냄새입니다.

어린아이들은 본능적으로 어머니를 알아봅니다. 그래서 어머니만 만나면 좋아합니다. 다른 사람은 안 됩니다. 오직 어머니뿐입니다. 아이는 어머니를 만나서 위로를 받고, 어머니를 따르고, 사랑하고, 알아봅니다. 그때 우리는 '얘가 어머니를 알아본다!'라고 말합니다마는, 이건 거짓말입니다. 눈으로 알아보는 것이 아니고, 냄새로 알아보는 것입니다. 뱃속에서부터 맡아왔던 냄새기 때문에 그 냄새가 맡을 때 평안해지는 것입니다. 어머니의 냄새, 이것이 어린아이에게는 가장 좋은 향기입니다.

스티븐 코비의 유명한 「성공하는 사람들의 일곱 가지 습관」이라는 책은 무려 3천 5백만 부가 팔린 세계적인 베스트셀러입니다. 그의 딸이 공부를 많이 한 박사인데, 결혼해서 아이를 낳았습니다. 엄마로서 그 아이한테 젖을 딱 물리고 자리에 누워보니 세상에, 행복한 것입니다. 너무나 행복해서 이 박사 딸이 아버지께 편지를 썼습니다. '아버지, 저는 애 때문에 점점 바보가 되어갑니다.' 어린애하고 나란히 누워서 노니까 아무 생각이 없고, 머리가 하얗게 된다는 것입니다. '저는 왜 공부했습니까? 저는 왜 그동안 많은 경험을 쌓았습니까? 제가 이 아이 때문에 완전히 바보가 되는 것 같습니다.' 이에 아버지가 딸에게 보내는 답장을 썼습니다. 그 편지의 내용이 책에 나옵니다. '그냥 죽어라. 이 세상에서 가장 행복한 시간을 맛보고 있으니까 그대로 죽어도 한이 없는 것이다.' 그렇게 어머니와 아이의 관계를 묶어주는 것이 바로 냄새입니다. 어머니의 냄새, 아이한테 그것은 세상에서 가장 좋은 향기입니다.

여러분, 혹 길을 가다가 개가 여러분을 따라오면서 짖는다면 회개하십시오. 개는 사람보다 4백 배나 더 뛰어난 후각을 가지고 있습니다. 개는 냄새로 사람의 도덕성을 읽습니다. 수상한 사람을 냄새로 알아봅니다. 그러니까 회개해야지요. 저는 그런 장면 많이 보았습니다. 옛날에 심방할 때 이 집 저 집 다니면서 보면 개는 이상한 사람만 보고 그렇게 짖습니다. 얼굴 생김을 보고 짖는 것이 아닙니다. 냄새가 수상해서 짖어대는 것입니다. 그런가하면 집에서 키우는 화초도 중요합니다. 좋은 냄새가 나는 사람이 화초를 만지면 화초가 잘 자랍니다. 그러나 부부싸움을 하고 나서 만지면 화초가 죽습니다. 몸에서 나오는 독소 때문입니다. 허황된 이야기가 아니라 과학적인 이야기입니다. 특별히 「물은 안다」라는 유명한 책이 있지요? 과학서적입니다. 이 책에 나옵니다. 물을 떠다놓고 사람이 그 앞에 서서 "사랑한다, 사랑한다, 나는 너를 좋아한다" 하면 그 물의 색이 변한답니다. 전자현미경으로 들여다보면 물색깔이 정말로 파랗게 된답니다. 그러나 "내가 너를 미워한다, 미워한다" 하면 물색깔이 빨개진답니다.

사람마다 독특한 냄새가 있습니다. 그 냄새 속에 살아갑니다. 제가 옛날 인천에서 14년 동안 목회를 했는데, 심방을 많이 했습니다. 하루에 평균 27집 했습니다. 새벽부터 집집마다 다니면서 일 년에 두 번 심방을 하는데, 집에 들어갈 때마다 냄새가 나잖아요? 제가 개 코가 아니지만 알아보는 것이 있습니다. 부부싸움을 했는지 안 했는지, 딱 들어가면 벌써 냄새에 나타납니다. 그걸 보고 어떻게 하면 좋겠습니까? 집집마다 독특한 냄새가 있거든요. 여러분은 지금 어떤 냄새를 풍기고 있습니까? 깊이 생각할 문제입니다. 모두가 냄새를 가지고 있습니다.

오늘 본문말씀대로, 생명에 이르는 냄새가 있고, 죽음에 이르는 냄새가 있습니다. 생명을 살리는 냄새가 있고, 생명을 죽이는 냄새가 있다, 이것입니다. 문제는 이 냄새가 자신의 본질적인 것이기도 하지마는, 가장 중요한 진리는 내가 어떤 냄새에, 어떤 본체에 접촉했느냐입니다. 그에 따라서 내 냄새가 변합니다. 그러니까 더러운 곳에 다녀오면 더러운 냄새가 나고, 좋은 곳에 다녀오면 좋은 냄새가 날 것 아니겠습니까. 어린아이들이 집에서 아버지를 맞이합니다. 아버지가 딱 들어올 때 어린아이들은 다 압니다. 어디를 들러서 왔는지를 말입니다. 이걸 알아야 합니다. 어떤 사람을 만나고 왔는지, 냄새에 다 나타납니다. 냄새는 전염되고 감염됩니다. 그런고로 계속 좋은 냄새의 본질과 만나야 합니다. 좋은 분위기 속에 있어야 합니다. 그러면 내 냄새가 좋은 냄새로 바뀝니다.

달은 빛이 없습니다. 그러나 달은 햇빛을 받아 반사시키기 때문에 훤하게 밤길을 비추는 것입니다. 달 자체는 빛이 없습니다. 햇빛을 받아서 우리에게 반사해주고 있는 것입니다. 우리 자신에게 무슨 좋은 냄새가 있겠습니까. 그러나 내가 어떤 분을 만나느냐, 내가 어떤 분을 마음에 사모하느냐, 누구를 사랑하느냐에 따라서 내 냄새가 바뀝니다. 내 냄새가 감염되어 알게 모르게 변하는 것입니다. 따로 다른 표현이 필요하지 않습니다. 은근하게 냄새가 난다는 말씀입니다. 그러니까 그리스도를 만날 때 그리스도의 냄새가 나는 것이지요. 그리스도를 알 때, 알고, 더 알고, 계속적으로 알고, 깊이 알고, 높이 알고, 그리스도를 알아나가고 있을 때 그 감격 속에서 우리는 벌써 얼굴이 다르고, 성품이 달라지고, 건강이 달라집니다.

저는 가끔 요새 마음이 조금씩 시험에 들 때가 있습니다. 어떤 분들을 만나서 보면 건강 때문에 고생을 많이 합니다. 왜 그렇습니까? 무슨 좋은 걸 먹어야 하고, 어떤 약을 먹어야 하고, 어떤 병원이 좋고…… 이런 말씀들을 합니다. 하지만 건강 때문에 애쓰는 걸 보면서 내 속은 무슨 말을 하는지 아십니까? '젊었을 때 술 많이 마셨구먼?' 젊었을 때 못된 짓 많이 하고 나서 이제 중년이 되어서야 뒤늦게 건강을 지켜보겠다고 몸부림을 치는데, 됩니까? 때는 늦었습니다. 그동안 어떤 냄새를 맡고 살았느냐, 어떤 냄새를 접하며 살았느냐… 아주 중요합니다. 거기에 따라서 오늘의 결과가 오는 것입니다. 그리스도를 아는 지식이 있어야 합니다. 그리스도를 알고, 십자가의 사랑을 알고, 그 능력을 알고, 권세를 알아야 합니다. 이렇게 그리스도를 점점 더 알아나갈 때 우리 속에서는 그리스도인의 향기가 나오는 것입니다. 또 그리스도를 느껴야 됩니다. 십자가를 쳐다보며 교회에 나올 때마다, 성경을 읽을 때마다 그리스도의 사랑을 느끼고, 가슴이 그 사랑으로 가득 찹니다. 그럼 그리스도인의 향기가 나올 것입니다. 또 그리스도를 체험하고 있습니다. 우리 실제 생활 속에서 날마다 검증을 하는 것입니다. 경험 속에서 검증을 합니다. '하나님, 감사합니다. 여기에 하나님의 사랑, 하나님의 능력이 있고, 하나님의 섭리가 있고, 하나님의 인도하심이 있다. 나는 모르고 살아왔는데, 이제 보니 하나님께서는 나를 인도하셨구나. 나는 어디로 가는지도 모르고 막막하게 살았는데, 하나님의 선하신 길로 여기까지 인도하셨구나.' 이렇게 깨닫고, 검증될 때마다 감격합니다. 이 감격이 계속 이어지면 벌써 얼굴빛이 다릅니다. 그리스도인의 향기가 거기서, 몸에서 풍깁니다.

'그리스도인의 향기. 생명의 향기, 구원의 향기, 승리의 향기. 속죄 받은 사람의 감격. 영원한 소망을 지향하고 사는 사람의 그 사랑의 향기가 넘친다.' 오늘본문의 이 말씀을 좀 더 옛날로 돌아가서 생각해보면 이렇습니다. 옛날의 전쟁은 전부 육박전이었습니다. 칼로 베고, 창으로 찌르는 피비린내 나는 싸움이었습니다. 그런 전쟁에서 이겨서 개선합니다. 그럼 병사들 몸에서 피비린내가 나니까 그걸 막기 위해서 큰 향불을 피웠습니다. 아주 커다란 향로에다가 향을 많이 피워가지고 그 향기가 사방에 퍼져서 그 피비린내를 없앤다, 이것입니다. 그렇게 개선행진 때 먼저 향불 피운 마차가 지나가고, 그 다음에 장군이 들어오고, 그 다음에 군인들이 만세를 부르며 들어옵니다. 맨 뒤는 전쟁에서 잡힌 포로들입니다. 쇠사슬에 묶인 신세로 죽음의 길을 걷고 있는 것입니다. 그 길게 이어지는 대열에 뽀얗게 올라오는 향기가 있습니다. 전쟁에 이긴 사람들에게는 생명의 향기요, 소망의 향기요, 승리의 향기입니다. 자랑스럽게 만세를 부르며 돌아옵니다. 그러나 저 뒤에 따라오는 노예들, 포로들에게는 이 향기가 죽음의 향기입니다. 그래서 오늘본문은 말씀합니다. '너희들에게는 생명의 향기요……' 그러나 누구에게는 죽음의 냄새입니다. 향기는 눈에 보이지 않습니다. 신비로운 효과가 있습니다. 은은하게 말없이 전파되는 것이 바로 향기, 냄새입니다.

홈쇼핑에서 한 시간에 무려 125억 원이라는 사상최대의 매출기록을 세워 기네스북에 오른 장문정이라는 분이 있습니다. 그가 책을 썼는데, 제목이 「팔지 마라. 사게 하라」입니다. "이거 좋은 것입니다. 사십시오! 사십시오!" 한다고 삽니까. 저는 어디든 상점에 갔을 때 자꾸 "이거 사세요! 저거 사세요!" 하면 기분이 좋지 않습니다. 내가 다 알아서 살 텐데, 자꾸 사라고 하면 기분이 좋을 리가 없습니다. 그게 어디 권한다고 될 일입니까. 굳이 권하지 않아도 본인이 알아서 사게 만들어야지요. 그렇지 않습니까. 방송을 통해서, 텔레비전을 통해서, 신문을 통해서 광고하느라고 난리들을 치지만, 아닙니다. 다 소용없습니다. 중요한 것은 입소문입니다. 누구나 다 경험해봤잖아요? 먹어봤잖아요? 사용해봤잖아요? 그러고 나서 딱 한마디 "참 좋네!" 하면 이거야말로 사람들 사이에 기가 막힌 구매동기가 되는 것입니다. '그러니까 팔지 말고 사게 하라.' 소문이 중요하다, 이것입니다. 그리스도인의 소문, 그리스도인의 향기, 그리스도인의 변화, 새 사람이 된 모습…… 향기, 은은하게 퍼져나가는 향기입니다. 이것이 많은 사람들에게 기쁨을 주고, 소망을 주고, 또한 교회로 나올 수 있는 계기가 되는 것입니다. 우리 믿는 사람 하나하나가 가정에서, 일터에서 어떻게 사느냐가 중요합니다. 알게 모르게 냄새가 풍기는 것입니다. 지금 여러분의 몸에서 나는 냄새, 어떤 냄새입니까? 사람들을 살리는 냄새입니까? 아니면 사람들을 죽이는 냄새입니까?

「가장 아름다운 여자」라는 책이 있습니다. 제가 미국에서 읽은 책인데, 아주 재미있습니다. 아름다운 여자는 뭐냐? 첫째는 외모의 아름다움, 깨끗한 아름다움입니다. 둘째는 대화의 아름다움입니다. 셋째는 Hospitality, 대접하는 아름다움입니다. 그때 읽고 저는 이 세 가지를 숫제 머리에 새겼습니다. 여자요? 아름답습니다. 그러나 어떤 여자는 제발 입을 안 열면 좋겠습니다. 입만 열면 욕하는 소리가 나오니까요. 그러니까 대화의 아름다움이 향기입니다. 그 사람하고 만나면 얼굴도 예쁘지만, 그 대화에서 풍기는 향기가 소망스럽고, 위로가 됩니다. 얼마나 좋습니까. '나는 지금 어떤 냄새를 풍기고 사는가?' 그리스도인의 향기는 소망입니다. 사랑이요, 위로요, 축복입니다. 알게 모르게 우리는 다 냄새를 가지고 있습니다. 그러나 추한 냄새는 가려져야 합니다.

한 사마리아 여자가 우물가에서 예수님을 만납니다. 그래 그 향기에 접했을 때 여자는 지난날의 부끄러움을 다 무릅쓰고 동리에 들어가 메시아를 만났다고 소리 지릅니다. 그 장면이 너무나 아름답습니다. 한 번 예수님을 만나고 감격해서 새 사람이 된 모습으로 그렇게 전파하는 것입니다. 사도 바울은 부활하신 예수를 다메섹 동산에서 만나 뵙습니다. 그리고 그 향기에 취해서, 그 예수 그리스도의 생명의 냄새에 취해서 일평생을 삽니다. 냄새는 피어나는 것이고, 퍼져가는 것입니다. 숨기지 못합니다. 베어듭니다. 많은 사람에게 영향을 줍니다. 꼭 말까지 할 필요가 없습니다. 냄새가 있는 것입니다. 그의 사랑, 그의 약속, 그의 그 가슴 깊이 들어오는 엄청난 생명력, 벅찬 감격이 냄새로 바뀌는 것입니다. 모쪼록 우리는 그리스도인의 향기를 나타냅니다. 알게 모르게 은은하게 향기를 전합니다. 내 주변에서 어떤 일이 이루어지는지, 자세히 보십시오. 주변에서 오는 반응을 보십시오. 그러면 내 냄새를 알 수 있습니다. 나를 보고 웃는 사람이 있거든 그 냄새가 괜찮은 것이고, 어딘가 모르게 별로 반가워하지 않는 것 같다면 나한테 문제가 있는 것입니다. 말이야 어떻게 했든 말았든, 벌써 인격에서 풍기는 냄새가 있는 것입니다. 그리스도인의 향기, 이것이 바로 그리스도인의 모습입니다.   △

표적이 있는 교회

사람마다 두려워하는데 사도들로 말미암아 기사와
표적이 나타나니 믿는 사람이 다 함께 있어 모든 물
건을 서로 통용하고 또 재산과 소유를 팔아 각 사람
의 필요를 따라 나눠 주며 날마다 마음을 같이하여
성전에 모이기를 힘쓰고 집에서 떡을 떼며 기쁨과 순
전한 마음으로 음식을 먹고 하나님을 찬미하며 또 온
백성에게 칭송을 받으니 주께서 구원 받는 사람을 날
마다 더하게 하시니라
(사도행전 2 : 43 - 47)

표적이 있는 교회

우리 할아버지는 초대 한국 교회 신자입니다. 그 당시는 우리나라 교회가 술 담배를 금하지 않던 시절입니다. 그러다가 이래서는 도저히 안 되겠다 싶어서 금한 것입니다. 그래 그때는 우리 집에도 담뱃대가 있었습니다. 그때만 해도 옛날이어서 그랬을 테지만, 우리 할아버지는 장로님인데도 설교를 많이 하셨습니다. 그럴 만도 한 것이, 그 시절에는 교회에서 목사님을 모시기가 어려웠습니다. 사정이 그렇다보니 우리 할아버지 별명이 '작은 김익두 목사'였습니다. 실제로 할아버지가 김익두 목사님을 많이 좋아하셨고, 또 외모도 닮으셨습니다. 그래 여러 가지로 저는 김익두 목사님에 대한 생각이 남달라서 따로 연구도 해봤습니다. 할아버지의 권면을 받아서 언젠가는 직접 만나 뵙기도 했습니다. 6·25가 나기 바로 전해인 1949년이었습니다. 김익두 목사님이 목회하시는 신천서부교회를 제가 일부러 방문했습니다. 그때는 신천까지 걸어서 다녔습니다. 그래 거기 친척집에서 하룻밤을 자고 이튿날 주일에 교회에 나갔지요. 우리 할아버지가 그렇게 좋아하시는 김익두 목사님은 왕년에 그곳 장에서 유명한 깡패셨거든요? 기골이 장대한데다가 손도 크고 힘도 얼마나 센지, 그분과 악수를 하면 손이 부러질 것 같습니다.

마침 그날은 청년들을 모아놓고 별도로 성경을 가르치는 시간이었습니다. 바로 그 자리에 제가 앉아 있었습니다. 장소가 마땅치 않지요. 예배당 하나 밖에 없으니까 속절없이 성경공부도 거기에서 한 것입니다. 그때 청년들이 30명쯤 모여 있었습니다. 제게는 참 좋은 추억입니다. 목사님이 말씀 중에 자기경험을 이야기하시는데, 너무나 재미있는 내용이어서 기억에 생생히 남아 있습니다. 신천장터를 주름잡는 유명한 불량배였던 사람이 예수를 믿게 되었고, 마침내 목사까지 된 것 아닙니까. 그래 이분이 고향에 내려가 신천서부교회에서 목회를 하게 되셨는데, 더불어 여기저기 부흥회도 많이 다니셨습니다. 옛날에는 교통수단이 워낙 좋지 않아서 보따리 하나 짊어지고 무슨 보부상처럼 몇 백 리를 걸어 다니는 것입니다. 그렇게 가다가 해가 지면 주막집에서 하룻밤 자고, 이튿날 날이 밝으면 또 보따리 짊어지고 걸어가는 것입니다. 그러니 무더운 여름에는 얼마나 힘들겠습니까. 산을 하나 넘으려면 온몸이 땀으로 범벅입니다. 하루는 목사님이 그날도 그 힘든 걸 꾹 참고 산을 올라갔습니다. 정상에 다다라 두루마기를 벗고, 보따리를 내려놓은 다음 불어오는 바람을 시원하게 맞으면서 쉬고 있는데, 웬 청년 하나가 술에 만취된 몸으로 비틀비틀 그곳으로 올라오더랍니다. 청년은 정상에 도착하고는 눈앞의 목사님을 딱 쳐다보더니 이렇게 말하더랍니다. "너, 왜 나보다 먼저 올라왔냐?" 그러면서 다짜고짜 목사님을 때리기 시작했답니다. 목사님은 때리는 대로 그냥 맞으셨습니다. 상대가 워낙 대항을 하지 않으니까 청년은 때리다가 지쳐서 그만두었습니다. 그래 숨을 헉헉 몰아쉬며 서 있는데, 바로 그 순간 김익두 목사님이 청년의 손을 덥석 잡으셨습니다. 목사님 손이 얼마나 크고 힘이 셉니까. 청년은 자기 손이 부러지는 것 같았습니다. 목사님이 청년에게 물었습니다. "형님, 다 때렸소?" 청년이 말합니다. "다 때렸다. 왜?" 그때 목사님이 이러셨답니다. "예수는 내가 믿고, 복은 자네가 받았네." 이것이 무슨 소리인지 술 취한 청년이 알아들을 턱이 있습니까. 그래 목사님이 다시 말합니다. "내가 김익두야. 예전에 오늘 같은 일을 당했다면 자네는 여기서 아주 장례식까지 끝내는 거야. 내가 예수 믿은 덕에 자네가 살지 않았나. 그러니 예수는 내가 믿고, 복은 자네가 받았네!" 그제야 이 청년이 벌벌 떨면서 되묻습니다. "저는 이제 어떻게 하면 좋겠습니까?" "뭘 어떡해? 따라와야지, 이놈아!" 그길로 목사님은 그 청년을 교회로 데리고 가 부흥회에 참석시켰습니다. 청년은 예수를 믿게 되었고, 훗날 장로가 되었습니다. 이 일화를 싱글벙글 웃는 얼굴로 이야기하시는데, 저한테는 잊을 수 없는 좋은 추억입니다. 신천장의 그 유명한 불량배가 새사람으로 거듭나 부흥사가 되어 처음 보는 사람한테 아무런 저항도 하지 않고 매를 맞았고 "예수는 내가 믿고, 복은 자네가 받았네!" 했으니, 이 얼마나 귀하고 아름다운 장면입니까.

교회의 기초는 표적에 있지, 말에 있지 않습니다. 사회봉사나 구제에 있는 것도 아닙니다. 교회의 기초는 오직 표적입니다. 이적과 표적. 그래서 저는 교회에서 흔히들 쓰는 공동체라는 말을 별로 좋아하지 않습니다. 교회는 Community, 공동체가 아닙니다. 교회는 교회입니다. 사람들이 모인 곳이 아니고, 하나님의 백성들이 모인 곳입니다. 공동체라는 말은 온당치 않습니다. 거룩한 교회입니다. 이걸 잊지 말아야 합니다.

오늘 본문에는 너무나 아름다운 장면이 있습니다. 여러분도 잘 아시겠지만, 그 옛날 초대교회 사람들이 얼마나 은혜로웠습니까. 이 말씀입니다. "필요를 따라 나눠 주며(45절)." 또 사도행전 4장 32절에는 이런 아름다운 말씀이 있습니다. "자기 재물을 조금이라도 자기 것이라 하는 이가 하나도 없더라." 사람이 가장 이겨내기 어려운 것이 이기주의요, 다음이 물질주의 아닙니까. 물질주의와 이기주의로 꽉 차 있는 세상입니다. 한데, 그 초대교회에서는 아무도 자기 것을 자기 것이라 하는 사람이 없었습니다. 모든 것을 필요에 따라 나누어주는 아름답고 거룩한 모임이요, 거룩한 공동체 아닙니까. 그비결이 무엇일까요? 많이 가르쳤기 때문입니까? 사람들이 좋아졌기 때문입니까? 도덕적으로 완전해졌기 때문입니까? 아닙니다. 이적과 표적 때문입니다. 이것이 가장 중요한 핵심입니다. 테라스 세메이온, 여기서 '테라스'는 '깜짝 놀라다'라는 뜻으로, 영어로는 Wonder입니다. '세메이온'은 '표적'이라는 뜻입니다. 이 두 단어가 아주 중요합니다. 이것이 초대교회의 근본입니다. 표적, 얼마나 귀중합니까. 표적 가운데 가장 큰 표적은 예수 그리스도께서 이 땅에 오신 것입니다. 기적 가운데 가장 큰 기적은 하나님께서 사람이 되시어 이땅에 오셨다는 것입니다. 그래 십자가에 죽으시고, 마침내 부활하셨습니다. 이 예수사건, 이것이 가장 크고 위대한 표적, 우주적 표적입니다. 이 표적의 거룩한 역사가 다시 사도들을 통해서 이어집니다.

베드로는 예수님의 수제자입니다. 하지만 예수를 세 번이나 모른다고 부인했습니다. 그리고 도망갔습니다. 이 얼마나 비참한 일입니까. 그런 사람을 부활하신 예수님께서 갈릴리 바닷가로 찾아가 만나주십니다. "베드로야, 네가 나를 사랑하느냐(아가파오 메)?" 이에 베드로가 대답합니다. "제가 주를 사랑하는 줄 주께서 아시나이다." 또 물으십니다. "필레오 세." 세 번이나 거듭 물어보십니다. "네가 나를 사랑하느냐? 사랑하느냐? 그러면 네 양을 먹이라." 이래서 그가 예루살렘에 돌아와 복음을 전하는 하나님의 사람이 됩니다. 이 대목에서 저는 베드로가 설교할 때 참 힘들었겠다 싶습니다. 왜냐하면 바로 그 며칠 전에 스스로 예수님을 세 번이나 모른다고 부인한 사실을 사람들이 다 알고 있지 않습니까. 그러니 어디 체면이 서겠습니까. 수제자라는 사람이 조그만 계집애 앞에서까지 예수님을 부인했습니다. 게다가 맹세하고 저주까지 했습니다. 그랬던 사람이 이제 다시 강단에 올라 많은 사람들 앞에서 복음을 전하려니, 어디 영이 서겠습니까. 그러나 성령의 충만함은 그의 과거를 극복하게 했습니다. '주께서 나와 함께하신다. 아직도 주께서는 나를 사랑하신다.' 이렇게 사랑을 고백하고, 그 주의 사랑으로 복음의 역사를 이룹니다. 이 얼마나 큰 사건입니까.

이 베드로가 성전으로 올라갈 때 그 미문, 사람들이 제일 많이 모이는 곳에 한 앉은뱅이 거지가 앉아서 구걸을 하고 있습니다. 이 거지가 사람들을 볼 때 무슨 관심이 있겠습니까. 안중에는 오직 돈밖에 없습니다. 그날도 무엇인가를 얻으려고 마침 그곳을 지나가던 베드로를 향해 손을 내밀었습니다. 그때 베드로가 유명한 말을 합니다. "은과 금은 내게 없거니와 내게 있는 것으로 네게 주노니, 일어나라!" 앉은뱅이가 순간 벌떡 일어납니다. 나면서부터 앉은뱅이인 사람입니다. 그런 사람이 제 두 다리로 벌떡 일어나서 하나님을 찬양합니다. 이거 성전은 물론이고, 온 예루살렘을 통틀어서도 아주 굉장한 사건입니다. 이제 베드로 앞에 사람들이 모입니다. 그래 3천 명이 하루에 회개하고, 세례를 받습니다. 이것이 교회입니다. 이 교회의 뿌리가 표적입니다. 저는 이런 생각을 해봅니다. 베드로가 "일어나라!" 하자 앉은뱅이가 벌떡 일어났을 때 누가 더 놀랐을까요? 베드로가 더 놀랐을까요, 앉은뱅이가 더 놀랐을까요? 저는 베드로가 더 놀랐을 것 같습니다. '어째서 이런 기적이 이 배신자인 나를

통해서 이루어지는가?' 베드로가 구원받은 것입니다. 이 놀라운 광
경을 보고 사람들이 모여들었습니다. 이것이 초대교회의 시작입니
다. 교회는 이렇게 이루어지는 것입니다. 표적이 필요합니다. 바라
건대 여러분 자신에게 표적이 있어야 합니다. 그래야 중생합니다.
중생이 표적입니다. 이걸 잊지 말아야 합니다. 그리고 이 소문이 널
리 전해질 때 교회는 부흥되는 것입니다.

　제가 소망교회에서 시무할 때 이런 일이 있었습니다. 어떤 사람
이 공무원으로 일하다가 퇴직을 했는데, 어떻게 사업을 시작했다가
퇴직금 받은 것을 홀랑 날렸습니다. 빚도 많이 졌습니다. 갚을 길이
없습니다. 공무원으로 평생을 살아온 탓에 특별한 재주가 있지도 않
았습니다. 결국 그는 아예 죽을 생각을 했습니다. 그래 아내와 딸에
게 다 같이 죽자고 말합니다. 그때 딸이 그에게 한 말이 이렇습니다.
"아버지, 제가 요새 교회에 좀 나가봤는데요, 그 교회 나가면 괜찮아
요. 죽을 때 죽더라도 교회에 한 번 나가보고 죽어요, 우리." 그래 그
가 교회에 나왔습니다. 그날따라 제가 욥기를 본문으로 설교를 했더
랍니다. 시련은 하나님께서 우리에게 복을 주시는 새로운 방법이라
는 내용이었습니다. 그가 이 설교를 듣고 크게 깨달았습니다. 그래
수첩에다가 그걸 딱 써놨습니다. 그 수첩을 제가 여러 번 봤습니다.
그렇듯 말씀에 큰 감동을 받은 이분이 예수를 믿게 되었고, 마침내
3천억 부자가 되었습니다. 그리고 카이스트에 3백억을 기증했습니
다. 신문에도 났지요. 한 사람의 기적, 놀라운 일 아닙니까. 그분은
말이 없습니다마는, 그 한 사람 때문에 아마 수백 명이 교회에 나왔
을 것입니다. 그리고 구원을 얻었을 것입니다. 이것이 표적입니다.
이것이 중생이라고 하는 표적입니다. 중생의 체험이 없는 자는 구원

의 은혜를 참으로 맛볼 수 없습니다. 구원의 은혜를 맛보고 나면 그것이 표적이 됩니다. 너나 할 것 없이 모든 사람들이 이 표적과 함께 교회로 모이게 되는 것입니다.

이 표적이라는 것은 하나님께서 역사하시는 것뿐만 아니라, 이 사람이 내 사람이라고 하는 하나님의 사인입니다. "이 사람이 말하는 것은 내 말이다. 이 사람이 하는 것은 내가 하는 일이다." 이렇게 하나님께서 initiation, 사인을 해놓으시는 것입니다. 이것이 사람의 일처럼 보이십니까? 아닙니다. 하나님의 일입니다. 하나님께서 하시는 일입니다. 하나님의 말씀입니다. 하나님의 능력이 속에 있다, 이것입니다. 그걸 믿고 간증할 때, 또한 그것이 알려질 때 교회가 교회 되는 것입니다.

초대교회의 사건들을 가만히 보십시오. 유무상통했다, 서로 사랑했다, 서로 교제했다, 친교를 했다…… 얼마나 아름답습니까. 사회적으로도 의미가 중요합니다. 그러나 더 중요한 것이 있습니다. 뿌리가 표적이라는 것입니다. 이적과 표적이 사도들을 통해서 많이 나타났고, 그래서 사람으로 모였고, 열심을 냈고, 이기심을 극복했습니다. 또 자기 자신도 하나님의 택하심을 받은 소중한 존재라는 것을 알 뿐더러, 이웃을 볼 때에도 하나님의 자녀라는 사실을 알아서 이웃관계가 달라졌습니다. 세계관이 바뀌었습니다. 거기서 아름다운 교회, 초대교회의 모습이 나타난다, 이것입니다. 표적입니다. 하나님의 역사가 보이도록 나타났습니다. 그리스도의 현존입니다. 십자가에 돌아가시고 부활 승천하셨을 뿐만 아니라, 그리스도의 생명력이 오늘도 사도들을 통해서, 교회를 통해서 나타납니다. 사도 바울은 그래서 유명한 그의 신학을 내놓습니다. "교회는 그리스도의 몸이다." 그리스도는 교회의 머리입니다. 그리스도의 생명체가 여기에 있고, 보이지 않지만 완전한 교회가 여기에 있습니다.

칼 바르트가 그의 저서인 「말씀론」에서 이런 유명한 말을 했습니다. '말씀은 하나님의 언어다. 말씀은 하나님의 행위 그 자체다. 말씀은 하나님의 신비다.' 교회 안에는 보이지 않는 신비로운 역사가 있습니다. 그 신비로운 역사, 한 사람, 한 사람을 구원하시는 역사가 있습니다. 제가 설교를 끝내고 나면 저 앞에 서서 밖으로 나가시는 여러분과 인사를 나누지 않습니까. 그때 제가 듣는 인사말 가운데 가장 크게 저를 감동시키는 것이 있습니다. "목사님, 오랫동안 기도해오던 것이 있었는데, 오늘 목사님의 설교를 통해서 제가 기도응답을 받았습니다." 반갑지요. 설교는 철학 강의가 아닙니다. 윤리 강연도 아닙니다. 하나님의 말씀입니다. 설교를 통해서 기도응답을 받는 사람이 진정 그 교회 교인입니다. 설교를 하나님의 말씀으로 받는 사람, 그 사람이 진실로 교인입니다. 베드로라는 사람, 별로 신통치 않아 보입니다. 갈릴리 어부입니다마는, 예루살렘교회의 지도자가 되었고, 그를 통하여 위대한 역사가 이루어집니다. 표적 때문입니다. 표적이 베드로가 사도임을, 하나님의 능력을 받은 사람임을 인정해주었고, 확증해주었기 때문입니다. 우리는 교회를 통해서 과거의 모든 죄 사함 받음을 확증합니다. 또한 우리에게 주신 영원한 약속을 여기에서 확증합니다. 그리고 오늘 남은 시간, 하루하루를 어떻게 살아가겠습니까. 이 종말론적 의미의 남은 시간이 바로 그리스도의 몸, 그리스도의 지체로서 살아가는 시간임을 잊지 마시고, 잘 믿든 못 믿든 예수 믿는다고 소문났으면 무엇을 하든지 조심해야 됩니다.

제가 언젠가 신학대학에서 강의를 끝내고 집으로 돌아가는 길에 뭘 하나 사려고 백화점엘 들렀습니다. 바로 옆에서 어떤 아주머니가 옷을 사느니 못 사느니 하면서 백화점 점원을 못 살게 구는데, 참 부끄럽더라고요. 왜요? 그 아주머니가 하는 말입니다. "저거 좀 봅시다. 얼마에요? 비싸네. 이건 얼마에요? 봅시다. 맘에 안 드네. 딴 걸로 바꿔줘요." 이러면서 옷가지를 한 스무 가지쯤 쌓아놓고 이러쿵저러쿵 말만 하다가 결국 사지 않고 그냥 가버렸습니다. 그걸 보고 점포 주인이 이렇게 말합니다. "저 따위가 교회집사라고? 나 교회 안 나가." 제가 얼마나 부끄러웠는지 아십니까? 여러분, 손해 좀 보십시오. 내 등에는 예수 이름이 있거든요. 거룩한 성도의 이름을 더럽히지 마십시오. 행동도 조심하고, 마음가짐까지 조심하십시오. 그것이 표적으로 나타난다는 것을 잊지 마십시오. 표적이 있는 교회, 거기에는 경건이라고 하는 두려움이 있습니다. 핍박과 환난 속에서도 조금도 두려워하지 않았습니다. 왜요? 표적이 있으니까요. '그리스도의 이름으로 능욕을 받고, 매 맞고, 상처받고 나올 때 기뻐하며 나오느니라.' 표적을 경험한 사람이 매 좀 맞았다고 슬퍼하겠습니까. 죽는다고 괴로워하겠습니까. 표적의 능력입니다.

교회를 한 마디로 요약할 수 있는 말이 있습니다. 첫째는 말씀이 선포되는 곳, 케리그마입니다. 둘째는 말씀 안에서 교제하는 곳, 코이노니아입니다. 셋째는 말씀을 따라 봉사하는 곳, 디아코니아입니다. 넷째가 아가페입니다. 오늘본문도 말씀합니다. "떡을 떼며 기쁨과 순전한 마음으로 음식을 먹고(46절)." 참 귀한 말씀입니다. 그 경건한 가운데 사람들에게도 칭송을 받고 하나님을 찬양하더라— 이것이 교회입니다. 여러분, 교회에서 봐야 할 표적이 있겠지마는, 가장 중요한 것은 내 인격 속에 무슨 표적이 있는가, 하는 것입니다. 스스로 살펴야 되겠습니다. 표적이 있는 사람, 그가 교인입니다. 표적이 있는 곳, 거기가 교회입니다. 그 표적을 통해서 말씀이 선포되고, 이 말씀의 능력이 크게 부흥하면서 하나님 나라가 이루어져갈 것입니다. △

의롭다함을 얻은 믿음

그러므로 상속자가 되는 그것이 은혜에 속하기 위하여 믿음으로 되나니 이는 그 약속을 그 모든 후손에게 굳게 하려 하심이라 율법에 속한 자에게뿐만 아니라 아브라함의 믿음에 속한 자에게도 그러하니 아브라함은 우리 모든 사람의 조상이라 기록된 바 내가 너를 많은 민족의 조상으로 세웠다 하심과 같으니 그가 믿은 바 하나님은 죽은 자를 살리시며 없는 것을 있는 것으로 부르시는 이시니라 아브라함이 바랄 수 없는 중에 바라고 믿었으니 이는 네 후손이 이같으리라 하신 말씀대로 많은 민족의 조상이 되게 하려 하심이라 그가 백 세나 되어 자기 몸이 죽은 것 같고 사라의 태가 죽은 것 같음을 알고도 믿음이 약하여지지 아니하고 믿음이 없어 하나님의 약속을 의심하지 않고 믿음으로 견고하여져서 하나님께 영광을 돌리며 약속하신 그것을 또한 능히 이루실 줄을 확신하였으니 그러므로 그것이 그에게 의로 여겨졌느니라 그에게 의로 여겨졌다 기록된 것은 아브라함만 위한 것이 아니요 의로 여기심을 받을 우리도 위함이니 곧 예수 우리 주를 죽은 자 가운데서 살리신 이를 믿는 자니라 예수는 우리가 범죄한 것 때문에 내줌이 되고 또한 우리를 의롭다 하시기 위하여 살아나셨느니라

(로마서 4 : 16 - 25)

의롭다함을 얻은 믿음

미국의 초대 대통령인 조지 워싱턴이 어렸을 때 아버지의 손을 잡고 시장 구경을 갔더랍니다. 마침 앵두 철이라서 소복하게 앵두를 쌓아놓았습니다. 조지 워싱턴이 그걸 보고 먹고 싶어서 그 앞에 딱 서가지고 침을 꿀꺽꿀꺽 삼키고 있었습니다. 주인아저씨가 웬 예쁜 꼬마 아이가 앵두를 보면서 입맛을 다시고 있으니까 "얘야, 허락해줄 테니 한 줌만 집어 먹어라!" 했습니다. 한데 워싱턴이 안 먹는 것입니다. "아니, 먹으라니까?" 그래도 안 먹었습니다. 주인이 보다 못해 "그럼 내가 집어주랴?" 하면서 직접 한 손으로 앵두 한 줌을 집어 워싱턴에게 주었습니다. 그제야 워싱턴이 그걸 두 손으로 받아들고 "감사합니다!" 하고 인사를 했습니다. 그래 그걸 먹으면서 집으로 가고 있는데 함께 걷던 아버지가 "아들아, 너 아까 주인아저씨가 너한테 앵두를 한 줌 집어 먹으라고 했을 때 왜 가만히 있었느냐?" 그러자 이 어린아이가 하는 말이 이랬답니다. "아저씨 손이 제 손보다 크거든요." 여러분, 어린아이의 말이지만, 얼마나 지혜롭습니까. 어린아이인 자기 손은 작고 어른인 아저씨 손은 크니까 아저씨 손으로 집어야 자기 손으로 집었을 때보다 더 많이 먹을 수 있지 않겠습니까. 참 지혜로운 대답입니다.

인간은 네 종류가 있다고 봅니다. 첫째는 지식으로 사는 사람입니다. 이성의 판단을 신뢰하고, 그저 모든 것을 알아야 합니다. 모르면 안 됩니다. 알아야 하고, 아는 대로만 삽니다. 그러나 그 지식에 한계가 있지 않겠습니까. 다 알 수도 없고, 내가 아는 지식이 온

전하지도 않습니다. 그래서 자기 지식을 따라가다가는 어느 순간 실망하게 됩니다. 자기가 이렇게 모를 줄 몰랐거든요. '내가 이렇게 몰랐나?' 이런 생각을 하게 됩니다. 둘째는 느낌으로 사는 사람입니다. 즉흥적이고 충동적입니다. 요새 젊은이들이 대체로 그렇습니다. '포스트모더니즘'이라고 해서 현대인들은 이성이 아니고 감성을 따라서 삽니다. 느낌대로 사는 것입니다. 그래서 부모님이 "너, 이 사람하고 결혼해라! 조건이 좋다!" 하면 당장에 "노!" 합니다. 왜요? 대답은 간단합니다. 필이 오지 않거든요. 느낌이 안 온다, 이것입니다. 모든 것을 느낌에다 기준을 두고 사는 것입니다. 그 종말은 참으로 위험합니다. 셋째는 경험으로 사는 사람입니다. 만사가 자기 경험이 기준입니다. 내가 경험해보지 못하면 안 됩니다. 내가 보지 않은 것은 인정하지 않습니다. 내가 경험해보지 않은 것에 대해서는 절대로 신뢰하지 않는 사람, 고집불통이지요. 사람이 아무리 경험을 많이 한들 그게 얼마나 되겠습니까. 한계가 있는 것입니다. 그런데도 기어이 '내가 경험해야 된다. 내가 경험해야 된다' 하고 고집합니다. 안 됩니다. 여기서 가장 큰 문제가 무엇인지 아십니까? 자기 경험을 절대화하는 것입니다. 여자의 경험을 남자는 모릅니다. 남자의 경험을 여자는 모릅니다. 자기 경험만을 기준으로 하면 영원한 평행선이 있을 뿐입니다. 넷째는 믿음으로 사는 사람입니다. 심성이 깨끗해서 믿음으로 수용합니다. 그 결과를 보십시오. 많이 아는 사람을 믿으면 그 지식이 내 것이 됩니다. 경험을 많이 한 사람의 그 귀중한 경험과 거기에서 오는 지혜를 내가 믿으면 그의 그 많은 경험이 내 것이 됩니다. 모든 것을 꼭 내가 직접 경험할 필요가 없습니다. 경험할 수도 없고요.

제가 언젠가 한 번 제임스 어윈이라고, 아폴로 15호를 타고 달나라에 가서 산책을 하고 돌아온 사람을 만난 적이 있습니다. 그때 한 시간 동안 그의 얘기를 듣고 나니 제가 몸소 달나라에 갔다 온 것 같았습니다. 그가 달에 가기 위해 훈련받고 수고한 이야기를 다 듣고 나서 제가 그랬습니다. "대단히 감사합니다. 당신 얘기를 다 듣고 나니 저는 갈 필요가 없을 것 같습니다." 꼭 내가 가야겠습니까? 그 사람 말을 믿으면 되는 것이지요. 이 얼마나 중요합니까. 꼭 내가 경험하고, 내가 알아야 하고, 내가 판단해야 하는 것은 아닙니다. 내가 믿는 순간 그의 지식이 내 것이 되고, 그의 경험이 내 것이 됩니다.

유명한 과학자 아인슈타인은 말합니다. '모든 과학의 기초는 믿음이다. 먼저 연구한 사람을 믿어야 한다. 우주의 진리가 그렇고, 우주의 원리가 그렇다. 믿고야 지식이 있지, 믿지 않으면 모든 지식은 다 헛것이다.' 과학을 하는 사람의 기본자세는 믿음이라는 말입니다. 이 믿음은 '자기 의'가 아닙니다. 믿는다는 것은 어떤 의미에서는 내 지식을 포기하고, 내 느낌을 포기하고, 심지어 내 경험까지도 포기하는 것입니다. 그래야 믿을 수 있습니다. 내 경험보다 저쪽 경험이 더 중요하다는 믿음, 이 믿음은 나 자신을 부정하고야 성립된다는 것을 잊지 말아야 합니다. 그런고로 믿음이란 자기 신뢰가 아닙니다. 받아들이는 겸손, 수용적 겸손입니다. 이 겸손 앞에 진실해야 합니다. 그것이 믿음입니다.

오늘본문에는 대표적인 믿음의 사람이 나옵니다. 성경에 나오는 최고의 모델이요, 상징이요, 대표입니다. 바로 아브라함입니다. 아브라함은 하나님을 믿었습니다. 자기 신뢰, 자기 의지를 다 버리고 하나님 말씀 앞에 겸손하게 순종했습니다. 창세기 12장에서 아브라함은 처음으로 하나님의 음성을 듣습니다. 그리고 "네 고향과 친척을 떠나라!" 하는 말씀을 듣고 떠납니다. 말씀을 듣고 순종한 것입니다. 이것이 믿음입니다. 내 의지로, 내 생각으로, 내 고집으로, 내 경험으로…… 이것은 믿음이 아닙니다. 고집입니다. 말씀에 대한 바른 응답이 믿음입니다. 말씀이 주어지고, 주어진 말씀 앞에 내 생각을 다 버리고, 말씀의 약속을 수용하는 것, 이것이 믿음입니다. 인격과 인격 사이에서도 그렇습니다. 나를 포기해야 상대를 믿을 수 있습니다. 내 생각을 포기할 때 비로소 상대방의 생각을 내가 받아들이게 되고, 믿게 됩니다.

성경은 분명히 말씀합니다. '갈 바를 알지 못하고 갔다.' 아브라함이 하나님의 말씀을 듣고 순종해서 고향을 떠납니다. 자기 생각이 있습니다. 그러나 갈 바를 모르면서도 말씀하시니까 그 말씀을 따라가는 것입니다. 자기의 지식, 자기의 경험은 다 포기하고 주신 말씀을 전폭적으로 지지하는 것입니다. Total Commitment, 전적으로 순종하면서 따라가는 것입니다. 이것이 믿음입니다. 믿고 살아가는 길, 평탄하지 않습니다. 때로는 이해하기 어려운 부분도 있습니다. 하나님께서 "이 땅을 네게 주마!" 하셨습니다. 그러면 이 땅은 약속의 땅이요, 축복의 땅 아닙니까. 한데 거기에 왜 흉년이 듭니까? 하나님께서 주신 땅에 흉년이 들어 살 수가 없게 되었습니다. 결국 그는 애굽으로 피난을 갑니다. 큰 잘못입니다. 아무리 살기 어려워도 그 척박한 땅에서 그대로 버텼어야 합니다. 그랬더라면 새로운 축복을 받았을 것입니다. 하지만 몇 년 흉년이 거듭되니까, 하나님께 물어보지도 않고, 슬그머니 그 약속의 땅을 버리고 애굽으로 떠납니다. 큰 실수입니다. 심지어 어떤 학자들은 그때 아브라함이 가나안을 버렸기 때문에 그 후손들이 애굽에서 4백 년 동안 노예생활을 해야 했다고 해석하기도 합니다. 약속의 땅, 그 믿음을 지켜가기가 그렇게나 어려웠습니다. 그래서 그는 애굽으로 갔습니다.

그런가하면 하나님께서는 그에게 자식을 주시겠다고 하셨습니다. 하지만 아무리 기다려도 자식이 태어나지 않습니다. 그 말씀을 들을 때 아브라함은 이미 75세였습니다. 인간의 상식으로는 이미 때가 늦었습니다. 그러나 하나님께서 주겠노라 하셨으니 아브라함은 그 말씀을 믿었습니다. 한데 웬걸요? 10년이 지나도록 아이가 안 생깁니다. 그 기간, 얼마나 어려웠겠습니까. 요새도 보면 결혼한 지 꽤 되었는데도 임신이 잘 안 되어 고민인 집들이 있습니다. 그래 목사를 괴롭힙니다. 밤마다 전화를 걸어서 "목사님, 기도해주세요!" 합니다. 제가 그런 전화를 많이 받습니다. 예나 지금이나 아이가 없다는 것, 참 괴롭고 초조하고 어려운 일입니다. 아브라함은 그 어려움을 하나님 말씀을 듣고도 10년이나 더 겪었습니다. 그 아내가 탄식할 만도 합니다. 믿음이 흔들립니다. 결국 더 기다리지 못하고 편법을 씁니다. 하갈을 통해서 이스마엘을 낳습니다. 아브라함의 큰 실수요, 역사적인 실수입니다. 마음이, 믿음이 흔들린 것입니다.

창세기 15장 1절을 보면 이제 하나님께서 아브라함을 부르십니다. "아브라함아 두려워 말라. 나는 너의 방패요, 너의 지극히 큰 상급이니라." 이어 또 말씀하십니다. "너는 내 앞에서 완전해라. 왜 흔들리느냐?" 그제야 아브라함이 다시 믿음을 수습합니다. 그 아래 6절 말씀이 귀합니다. "아브라함이 여호와를 믿으니 여호와께서 이를 그의 의로 여기시고." 아브라함은 다시 믿음을 수습합니다. 그러기 위해서 몇 가지 문제를 극복해야 했습니다. 첫째는 나약함입니다.

나이 들어 늙은 자신을 보니 죽은 것과 다름없거든요. 도저히 아이를 낳을 수 있는 상태가 아닙니다. 그야말로 100세 아닙니까. 아내 사라의 나이도 90세입니다. 사실상 진즉에 끝장난 것입니다. 인간의 어떤 지식, 어떤 경험으로 이게 되겠습니까. 하지만 여기서 아브라함은 참 훌륭합니다. 그는 그냥 믿었습니다. 그 결과로 이삭을 낳게 됩니다. 나약함을 극복한 것입니다. 죽은 것과 방불한 자기 신체 조건이나 아내의 여건을 다 극복합니다. 하나님 말씀을 수용한 것입니다. 여러분, 생각해보십시오. 그렇지 않아도 아브라함은 이미 하나님 앞에서 실수를 많이 했습니다. 가나안 땅에 흉년이 들었을 때 하나님께 여쭤보고 떠난 것이 아닙니다. 어떻게든 살아보겠다고 제멋대로 슬그머니 애굽을 향해서 간 것입니다. 그랬다가, 성경에 나오는 대로, 그 아내 사라를 잃어버릴 뻔하지 않았습니까. 그저 하나님의 은혜로 무사히 돌아온 것입니다. 그런가하면 또 그는 제멋대로 하갈을 통해서 이스마엘을 얻었습니다. 나름의 변명은 있었을 것입니다. '배는 다르지만, 씨는 같다.' 이렇게 생각했을지도 모릅니다. 그렇게 편법을 써서 이스마엘이라는 자식을 얻었는데, 이 아들이 지금 14살입니다. 이제 하나님께서 말씀하십니다. "이건 아니다. 그는 네가 믿음이 흔들릴 때 생산한 실수의 산물이다. 네가 네 아내를 통하여 낳은 자식이라야 진짜 네 자식이라 할 것이다." 맞습니다. 이것이 본래의 약속입니다.

이렇듯 아브라함은 참 실패와 실수가 많았습니다. 하나님 앞에 할 말이 없습니다. "너는 내 앞에 완전하라!" 하실 때 어떻게 고개를 들 수 있겠습니까. 그저 "하나님, 죄송합니다! 죄송합니다!" 하고 용서를 구할 수밖에 없습니다. 얼마나 두렵고 떨리겠습니까. 하나님의

약속을 믿지 못해서 그렇듯 때만 되면 휘청휘청했잖아요? 아브라함
은 그런 과거의 실수를 극복해야 했습니다. 구제불능인 자신을 극복
해야 했습니다. 오늘본문은 말씀합니다. "바랄 수 없는 중에 바라고
믿었으니……(18절)" 오늘 하나님의 약속이 남아 있다 하더라도 그
걸 받아들일 수 없습니다. "예, 아멘!" 하고 받아들일 수 있는 자격
이 없습니다. 낯이 서지 않습니다. 체면이 말이 아닙니다. 그런데도
그는 받아들였습니다. 이 얼마나 귀중한 일입니까. 부끄러워서 고개
를 들 수 없지 않습니까. 그렇게나 실수를 많이 하고, 만신창이가 되
었는데도 하나님께서는 말씀하십니다. "내년 이때에 네 아내가 아들
을 낳으리라." 아브라함은 깜짝 놀랐습니다. '그럴 줄 알았으면 내가
이런 실수가 없었을 텐데. 내 믿음이 약해서 이런 엄청난 실수를 했
는데, 어찌하면 좋을까?'

　바랄 수 없는 중에 바라고 믿었으니…… 무슨 말씀입니까?
종교개혁자는 말합니다. 우리가 가진 믿음, 우리의 자격은 Total
Corruption, 전적인 타락입니다. 이것이 종교개혁자의 가장 중요한
명제입니다. 하나님을 생각한다는 것도, 하나님을 사랑한다는 것도,
율법을 지킨다는 것도 전부 타락입니다. 전적인 타락입니다. 어느
한 구석 조그마한 의조차 없습니다. 그래서 Total Corruption인 것입
니다. 그리고 비로소 Total Grace, 전적인 은혜가 찾아옵니다. 전적
인 타락이 있고서야 전적인 은혜, 절대적 은혜가 있는 것입니다. 그
런고로 이 종교개혁주일에 여러분은 내 의, 내 의지, 내 선, 내 지식
을 깨끗이 포기하는 마음이 있어야 합니다. 우리는 모두 어차피 죄
인입니다. 진즉부터 죄인입니다. 오직 죄인으로서 구원받은 것입
니다. 우리가 의롭다함을 얻을 만한 그 어떤 조그마한 근거도 없습

218

니다.

언젠가 제가 대치동에 있는 어느 교회에 가서 설교를 한 적이 있습니다. 교인이 한 6천 명쯤 모이는 교회입니다. 장로님들이 크게 걱정합니다. 담임목사님이 지나치게 율법적이라는 것입니다. 교인들한테 주일에는 음식도 사먹지 말고, 차도 마시지 말라고 강조한다는 것입니다. 한데 그 교회 앞은 전부 식당입니다. 주일이 되면 다들 밖으로 나가 거기에서 사먹으니까 이 목사님이 속이 상해서 얼마나 강하게 말씀하시는지, 그 다음 말씀이 좀 지나쳤습니다. "장로놈들이 사먹으니까 젊은 사람들이 사먹지!" 그리고 주먹으로 강대상을 쾅 내려쳤습니다. 그러니 장로님들이 얼마나 힘들겠습니까. 그래 그분들이 저를 만나가지고 "목사님, 이거 큰일 났습니다. 우리 담임목사님 말씀이 틀린 것은 아닌데, 이걸 어떻게 하면 좋겠습니까?" 하고 하소연합니다. 그래서 제가 그랬습니다. "별일도 아닌 걸 가지고 왜 걱정하세요?" "아닙니다. 심각합니다." "심각할 것 없어요. 그냥 먹고 회개하세요." 그랬더니 장로님들 반응이 재미있습니다. "아, 고걸 몰랐구나!" 그래요. 언제는 죄인 아니었습니까. 조금이라도 의라고 생각하지 말아야 합니다. 처음부터 죄인이었고, 오늘도 죄인이고, 내일도 죄인일 것입니다. 내일 죄 안 짓겠다고 맹세할 사람 있습니까? 그러니까 미리 회개하는 것입니다, 미리. 앞으로 또 죄를 지을 것입니다. 그런 생각을 하고 믿어야지, 자기한테 무슨 조그마한 의라도 있다고 착각하지 말아야 합니다. Total corruption, 전적인 타락입니다. 그리고 전적인 은혜입니다. 조금이라는 의를 내세우지 마십시오. 하나님 앞에서나, 사람 앞에서나 제발 잘난 척하지 마십시오. 별것도 아니지 않습니까. 결국은 별것 아닌 것이 될 것 아닙니까. 한데도 왜 쓸데없는 생각을 합니까. 깨끗이 부인하고 나면 편안합니다. 이것이 바로 은혜로운 생활입니다.

그런데 참 놀라운 일이 있습니다. 아브라함이 하나님께서 시키지도 않으셨는데 멋대로 이스마엘을 만들어놓지 않았습니까. 이걸 어떻게 하면 좋다는 말씀입니까? 벌써 14살 아닙니까. 한데 이때 하나님께서 말씀하십니다. "내가 저들로 큰 민족이 되게 하리라. 네가 실수한 것 내가 책임진다." 이 얼마나 놀라운 말씀입니다. "그런고로 너는 새로운 길을 가라." 얼마나 고마운 말씀입니까. Sola Fide, 오직 믿음입니다. 자기를 버리고 맡기는 믿음입니다. 애초부터, 앞으로도 영원히, 우리는 오직 믿음으로, 갈 바를 알지 못하고 가는 것입니다. 아브라함은 바랄 수 없는 중에 바라고 믿었습니다. 만신창이가 된 인격으로 하나님께서 주시는 말씀을 전적으로 믿고 받아들였습니다. 하나님께서 그것을 의로 여기셨습니다. 이제부터가 중요합니다. 과거에 매이지도 말고, 과거를 후회하지도 말고, 오직 믿음으로 의롭다하심을 얻는 그것이 종교개혁의 신앙입니다. △

그를 기다리는 자의 복

그러나 여호와께서 기다리시나니 이는 너희에게
은혜를 베풀려 하심이요 일어나시리니 이는 너희를
긍휼히 여기려 하심이라 대저 여호와는 정의의 하나
님이심이라 그를 기다리는 자마다 복이 있도다 시온
에 거주하며 예루살렘에 거주하는 백성아 너는 다시
통곡하지 아니할 것이라 그가 네 부르짖는 소리로 말
미암아 네게 은혜를 베푸시되 그가 들으실 때에 네게
응답하시리라 주께서 너희에게 환난의 떡과 고생의
물을 주시나 네 스승은 다시 숨기지 아니하시리니 네
눈이 네 스승을 볼 것이며 너희가 오른쪽으로 치우치
든지 왼쪽으로 치우치든지 네 뒤에서 말소리가 네 귀
에 들려 이르기를 이것이 바른 길이니 너희는 이리로
가라 할 것이며 또 너희가 너희 조각한 우상에 입힌
은과 부어 만든 우상에 올린 금을 더럽게 하여 불결
한 물건을 던짐 같이 던지며 이르기를 나가라 하리라
(이사야 30 : 18 - 22)

그를 기다리는 자의 복

취직시험은 한 사람의 운명을 결정하는 대단히 중요한 과정입니다. 또한 취직시험을 한 번 본 사람들은 아마 일생동안 그 절절했던 시간을 잊지 못할 것입니다. 오랫동안 기다려왔고 준비해온 결정적인 시간이기 때문입니다. 어느 회사 시험장의 인터뷰 대기실에서 있었던 일입니다. 사람들이 아주 만원으로 가득 모였는데, 이 회사에서 인터뷰를 기다리는 사람들 몰래 한 일이 있습니다. 몰래 CCTV를 설치해놓고 그 기다리는 사람들의 모습을 전부 녹화했답니다. 그리고 일부러 예고시간보다 30분 늦게 인터뷰를 시작했습니다. 약속된 시간보다 30분이 늦어지니까 대기하고 있던 응시생들이 술렁거리기 시작합니다. 그리고 무의식중에 여러 가지 행태를 보이기 시작합니다. 누구는 초조해하고, 또 누구는 불평하고 원망합니다. 그런가하면 조용히 앉아 묵상하면서 태연하게 기다리는 온유한 사람도 있습니다. 이렇게 인터뷰 없이 기다리는 사람들의 모습으로만 평가를 해서 좋은 직원을 선발했다는 이야기입니다. 이런 신입사원 선발방법으로 고안해낸 이 회사 사장님의 지혜를 생각해봅니다. 회사를 위해서 어떤 사람을 선발해야 할까요? 회사를 위해서 어떤 사람이 좋은 사람일까요? 바로 '기다리는 사람'입니다. 기다리는 자세가 좋은 사람입니다. 기다린다는 것, 이 얼마나 중요합니까.

우리 교회 장로님 한 분이 그런 짓궂은 일을 했다고 합니다. 어떤 사람의 소개로 결혼할 사람을 처음 만나게 되었습니다. 보니 사람이 괜찮은 것 같습니다. 그래 두 번째 만날 때 일부러 한 시간 늦게 갔답니다. 그리고 멀리 숨어서 기다리는 그 여자의 모습을 살펴 보았답니다. 여자는 가만히 앉아 있다가 성경책도 보고 하면서 그 저 아무 불평 없이 잠잠히 기다리더랍니다. 이윽고 한 시간 뒤에 딱 들어서면서 "아이고, 늦어서 죄송합니다!" 했더니, 이 아가씨가 그 러더랍니다. "뭐, 그럴 수도 있죠. 길도 막히고 그러는데요." 그래 서 이 여자와 결혼했답니다. 거기서 만약에 여자가 "무슨 데이트가 이 모양이에요?' 하면서 남자의 매너가 어떻고 했더라면 일은 끝난 것입니다. 그러니 기다린다는 것이 얼마나 중요합니까. 오늘도 차 를 몰고 여기 오셨지요? 운전할 때마다 우리는 신호등 앞에서 신호 가 바뀌는 걸 기다립니다. 그 모습이 천태만상입니다. 발을 동동 구 르며 조급해한다고 신호등이 빨리 바뀌기라도 합니까? 그 기다리는 모습들을 보면 의연하게 있는 사람이 있는가 하면, 어떤 사람은 초 조하고 불안해서 경적을 마구 빵빵 울려대기도 합니다. 다들 모습이 다릅니다. 어쩌다가 조금 늦어지면 저 신호등이 고장 난 게 분명하 다며 시장까지 욕합니다. 그도 그럴 것이, 특별하게 여기 분당은 유 달리 신호가 깁니다. 아무튼 간에 이 신호대기 하는 그 기다림의 마 음자세가 그 사람의 인격을 다 말해준다는 것입니다.

운전철학에서 피해야 할 것이 세 가지 있습니다. 첫째가 졸음운 전입니다. 운전 중에는 절대 졸면 안 됩니다. 그러면 죽습니다. 정 졸리면 잠시 쉬어가든가 해야 합니다. 어떤 이유로도 졸음운전은 안 됩니다. 둘째는 음주운전입니다. 이것은 자살행위입니다. 자기만 죽 는 것이 아니라, 남까지 죽이는 일입니다. 음주운전은 절대 안 됩니 다. 셋째가 보복운전입니다. 앞차를 운전하고 가는 사람이 마음에 안 듭니다. 그렇다고 내 차로 앞차를 그냥 들이받으면 안 되는 것이

지요. 제가 어느 목사님으로부터 직접 들은 이야기입니다. 새벽기도
회에 가려고 운전을 하고 있는데, 앞에서 알짱알짱 자기를 괴롭히면
서 운전하는 사람이 있더랍니다. 그래서 확 앞질러가서 그 차 앞을
딱 가로막고 내려서 "야, 너 나와!" 하고 봤더니 앞차 운전자가 자기
교회 집사님이더랍니다. 이 얼마나 망신스러운 일입니까.

신호대기 하면서 기다리는 모습, 가만히 보면 천태만상입니
다. 그게 바로 당신의 인격입니다. 당신의 신앙이기도 합니다. 제
가 1963년도 그 옛날에 미국유학을 갔습니다. 그때 거기서 운전면허
시험을 봤습니다. 우리나라에서 운전을 조금하다가 갔으니까 출발
할 때 벌써 담당자인 한 노인이 그걸 알아보고 아직 시험도 보지 않
았는데 그만 되었다고 운전면허 합격증을 내주었습니다. 그러면서
그 노인이 한마디 했습니다. 그 한마디가 중요합니다. "앞으로 운전
할 때 푸른 신호를 조심하시오." 아주 철학적인 말이었습니다. 지금
까지 기억합니다. 붉은 신호 앞에서는 누구나 다 섭니다. 푸른 신호,
이것을 조심해야 합니다. 왜요? 이제 곧 바뀔 테니까요. 일이 잘 될
때 조심하라, 이것입니다. 얼마나 좋은 교훈입니까. 지금까지 수십
년이 지나도록 제가 생생히 기억하고 있습니다.

우리는 항상 기다리는 자세로 삽니다. 가장 중요한 진리는 나만
기다리는 것이 아니라, 나를 기다려주는 사람도 있다는 사실입니다.
우리는 기다림에 대한 불평만 합니다. 하지만 나를 말없이 기다려주
는 사람이 있습니다. 많은 사람이 나를 기다리고 있고, 특별히 하나
님께서 나를 기다리고 계십니다. 이것을 잊어서는 안 됩니다. 큰 권
능으로 즉시 심판하지 아니하시고, 오래 참으시며 기다리고 계시는
것입니다. 베드로후서 3장 8절, 9절은 이렇게 말씀합니다. "사랑하

는 자들아 주께는 하루가 천 년 같고 천 년이 하루 같다는 이 한 가지를 잊지 말라 주의 약속은 어떤 이들이 더디다고 생각하는 것 같이 더딘 것이 아니라……" 하루가 천년 같이— 그렇게 우리를 기다리는 분이 계시다는 것을 잊지 말아야 합니다. 우리가 기다림의 대상이 되고 있다는 것입니다.

　내가 초조하고 불안하게 여기지만, 하나님께서는 더 초조하십니다. 내가 답답하게 여기지만, 하나님께서는 더 답답한 마음으로 기다리십니다. 예컨대, 여러분이 탕자를 잘 아시지요? 이 탕자가 집을 나갔습니다. 나갈 때도 그리했지마는, 나간 다음에 그 아버지가 어찌했습니까? 아들을 기다렸습니다. 간절히 기다렸습니다. 매일같이 기다렸습니다. 밖에 나가서 기다렸습니다, 아들이 돌아오기를. 그러나 문제는 그 아들이 아버지가 자기를 기다리신다는 사실을 몰랐다는 것입니다. 아들은 아버지가 자기를 간절히 기다리신다는 사실을 몰랐습니다. 자기 고통만 알았지, 자기를 기다리시는 분의 아픔은 헤아리지 못한 것입니다. 그러다가 다 죽게 되어가지고서야 돌아왔지요? 돌아와 보니 어땠습니까? 아버지는 기다리셨습니다. 기다리셨을 뿐만 아니라 용서하고 기다리셨습니다. 돌아왔기 때문에 용서하신 게 아닙니다. 이미 다 용서하시고 '제발 살아만 돌아와 다오!' 하는 마음이셨습니다. 그 아버지의 재산을 다 탕진하고 돌아왔지마는, 그것은 문제가 안 됩니다. 그저 아들이 "아버지!" 하고 부르면서 돌아와 다오, 사람이 되어서 돌아와 다오, 아들이 되어서 돌아와 다오, 하는 그 마음뿐입니다. 그렇게 간절히 기다렸습니다. 미루어보건대, 아마도 탕자는 이렇게 생각하지 않았을까요. '아버지가 나를 이토록 간절히 기다리시는 줄 알았으면 진작 돌아올 걸. 내가

어찌하여 그 많은 세월을 낭비했던가. 아버지의 그 깊은 마음을 헤
아리지 못하고, 어째서 나는 이렇게 많은 세월을 잘못 살았던가?' 여
러분, 나를 기다리고 계시는 하나님, 내가 하나님의 뜻을 알기를 기
다리시고, 내가 나 자신을 알기를 기다리시고, 하나님을 바로 믿기
를 기다리시고, 스스로 절망하지 않고 낙심하지도 않으면서 아버지
께로 돌아오기를 기다리고 계십니다. 그리고 이 기다림은 곧 행동입
니다. 행동으로 기다리고 계시다, 이것입니다. 이 얼마나 귀중한 말
씀입니까. 나를 기다리는 사람, 나를 기다리시는 분, 그리고 나를 기
다려주시는 하나님! 깊이 생각해야 합니다.

　어떤 분이 이런 초조한 불평을 했더랍니다. "하나님, 왜 제게 복
을 안 주십니까? 십일조를 냈는데, 왜 장사가 안 됩니까? 제가 하나
님 앞에 기도했는데, 왜 복을 당장 주지 않으십니까? 왜 당장, 당장
주시지 않으십니까?" 이렇게 원망을 했습니다. 그러자 그 목사님이
보다 못해 이렇게 대답해주었다고 합니다. "당신이 조금 잘못할 때,
실수할 때 하나님께서 그 당장 벌을 내리시면 어떻게 되겠습니까?"
"그건 안 되지요." "그래서 기다리시는 거예요." 나는 당장 되기를
원하지만, 아닙니다. 하나님께서는 여전히 너그럽게 기다리십니다.
오래오래 기다리십니다. 간절한 마음으로 아직도 기다리십니다. 이
것이 바로 사랑입니다. 아주 인격적입니다. 물리적이 아니고, 인격
적으로 기다리시는 것입니다. 사람이 되기를, 깨닫기를, 바르기를,
겸손하기를, 그리고 바른 관계로 돌아오기를 기다리고 계시다는 말
입니다. 성숙하기를 기다리고 계시다는 말입니다.

　오늘 본문에는 하나님께서 기다리기만 하신 게 아니라, 일어나
신다는 말씀이 있지요. 행동을 말씀하는 것입니다. 기다림이 행동으

로 나타났습니다. 예수님 말씀 가운데도 그런 말씀이 있지요? 탕자에 대해서는 기다리는 것으로 되어 있지만, 길을 잃어버린 양에 대해서는 행동으로 나타납니다. 양은 스스로 돌아올 능력이 없습니다. 그래서 목자가 직접 찾아나서는 것입니다. 이것도 행동으로 나타난 기다림이라는 말입니다. 기다림이 있는 자는 복이 있고, 나를 기다려주는 자가 있는 것을 아는 자는 복이 있고, 기다림에 대해서 응답할 수 있는 사람은 참으로 복이 있는 사람입니다.

아브라함 링컨이 출석하던 워싱턴 애비뉴의 교회가 있습니다. 그 교회의 조셉 시제오 목사님이 어느 날 아브라함 링컨 대통령이 가지고 다니는 성경책이 놓여 있는 걸 보았습니다. 아주 낡은 성경책인데, 거기 중간에 탁 눈에 띄게 표시가 되어 있었습니다. 그걸 펴보니 시편 37편 7절에 크게 언더 라인을 해놓았더랍니다. 그걸 또 보고, 또 보고, 또 보고 한 흔적이 있었답니다. "여호와 앞에 잠잠하고 참고 기다리라……" 원망도 불평도 말고 하나님의 뜻을 기다려라, 하나님의 처분을 기다려라, 이것입니다. 이처럼 하나님의 약속이 성취되기를 기다리는 간절한 마음으로 그가 한 평생을 산 것이라는 증언입니다.

여러분, 나보다 그분을 먼저 생각해야 합니다. 나만 초조하고, 나만 괴로운 것이 아닙니다. 나를 기다리신 분의 아픔을 생각해야 합니다. 나를 기다려주고 계시는, 간절하게 기다리시는 분, 그 하나님의 마음을 헤아려야 합니다. 사실 우리의 신앙생활이란 약속에 대한 기다림입니다. 이스라엘 사람들의 신앙을 한마디로 정의한다면 Messianic Expectation, 메시아에 대한 기다림입니다. 끈질기게 메시아를 기다리는 것입니다. 우리 그리스도인들은 주님의 재림을 기다

립니다. 주께서 본대로 오리라고 말씀하시고 승천하셨습니다. 우리
는 그것을 믿습니다. 다시 오실 주님을 기다립니다.

기다림이란 정적인 것이 아닙니다. 기다림이란 행동입니다. 거
룩하게, 진실하게, 겸손하게 기다려야 됩니다. 기다림에 불평이 없
어야 됩니다. 하나님의 경륜 앞에 아무런 원망도 불평도 있어서는
안 됩니다. 왜요? 나보다 그분이 나를 더 생각하시니까요. 내가 나
를 사랑하는 것보다 나에 대한 그분의 사랑이 더 크니까요. 그의 기
다림에 부응하는 거룩한 마음을 준비하는 합당한 심령이 되어야 할
것입니다.

오늘본문은 말씀합니다. 하나님께서 기다리시는데, 은혜 주기
를 기다리시고, 긍휼히 여기기를 기다리신다고요. 이 은혜와 긍휼
앞에 우리는 무엇으로 응답하겠습니까? 오직 믿음이요, 오직 겸손
이요, 오직 감사입니다. '아직도 기다려주시니 감사합니다. 아직도
제게 그 기다림의 은혜가 있으니 감사합니다.' 이런 응답이 있어야
할 것입니다. 여호수아 7장 13절은 말씀합니다. "너희는 내일을 위
하여 스스로 거룩하게 하라……" 스스로 성결케 하고 내일을 기다리
라…… 내 행동이 먼저가 아닙니다. 하나님의 처분, 하나님의 경륜
에 응답해야 합니다. 스스로 성결케 하고 내일을 기다리라!

가끔 이런 분들을 봅니다. 임종은 가까웠는데, 준비가 안 되어
너무나 괴로워하는 분들입니다. 잘못 살았습니다. 이제 주님 만날
시간은 다가왔는데, 준비가 없습니다. 어떤 이름 난 재벌의 이야기
입니다. 그가 세상을 떠날 때 아들을 붙들고 한마디 했습니다. "내가
나름대로는 정직하게 살았고, 성실하게 살았다. 여기저기 장학금도
많이 주었고, 선한 일을 하느라고 했다마는, 내가 지금 하나님 앞에

간다고 생각하니, 하나님의 일을 한 것이 하나도 없구나. 그러니 아들아, 너는 내 말을 잘 듣고 내 이름으로 교회 하나 세워라." 아들이 약속했습니다. "알겠습니다, 아버지." 그리고 그는 세상을 떠났습니다. 그 아들이 바로 교회를 세웠습니다. 제가 어느 교회라고 말씀은 드리지 않겠습니다. 크게 예배당을 지어놓고 목사님을 모셔왔습니다. 지금 서울에 그 교회가 있습니다. 나를 기다려주시는 하나님 앞에 가까이 가려고 보니까 내가 아무것도 준비한 것이 없습니다. 이처럼 슬픈 이야기가 없습니다. 오늘 본문은 말씀합니다. '여호와께서 기다리신다. 또 그 기다림에 응답해서 여호와를 기다리는 자는 복이 있다.' 기다리는 기다림과 기다림의 바른 만남이 바로 은혜요, 축복이 되는 것입니다.   △

이 사람의 믿음

예수께서 다시 갈릴리 가나에 이르시니 전에 물로
포도주를 만드신 곳이라 왕의 신하가 있어 그의 아들
이 가버나움에서 병들었더니 그가 예수께서 유대로
부터 갈릴리로 오셨다는 것을 듣고 가서 청하되 내려
오셔서 내 아들의 병을 고쳐 주소서 하니 그가 거의
죽게 되었음이라 예수께서 이르시되 너희는 표적과
기사를 보지 못하면 도무지 믿지 아니하리라 신하가
이르되 주여 내 아이가 죽기 전에 내려오소서 예수께
서 이르시되 가라 네 아들이 살아 있다 하시니 그 사
람이 예수께서 하신 말씀을 믿고 가더니 내려가는 길
에서 그 종들이 오다가 만나서 아이가 살아 있다 하
거늘 그 낫기 시작한 때를 물은즉 어제 일곱 시에 열
기가 떨어졌나이다 하는지라 그의 아버지가 예수께
서 네 아들이 살아 있다 말씀하신 그 때인 줄 알고 자
기와 그 온 집안이 다 믿으니라 이것은 예수께서 유
대에서 갈릴리로 오신 후에 행하신 두 번째 표적이니
라

(요한복음 4 : 46 - 54)

이 사람의 믿음

　허브 밀러(Herb Miller) 교수의 「Connecting with God(하나님과의 연결)」이라는 저서가 있습니다. 이 책에 나오는 실화입니다. 어느한적한 곳에 조용하고 평화로운 마을이 있었습니다. 어느 날 거기에 나이트클럽이 문을 열었습니다. 마을에 큰 걱정거리가 생긴 것입니다. 이 평온한 마을에 나이트클럽이 들어오면 많은 사람들, 특별히 젊은 사람들이 타락하리라고 다들 생각했습니다. 그래 교회에서는 마을에 나이트클럽이 들어오는 것을 못마땅하게 여겨서 열심히기도를 했고, 나중에는 철야기도까지 하게 되었습니다. '하나님께서저 나이트클럽을 불태워주십시오. 하나님께서 저 나이트클럽을 멸하시어 죄악으로부터 이 마을의 젊은이들을 지켜주시기 바랍니다.'이런 기도제목으로 간절히 기도했습니다. 얼마 뒤 벼락이 떨어져 진짜로 나이트클럽에 불이 나 홀랑 타버렸습니다. 이에 나이트클럽 주인이 교회를 상대로 고소를 했습니다. 판사는 난감합니다. 교회 사람들은 이렇게 부인했습니다. "화재의 책임은 우리한테 없습니다. 우리가 직접 불을 지른 것이 아니니까요. 기도한 것은 사실이지마는, 직접 불을 놓지는 않았습니다." 재판장이 양쪽 이야기를 다 들어보고 나서 이렇게 말합니다. "나이트클럽 주인은 기도의 능력을 믿는데, 정작 교인들은 기도의 능력을 믿지 않는구먼요." 나이트클럽주인이 교인들보다 믿음이 더 좋다는 평가였습니다.

　찰리 패독(Charlie William Paddock)이라는 미국의 유명한 올림픽육상선수가 있습니다. 은퇴 뒤 코치생활을 하고 있던 어느 날 그는 오하이오 주 클리블랜드에 있는 한 기술고등학교에서 초청을 받아 강연을 하게 되었습니다. 학생들이 선망의 눈으로 이 올림픽 선수를 쳐다보며 귀담아 그의 강연을 들었습니다. 그가 말합니다. "여러분은 어떤 사람이 되기를 원합니까? 목표를 정하고, 하나님께서 도와주실 것이라고 믿으면 반드시 그 목표는 이루어집니다." 신앙인의 간증입니다. 강연이 끝나자마자 웬 소년 하나가 앞으로 나오더니 그에게 이렇게 말했습니다. "코치님, 제가 결심을 했습니다. 꿈이 생겼습니다. 저는 코치님처럼 유명한 올림픽 선수가 되겠습니다." 그때 이 코치는 강연은 그런 뜻으로 했지만, 정작 학생이 이렇게 나오니까 속으로 걱정이 되었습니다. 그래 이렇게 일러주었습니다. "꿈은 좋지만, 꿈을 세우고 난 다음에는 꿈에다가 사다리를 놓아야 된다. 그리고 이 사다리를 통해서 꿈을 향해 올라가야 되는데, 필요한 것들이 있다. 첫째가 인내요, 둘째가 헌신이요, 셋째가 훈련이요, 그리고 넷째가 믿음이다. 이렇게 사다리를 한 단, 한 단 올라가면 네 소원이 이루어질 것이다." 이 말을 듣고 소년이 대답했습니다. "알았습니다!" 그 뒤에 이 소년은 정말로 사다리를 놓고 꿈을 향해 열심히 올라갔습니다. 그리고 마침내 1936년 베를린 올림픽에서 금메달 4개를 목에 거는 영광을 누리게 됩니다. 이 사람이 바로 그 유명한 제시 오웬스(Jesse Owens)입니다. 여러분은 이 사건에서 무엇을 생각하십니까? '도대체 믿음이란 무엇이며, 그 믿음을 향한 우리의 생활은 어떠해야 되겠는가?' 이런 생각이 들지 않으십니까?

오늘 본문에 나오는 이 '왕의 신하'의 믿음은 참 특별합니다. 그는 신분이 왕의 신하이니, 말하자면 정치가입니다. 그러니까 어쩌면 유대인들 생각으로는 전통적인 신앙인은 아닌 셈입니다. 십계명을 아는 것도 아니고, 율법을 아는 것도 아닙니다. 모세오경을 묵상하는 전통적 유대교인이 결코 아닙니다. 그는 다만 헤롯왕의 신하로서 정치하는 사람이요, 그냥 세속적으로 살아가는 사람일 뿐입니다. 더 엄밀히 말하면 불신앙의 사람입니다. 당시 사람들 속에서 이른 바 정치적으로 살아가는 사람입니다. 그런 그가 오늘 주님 앞에 나아왔습니다. 왜요? 이유야 간단하지요. 자기 아들이 다 죽게 생겼거든요. 아니라면 그렇듯 간절한 마음으로 예수님께 나아오겠습니까. 아마 웬만한 병이 들어가지고는 안 나올 것입니다. 한데 지금 아들의 상태가 위급하거든요. 당장 죽을지도 모르거든요. 그래서 급히 예수님께 나아와 무릎을 꿇은 것입니다. 자기 아들 좀 살려달라고요. 이걸 우리는 대수롭지 않게 생각하기 쉽습니다마는, 그렇지가 않습니다. 여러분 잘 아시는 대로 사람들은 어려운 일을 당하면 그것이 자기 능력의 한계를 위협하게 될 때 절망하고 낙심합니다. 거기까지도 좋은데, 나아가 원망합니다. 사회를 원망하고, 세상을 원망합니다. 심지어 부모를 원망하기까지 합니다. 고난을 당할 때 사람들은 흔히 이래서 문제가 됩니다. 그 다음에는 미신에 빠집니다. 어제도 TV를 보니까 학생들이 대학수학능력시험을 본다는 뉴스가 나옵니다. 자녀의 합격을 기원하고자 절간으로 가서 엎드려 있는 부모들의 모습을 보면서 이런 생각을 했습니다. '참 다급하긴 하구나.'

　여러분은 이런 경우 어디로 가십니까? 내가 절박한 현실에 처해 있다면, 내 능력의 한계를 넘어서는 그 순간에 나는 어디로 가느냐, 이것입니다. 비록 이 왕의 신하는 율법을 잘 아는 사람도 아니고, 유대 사람들의 규례를 따라 신앙생활을 하는 사람도 아닙니다. 하지만 한 가지, 그는 소문을 들어서 알고 있는 것이 있습니다. 며칠 전 예수님께서 가나에서 물로 포도주를 만드셨다는 이야기를 들은 것입니다. 이 소문을 듣고 믿은 사람도 있고, 안 믿은 사람도 있었겠지요. 그러나 왕의 신하는 믿었습니다. 그 표적을 믿었다는 말입니다. 소문을 믿었습니다. 여러분, 분명히 알아야 됩니다. 소문은 어디까지나 소문입니다. 소문 속에 있는 복음을 그는 믿었던 것입니다. 그럼 어떻게 믿게 되었을까요? 아마도 아들이 병들지 않았다면 안 믿었을지도 모르지요. 부인했을지도 모릅니다. 그러나 자기 아들이 병들어 죽어간다는 이 절박한 현실 속에 그는 예수님께서 물로 포도주를 만드셨다는 그 이적과 표적을 믿었습니다. 받아들였습니다. 그래서 예수님께 나아올 수 있었던 것입니다. 다시 말하면, 소문 속에 들어 있는 복음을 오늘 자기가 처해 있는 현실에 Application, 적용한 것입니다. 그리고 믿은 것입니다. 이 적용하는 능력, 중요합니다. 아주 단순한 믿음입니다. 그리고 예수님 앞에 나아와 간청합니다. "제 아들이 죽게 되었습니다. 와서 고쳐주시기를 바랍니다."

여기서 그는 한계를 넘어야 했습니다. 그 앞에 많은 어려움이 있었습니다. 이 믿음을 지니기까지는 어려움이 있었습니다. 왜요? 감각적 한계를 넘어야 하니까요. 소문은 내 경험이 아닙니다. 내 지식도 아닙니다. 남의 말입니다. 그저 그런 일이 있었다는 소문을 아무런 근거도 없이 어찌 쉽게 믿을 수 있겠습니까. 그러나 그는 이 지식의 세계, 지식의 한계를 넘어서야 했습니다. 지금까지 가지고 있던 자기 지식을 다 포기하고 오직 순수한 마음으로 예수님께서 행하신 표적을 믿은 것입니다. 예수님께서 그 표적을 내게도 나타내주시리라는 믿음, 그러실 수 있다고 하는 믿음, 그런 감각의 한계와 지식의 한계를 넘어서는 믿음입니다.

또한 그는 공간적 한계도 넘어섰습니다. 그리고 예수님께 나아와 간구합니다. "내려오셔서 아들의 병을 고쳐주십시오." 요구입니다. 그러나 예수님께서는 움직이지 않으십니다. 예수님을 모시고 집에 가려고 했는데, 예수님께서는 요지부동이십니다. 가실 생각을 안 하십니다. 그저 이렇게 말씀하실 따름입니다. "네 아들이 나았다!" 여러분이라면 이 상황에서 어떻게 하시겠습니까? 이 일을 어떻게 하면 좋겠습니까? 그냥 믿고 집으로 가야겠습니까? 아니면, 제발 같이 가달라고 계속 간청해야겠습니까? 아주 어려운 시간입니다. 한데 이미 이적이 일어났습니다. 요샛말로 하면 Remote Control입니다. 여기 계시면서 저 먼 곳에 이적을 행하신 것입니다. 지금 이 왕의 신하, 이 죽어가는 아이의 아버지의 눈에 뵈는 게 아무것도 없습니다. 그저 한 마디 예수님의 말씀만 있습니다. "네 아들이 나았느니라!" 어떻게 하면 좋겠습니까? 여기서 만일 그가 이렇게 고집을 부렸다면요? "예수님, 직접 가셔서 제 아들의 손을 붙잡고 기도해주셔야 병이 낫지요. 가셔야 합니다. 여기 앉아서 말씀만 하시면 뭐가 되겠습니까. 제 아들이 죽기 전에 빨리 가셔서 고쳐주시기 바랍니다." 참 어려운 일 아닙니까. 공간의 한계입니다. 예수님께서는 가지 않으십니다. 다만 이렇게 말씀하십니다. "네 아들이 살았다!"

또한 그는 시간적 한계도 넘어섰습니다. 이 아버지는 즉시 와서 고쳐달라고 했는데, 예수님께서는 그냥 여기서 말씀하고 계십니다. 시간에 문제가 있습니다. 시간의 한계를 넘어야 됩니다. 유명한 이야기가 전해집니다. 발명왕 에디슨이 어느 날 시골을 방문했을 때 한 어머니가 아들을 데리고 와서 그를 가리키며 "이분이 그 위대한 발명왕이시다!" 하고 아들에게 소개합니다. 그러고 나서 에디슨에게 부탁합니다. "이 아들이 한평생 기억할 만한 귀중한 교훈 한 가지만 들려주십시오." 그때 에디슨이 참 특별한 말을 했습니다. "시계를 보지 마라. 공부할 때 시계 보지 마라. 어른과 얘기할 때 시계 보지 마라." 그렇습니다. 연애할 때도 시계 보면 안 됩니다. 그리고 또 말합니다. "특별히 하나님의 말씀을 들을 때 시계 보지 마라. 하나님의 시간과 우리 인간의 시간은 다르다. 초조하게 하나님 앞에서 인간의 시계를 보지 마라." 얼마나 중요한 얘기입니까.

여러분, 하나님께서 우리에게 기도응답해주십니다. 그러나 시간은 내 생각과 다릅니다. 나는 오늘 당장 되기를 바라지만, 아닙니다. 하나님께서는 저 멀리서 이루어주십니다. 이걸 잊지 말아야 합니다. 1951년 1월 13일, 제가 고향을 떠날 때 제 어머니께서 기도를 하시고 나서 제 손을 꽉 붙잡고 해주신 말씀이 있습니다. 바야흐로 피난을 가는 아들입니다. 오늘 밤 어디에서 잘지, 무엇을 먹을지, 살아남을 수 있을지, 아무 보장이 없습니다. 그저 성경책 한 권 딱 들고 지금 떠나는데, 어머니께서 말씀하셨습니다. "너는 목사가 되어라. 반드시 목사가 되어야 한다." 그러나 어머니의 이 기도는 몇 십년 뒤에야 이루어집니다. 우리가 가진 시간, 내 손바닥에 있는 시계, 이것은 하나님의 시계가 아니요, 하나님의 시간이 아닙니다. 하나님의 시간과 우리 인간의 시간은 다릅니다. 이걸 알아야 합니다. 이 초월적인 하나님의 역사 앞에, 하나님의 지혜 앞에, 하나님의 시기, 시간을 다스리는 그 하나님의 능력 앞에 겸손해야 됩니다. 초조해하지도 말고, 불안해하지도 말 것입니다. 당장 이루어지지 않습니다. 내 생각은 이렇습니다. 그러나 하나님의 생각은 그것이 아닙니다. 오늘 본문의 이 신하는 이런 시간적 한계를 넘어서야 했습니다.

이스라엘 백성이 애굽을 나와서 큰 시험에 빠졌는데, 바로 이 것 아닙니까. 모세와 아론, 그리고 모든 백성들이 큰 시험에 빠졌습니다. 애굽에서 가나안까지는 60만 대군이 아무리 천천히 가도 열나흘이면 갈 수 있는 거리입니다. 한데 무려 40년이나 걸렸습니다. 하나님의 시간은 40년인 것입니다. 사람들은 지금 당장 가나안에 들어가고 싶지만, 하나님의 생각은 다릅니다. 물리적인 것도 아니고, 정치적인 것도 아닙니다. 지정학적인 것도 아닙니다. 이스라엘 백성이 그곳에 들어갈 만한 사람이 되느냐가 문제입니다. 그렇게 되고서야 들어갈 수 있는 것입니다. 하나님의 시간은 우리 시간과 다릅니다.

또한 이 왕의 신하는 경험의 한계를 넘어섰습니다. 아마도 그는 예수님께서 죽어가는 사람을 살리셨다는 소문은 들어본 적이 없을 것입니다. 왜요? 지금 예수님께서 처음으로 행하신 이적이 물로 포도주를 만드신 것입니다. 그뿐입니다. 이 사건은 예수님 사역의 말기에 있는 일이 아닙니다. 예수님께서는 사역 중에 수많은 병을 고치셨습니다. 문둥병자도 고치셨습니다. 수많은 이적을 보이신 것입니다. 하지만 오늘본문의 사건은 그런 많은 이적들이 있은 다음에 일어난 일이 아닙니다. 두 번째 이적이라고 성경은 분명히 말씀합니다. 그러니까 아직 경험의 세계에 없는 일입니다. 누구의 경험에도 없는 일입니다. 그러니까 이 신하는 지금 자기 경험에 없는 일을 믿어야 합니다. 그의 이 믿음은 자기 경험의 한계를 넘어서는 훌륭한 믿음인 것입니다.

또한 그는 인격적 한계를 넘어섰습니다. 그는 왕의 신하입니다. 예수님께서는 가까운 나사렛이라는 동네의 서른 살 난 한 초라한 청년일 뿐입니다. 신분의 차이가 큽니다. 왕의 신하가 보잘것없는 갈릴리 청년 앞에 와서 무릎을 꿇는다는 것, 굉장한 사건입니다. 저는 우리나라의 유명한 재벌들, 돈 많은 분들, 이른 바 신분이 높은 분들과 친분이 있어서 예수 믿으라고 만날 때마다 전도해봤습니다. 하지만 핑계가 가지각색입니다. 어떤 사람은 바빠서 믿을 시간이 없답니다. 어떤 사람은 어째서 믿어야 되느냐고 반문합니다. 그 대답들 가운데 제가 가장 기분 나쁘게 들은 말이 이것입니다. "그거 다 가난하고 병든 사람들이 나가는 데 아닙니까. 나 같은 사람이 왜 나갑니까?" 깜짝 놀랐습니다. '무슨 저런 놈이 다 있나?' 싶더라고요. 그 사람, 그러더니 바로 병들었습니다. 여러분, 생각해야 됩니다. 이게 안 되는 것입니다. 어디 교만하게 감히 그런 말을 합니까. "그거 시원치 않은 사람들이 어려우니까 나가는 거지, 나 같이 넉넉한 사람이 거길 왜 나가나?" 성경을 보십시오. 왕의 신하가 예수님 앞에 가서 무릎을 꿇습니다. 이것이 믿음입니다. 그래서 믿음은 하나님의 선물입니다. 그는 예수님의 말씀을 믿고 갔습니다. 이 한마디가 너무나 인상적입니다. 다급하게 "제 아들 좀 고쳐주세요. 빨리 오셔서 고쳐주세요. 즉시 내려와 주세요!" 하다가 예수님께서 "네 아들이 살았느니라!" 하고 말씀하시니, 그 말씀을 듣고 갔습니다. 믿고 간 것입니다. 참 굉장한 믿음 아닙니까. 말씀의 허락을 받고 믿고 가더라……

　아브라함은 하나님의 말씀을 믿고, 갈 바를 알지 못하고, 고향을 떠납니다. 히브리서 11장은 말씀합니다. "믿음은 바라는 것들의 실상이요 보지 못하는 것의 증거니." 믿고 가는 그 믿음, 놀라운 말씀 아닙니까. "네 아들이 살았느니라!" 이 말씀을 믿고 집으로 갔더니, 말씀한 바로 그 시간에 아들이 병이 나은 것을 알게 됩니다. 오늘본문의 마지막 절 말씀이 너무나 아름답습니다. "이것은 예수께

서 유대에서 갈릴리로 오신 후에 행하신 두 번째 표적이니라." 믿음
이 확증되는 순간입니다. "그의 아버지가 예수께서 네 아들이 살았
있다 말씀하신 그 때인 줄 알고 자기와 그 온 집안이 믿으니라." 말
씀의 능력이 자기생활 속에서 확증되는 시간입니다. 믿고 가고, 믿
음을 계속 확인하고, 확증하며 사는 것이 그리스도인의 모습입니다.
△

참 감사의 차원

우리가 너희를 위하여 기도할 때마다 하나님 곧 우리 주 예수 그리스도의 아버지께 감사하노라 이는 그리스도 예수 안에 너희의 믿음과 모든 성도에 대한 사랑을 들었음이요 너희를 위하여 하늘에 쌓아 둔 소망으로 말미암음이니 곧 너희가 전에 복음 진리의 말씀을 들은 것이라 이 복음이 이미 너희에게 이르매 너희가 듣고 참으로 하나님의 은혜를 깨달은 날부터 너희 중에서와 같이 또한 온 천하에서도 열매를 맺어 자라는도다 이와 같이 우리와 함께 종 된 사랑하는 에바브라에게 너희가 배웠나니 그는 너희를 위한 그리스도의 신실한 일꾼이요 성령 안에서 너희 사랑을 우리에게 알린 자니라

(골로새서 1 : 3 - 8)

참 감사의 차원

1963년에 제가 생전처음으로 미국을 가게 됩니다. 그 시절에는 미국에 가려면 우리나라 비행기로 못 가고 미국 비행기를 타고 가야만 하던 때입니다. 그 비행기 안에서 제가 잘 아는 홍 집사님이라고 하는 분을 만났습니다. 그분은 저보다 먼저 유학을 하고 돌아와 활동하던 집사님이었습니다. 반가웠습니다. 그래 나란히 앉아 가면서 이런저런 얘기를 나누었습니다. 제가 한마디 했습니다. "지금 제가 생전처음 미국을 가는데, 말도 잘 통하지 않을 테고 해서 여러 가지로 걱정이 많습니다. 두렵기도 하고요. 이것저것 말씀하시면 제가 다 기억할 수 없을 테니까 제가 미국에서 공부할 때 주의해야 할 것 딱 한 가지만 가르쳐주세요." 그랬더니 홍 집사님이 빙그레 웃으면서 말합니다. "가르쳐드릴게요. 'Thank you!'라는 말을 열심히 하세요. 그 사람들은 그걸 잘합니다. 작은 일이나 큰일이나 Thank you, Thank you, 하니까 Thank you라는 말을 잘해야 됩니다." 그래 제가 생각했습니다. '음 알았어. 간단하구만.' 그때 승무원이 와서 커피를 한 잔 따라주고 갑니다. 저는 가만히 있었지요. 그랬더니 집사님이 제 옆구리를 쿡 찌르더니 이럽니다. "왜 가만히 있으세요? 'Thank you!'라고 하셔야지요." 그래 제가 '아뿔사! 첫 판에 한 번 당했구나!' 싶었습니다. 그 뒤 미국에 도착해서부터 저는 부지런히 그저 "Thank you! Thank you!" 하고 다녔습니다.

가장 행복한 사람이 누구입니까? 가장 높은 인격자가 누구입니까? 가장 믿음이 좋은 사람이 누구입니까? 대답은 딱 하나입니다.

감사하는 사람입니다. 돈이 많다고, 건강하다고, 출세했다고, 권세가 있다고 행복합니까? 절대 아닙니다. 진정 행복한 사람은 감사하는 마음이 있는 사람입니다. 언제나 감사한 마음을 가진 사람이 행복한 사람입니다. 여러분, 우리가 공산주의사회에 대한 생각을 많이 합니다마는, 공산주의사회는 무엇이 나쁩니까? 간단합니다. 감사가 없다는 점입니다. 혁명에는 감사가 없습니다. 쟁취한 것에 대해서는 감사가 없습니다. 그러니까 불행한 것이지요. 무엇을 얻었느냐는 중요하지 않습니다. 감사가 공중분해 되고 맙니다. 자기 능력과 노력으로 싸워서 얻은 것에 대해서 무슨 감사가 있겠습니까.

오래 전 일입니다마는, 제가 모내기철에 북한을 간 적이 있습니다. 그때 여기저기 돌아다니면서 봤는데, 모내기는 이른 봄에 합니다. 그렇기 때문에 아주 이른 새벽부터 일을 시작합니다. 어슴푸레한 여명 속에 사람의 얼굴이 보일 정도로만 날이 밝으면 벌써 일을 시작해야 되는 것입니다. 그런데 9시가 되었는데도 사람들이 논두렁에 떡하니 앉아가지고 담배만 피우고 있잖아요? '이래가지고 농사가 되겠나?' 이렇게 걱정을 했는데, 거기 '모내기 혁명'이라고 써 붙여놓았습니다. 아니, 모내기가 왜 혁명입니까. 이것이 불행의 원인입니다. 만사를 혁명으로 생각하거든요. 그래서 뭔가 얻어도 감사가 없는 것입니다. 이것이 사회주의 국가의 근본적인 문제입니다. 왜요? 혁명으로 얻어낸 것이니까 감사가 없는 것입니다.

존 잉글리시(John J. English)의 「Spiritual Freedom」이라는 저서가 있습니다. 이 책에서 그는 이렇게 말합니다. '인간을 인간답게 만드는 것은 사랑의 경험이다.' 사람들은 어느 순간에라도 사랑을 경험하고, 사랑을 알고, 사랑을 느끼고, 사랑에 감동합니다. 그만큼 인간은 인간답게 산 것이 되는데, 그 사랑의 느낌이란 무엇입니까? 곧 감사하는 마음입니다. 사랑을 받았다고 사랑이 아닙니다. 사랑을 느껴야 사랑이지요. 사랑을 느끼는 순간 감사로 응답하게 되어 있다, 이것입니다. 사랑의 경험은 곧 감사라는 말입니다.

　일본의 유명한 신학자 우찌무라 간조가 이런 말을 했습니다. '하나님의 저주가 있다면 그것은 질병도 실패도 배신당하는 것도 아니다. 내 생각에는 세 가지가 있는데, 첫째는 하나님이 믿어지지 않는 것이고, 둘째는 성경을 보아도 하나님의 말씀이 들리지 않는 것이고, 셋째는 어떤 일에도 감사한 마음이 생기지 않는 것이다.' 이것이 저주요, 저주받은 사람이요, 저주의 증거입니다. 우리나라 기독교 인구가 지금 온 국민의 20퍼센트 정도 된다고 추산합니다. 그럼 우리나라에서 제일 기독교인이 많은 곳, 기독교인의 비율이 가장 높은 곳은 어디일까요? 바로 여수 순천입니다. 여기는 기독교인구의 비율이 35퍼센트가 넘습니다. 시장에서부터 시의원, 도의원 할 것 없이 모든 국회의원들이 다 기독교인입니다. 제가 그곳에 갈 때마다 물어봅니다. "왜 여수 순천에는 이렇게 기독교인이 많습니까?" 그분들이 대답합니다. "여기에 손양원 목사님의 기념관이 있거든요. 손양원 목사님이 여기 계십니다." 손양원 목사님이 누구입니까? 한평생 문둥병 환자들하고 같이 사신 분입니다. 그리고 감옥에 들어가 7년 동안 고생하신 분이기도 합니다. 뿐만이 아닙니다. 가장 중요한 것은 그분이 애양원에서 부흥회를 인도하는 동안 생때같은 아들 둘이 순교했습니다. 그때 맏이가 21살, 둘째가 20살이었습니다. 그 젊은 아들 둘이 순교했다는 소식을 듣고 손 목사님은 제일 먼저 이렇게 말합니다. "오, 하나님! 감사합니다!" 그래서 손양원 목사님의 별명이 '사랑의 원자탄'입니다. 그는 이렇게 기도했습니다. '제가 그렇게 순교하고 싶었는데, 제게는 순교의 영광을 주시지 않고, 제 아들이 순교케 하신 것을 감사합니다. 우리 가문에 순교자가 둘이나 나온 것을 감사합니다. 미국으로 공부하러 간다고 유학을 준비하고 있던 아들들이 미국 가는 대신 더 좋은 천당으로 갔으니 감사합니다. 하나님, 이 어려운 시간에 감사하는 마음을 주신 것을 감사합니다.' 이렇게 감사하셨습니다. 그래서 손양원 목사입니다. 그분이 있었기 때문에 지금도 여수 순천에 교인이 제일 많습니다. 순교자가 누구입니까? 감사해야 순교자입니다. "아이고, 내 팔자야!" 하고 죽으면 안 됩니다. 하나님 원망하면 더더욱 안 됩니다. 죽느냐 사느냐의 문제가 아닙니다. 감사하는 자가 바로 순교자입니다.

감사는 사람을 겸손하게 만듭니다. 감사함으로 말미암아 모든 근심걱정에서 내가 자유하게 됩니다. 감사하면 미래가 보입니다. 소망이 보입니다. 감사하면 그 순간 모든 이웃까지도 평안하게 됩니다. 이것이 감사의 열매입니다. 데살로니가전서 5장 16절, 여러분이 너무나 잘 아는 말씀입니다. '항상 기뻐하라. 쉬지 말고 기도하라. 범사에 감사하라. 이것이 너희를 향한 하나님의 뜻이다.' 하나님의 뜻이 무엇입니까? 하나님의 뜻이 이루어지기를 바라면 반드시 이루어질 것입니다. 하나님의 뜻에 가까이 가야만 우리의 행복도 있을 것입니다. 하나님의 뜻은 항상 기뻐하는 것입니다. 부모님의 뜻이 무엇입니까? 자녀들이 기뻐하는 것입니다. '항상 기뻐하라. 쉬지 말고 기도하라. 범사에 감사하라.' 이것이 하나님의 뜻입니다. 하나님의 뜻이 이루어지기를 바란다면 바로 여기에 초점을 맞추어야 합니다.

사도 바울은 지금 로마 감옥에 있습니다. 감옥생활이 얼마나 어렵고, 얼마나 절망적인 것인가 하는 걸 우리는 잘 알고 있습니다. 감옥에서 바울이 순교 직전에 쓴 편지가 바로 골로새서입니다. 그래서 이걸 가리켜 '옥중서신'이라고 하는 것입니다. 성도 여러분, 어찌 이 안에서 감사할 수 있다는 말입니까? 그 편지의 첫머리가 감사입니다. 여기에서 신비로운 가장 중요한 원천적 의미를 찾아야 합니다. 무엇입니까? 우리가 너희를 위하여 기도할 때마다 감사하다…… 기도입니다. 하나님을 향할 때 감사가 있습니다. 땅을 바라보면 감사가 없습니다. 하나님을 바라보고, 하나님과 나와의 바른 관계를 정립할 때, 하나님 앞에서 나를 보고 하나님을 쳐다볼 때 감사가 나옵니다. 기도의 감사, 이걸 잊지 말아야 합니다. 기도하면서 하나님을 만나게 될 때, 하나님의 음성을 듣게 될 때 비로소 모든 일이 하나님의 은혜임을 알게 됩니다. 그런고로 기도하는 자가 감사하고, 기도할 때마다 감사할 수 있습니다. 기도를 떠날 때 원망하게 됩니다. 근심하게 됩니다. 이걸 잊지 말아야 합니다.

빌립보서 1장 3절, 4절은 말씀합니다. "내가 너희를 생각할 때마다 나의 하나님께 감사하며 간구할 때마다 너희 무리를 위하여 기쁨으로 항상 간구함은." 감사의 일상적 생활을 그는 감옥에서 고백하고 있습니다. 하나님 앞에서 하나님과의 관계가 정립될 때, 하나님 앞에서 자기 모습을 볼 때 감사하게 되는데, 오늘본문에 딱 세 가지를 지적해서 확실하게 말씀해줍니다. 본문에서 보는 바와 같이 믿음, 사랑, 소망, 그 소식을 듣고 하나님 앞에 감사합니다. 믿음은 선물입니다. 정말 그렇습니다. 제가 목회생활을 50년 하면서 보니까 참 믿음이 안 들어가는 사람이 있습니다. 교회는 다니는데 아직 믿음이 안 생겼습니다. 하나님과의 관계가 정립되지를 않았습니다. 이 교회를 사람들의 공동체로 알고 들락날락할 뿐입니다. 그런 사람은 믿음이 없습니다. 왜요? 기도가 없기 때문입니다. 혼자 기도하면서 하나님과 엄숙하게 만나는 관계가 맺어져야 그때부터 교인인데, 그 기도가 없는 것입니다. 믿음, 참 어렵습니다. 그 많은 날 설교를 들어도 믿음이 없는 사람이 있습니다. 그런가하면 어쩌다가 딱 한 번 설교를 들었는데도 큰 믿음을 갖게 되는 복된 사람도 있습니다. 역시 믿음은 설명할 문제가 아니더라고요. 믿어져야 믿는 것입니다. 도리가 없습니다. 그래서 에베소서에서 사도 바울은 '믿음은 하나님이 주시는 선물'이라고 말씀합니다. 하나님께서 믿게 하시니 믿게 되는 것입니다. 칼뱅의 이론대로 말하면 '예정 속에서 믿음이 이루어지는 것'입니다. 엄청나게 신비로운 의미입니다. 믿음이 생기는 것, 얼마나 중요한지 모릅니다. 그래서 사도 바울은 말씀합니다. 골로새 교회, 거기에 믿음이 있다고요. 사실 골로새 교회는 사도 바울이 직접 세운 교회가 아닙니다. 예수를 믿게 된 사람이 사도 바울한테 가서 직접 세운 교회입니다. 바울은 그들에게 편지하면서 '너희들에게 믿음이 있음을 감사하노라!' 합니다. 다 얻고도 믿음을 잃어버리면 다 잃어버린 것 아닙니까.

이런 너무나 재미있는 일화가 있습니다. 어떤 아주 소문난 의 좋은 형제가 있었는데, 둘이 함께 길을 가다가 길 위에 있는 금덩어리를 발견합니다. 그걸 동생이 손에 딱 들고 "아, 이거 금 아닙니까. 야, 참, 이거 오늘 재수 좋은 날이다" 합니다. 다시 가는데 형님이 "애, 너 그 금덩어리 나 좀 보자!" 합니다. "그러세요, 형님." 이제 형님이 자기 손에 금덩어리를 들고 갑니다. 동생이 조금 있다가

"형님, 그거 저 주세요!" 합니다. 이렇게 서로 주거니 받거니 하면서 갔는데, 나룻배를 타고 강을 건너게 되었습니다. 배를 타고 강을 건너가다가 형님이 금덩어리를 물속에 던져 넣고 말았습니다. 동생이 깜짝 놀라고 화가 나서 말합니다. "아니, 형님! 그거 제 것인데, 왜 그 귀한 걸……" 그러자 형이 이렇게 동생을 타이릅니다. "잘 생각해봐라. 우리 형제간에 얼마나 믿음이 좋았느냐? 얼마나 의리가 좋았느냐? 이놈의 금덩어리 하나가 딱 생겨서 네 손에 있으니까 내 마음이 불편하고, 내 손에 있으니까 네 마음이 불편하다. 그래서 없앴다." 여러분, 무엇이 더 중요합니까? 돈이 중요합니까? 금덩어리가 중요합니까? 아닙니다. 더 중요한 것은 믿음입니다. 가장 귀한 것은 믿음입니다. 믿음을 감사할 줄 아는 자만이 감사할 수 있습니다. 왜요? 다 잃어버렸어도 믿음은 얻었거든요? 여러분, 이런 경험 있지 않습니까. 건강을 잃어버렸어도 믿음을 얻었고, 망해서 재산은 잃었어도 믿음은 얻었고…… 믿음을 얻은 것, 이것이 하나님께로부터 오는 귀중한 은혜인 줄을 알고, 믿음으로 인하여 하나님께 감사하는 것입니다. 이것이 원천적인 감사입니다.

'사랑의 소식을 듣고 감사하노라. 너희들 간에 서로 사랑하라.' 잘 아는 제 후배 목사님이 요즘 만날 때마다 얼굴이 까맣게 돼 있어서 '저 사람은 어디가 아픈가?' 했는데, 나중에 사정을 들으니 간이 좋지 않아서 그렇다는 것입니다. 그래 병원에 다닌다고 합니다. 하지만 아무래도 점점 더 나빠지는 것을 보고 제가 뭐라고 인사하기가 어려웠습니다. 한데 다음에 보니까 얼굴이 훤해졌습니다. "이거 웬일이요?" 그랬더니 그분 아들이 외아들인데도 아버지께 자기 간을 이식해주었다는 것입니다. 자기 간의 절반을 잘라서 아버지께 드린 것입니다. 그래 이렇게 건강을 회복했다는 것입니다. 그래 제가 "참 효자를 두었구먼. 일등효자를 둔 것 감사하게!" 했습니다. 여러분, 그 사랑, 그 부자지간의 사랑을 생각해보십시오. 가장 큰 감사는 사랑입니다. 형제간의, 이웃간의 비밀스럽고 은근한 사랑이 옳잖아요? 그 사랑이 점점 더 커지고, 점점 더 풍성해지는 것을 보고 감사하는 것입니다. 사랑, 이걸 잃어버리면 아무것도 아닙니다.

하늘에 쌓아둔 소망을 인함이라…… 여러분, 세월이 가면서 소망이 더 분명해집니다. 멀어지는 세상, 아쉬워하지 않습니다. 가까워지는 하나님의 나라를 바랍니다. 점점 더 가까워지고 또 가까워지는 하나님 나라에 대한 소망을 확증하면서 그 믿음 가졌을 때, 그런 소망을 가지고 살 때 사도 바울은 말씀합니다. '감사하노라. 믿음과 사랑과 소망이 있는 것을 보고 감사하노라.' 여러분, 지난 한 해에 무엇을 얻고 무엇을 잃었습니까? 원망한 때가 있었습니까? 이제는 이유를 묻지 마십시오. 감사하십시오. 감사할 수 있는 요소를 찾아보십시오. 구석구석 내가 미처 몰랐던 신비로운 감사의 이유가 있습니다. 불행했다고 생각하십니까? 아닙니다. 그 모든 사람 가운데 내가 가장 행복한 것을 발견해보십시오. 무엇보다도 행복한 것은 그것을 감사해야 한다는 것입니다. 이걸 잊지 말아야 합니다.

요새 제가 나이든 친구들을 만납니다. 제가 지금 한국 교회의 원로목사회 회장입니다. 나이 70이 다 넘었고, 80이 된 분들도 모이는데, 그때마다 제게 물어오는 것이 있습니다. "목사님, 아직도 운전하십니까?" "아, 그럼!" "운전하실 때 졸리지 않으십니까?" "안 졸려. 부산까지도 멀쩡히 갔다 오는데?" 정말 감사한 일입니다. 저는 차를 운전하여 출발할 때마다 '오, 하나님 감사합니다!' 합니다. 이게 웬 축복입니까. 여러분, 감사의 요소를 발견하십시오. 오늘도 건강해서 교회에 나올 수 있음을 감사하십시오. 원망과 불평으로 가득한 세상인데, 내 마음에 은은하게 감사가 있습니다. 감사의 생각이 납니다. 감사가 끓어오릅니다. 그러고 보니 다 반갑습니다. 세상은 아름답습니다. 이것이 감사절입니다. 하나님 앞에서 얻었고, 되었고, 성공했고…… 이것이 아닙니다. 믿음을 얻었고, 사랑하게 되었고, 하늘나라의 소망을 바라보게 되었기에 감사하는 것입니다. 그리고 이런 감사는 생산적입니다. 감사하고 세상을 보면 아름답습니다. 감사의 마음으로 보면 다 고마운 분들입니다. 감사하고 보면 하늘나라가 보입니다. 이걸 잊지 마십시다. 새로운 지혜, 새로운 능력, 새로운 생산의 원동력이 감사에 있다는 걸 잊지 마십시오. "그런고로 범사에 감사하라!" 이것이 하나님의 뜻입니다. 이것이 하나님을 기쁘게 해드리는 것입니다. △

생활현장에서 들은 소명

예수께서 그 곳을 떠나 지나가시다가 마태라 하는
사람이 세관에 앉아 있는 것을 보시고 이르시되 나를
따르라 하시니 일어나 따르니라 예수께서 마태의 집
에서 앉아 음식을 잡수실 때에 많은 세리와 죄인들이
와서 예수와 그의 제자들과 함께 앉았더니 바리새인
들이 보고 그의 제자들에게 이르되 어찌하여 너희 선
생은 세리와 죄인들과 함께 잡수시느냐 예수께서 들
으시고 이르시되 건강한 자에게는 의사가 쓸 데 없고
병든 자에게라야 쓸 데 있느니라 너희는 가서 내가
긍휼을 원하고 제사를 원하지 아니하노라 하신 뜻이
무엇인지 배우라 나는 의인을 부르러 온 것이 아니요
죄인을 부르러 왔노라 하시니라
(마태복음 9 : 9 - 13)

생활현장에서 들은 소명

빌리 그레이엄(Billy Graham) 목사님은 지금 95세로, 연세가 아주 높으십니다. 그분이 지난해에 「Nearing Home(집에 가까이)」이라는 저서를 펴냈습니다. 이 책 서두에 나오는 글이 너무나 인상적입니다. '아브라함이 하나님의 부르심을 받을 때가 75세였다. 모세가 하나님의 음성을 들을 때가 80세였다. 여호수아가 하나님의 음성을 직접 들을 때는 모름지기 80이었다.' 그리고 그 다음 글이 재미있습니다. '그런고로 아이들은 물러가라.'

하나님께서는 우리를 기다리십니다. 기다리기만 하시는 게 아니라 우리를 찾아주십니다. 'Waiting God. Seeking God.' 찾아오시는 하나님입니다. 깊이 생각해야 합니다. 찾아오셔서 말씀하십니다. 그 말씀이 그냥 추상적인 것이 아닙니다. 감상적인 것이 아닙니다. 그 말씀 자체 속에 신비로운 능력이 있고, 하나님의 경륜이 있음을 알아야 합니다. 그런고로 찾아오시는 하나님을 영접하는 것이 믿음이요, 하나님을 영접하기 위해서 나 자신을 부정하는 것이 진정한 회개입니다. 자기 부정과 함께 주님을 영접하는 것이 신앙생활의 근본입니다. 하나님의 부름 속에 구체적인 복음이 있습니다. 그 부름은 귀에 들리는 말씀만이 아닙니다. 이것 그대로가 하나님의 능력 그 자체라고 하는 사실을 잊어서는 안 됩니다.

신학적으로 사랑을 설명할 때는 언제나 이렇게 말합니다. '아가페와 에로스.' 아가페라는 사랑이 있습니다. 하나님께로부터 우리에게 오는 사랑입니다. 그런가하면 우리가 하나님께 나아가는 사랑이 있습니다. 그것을 에로스라고 합니다. 그래서 아가페와 에로스의 이 신학적 관계는 아주 차원이 다릅니다. 오늘도 우리의 신앙을 잘 분석해보십시오. 아가페의 신앙을 가졌느냐, 에로스의 신앙을 가졌느냐? 굉장한 차이가 있는 것입니다. 이런 바른 신앙이 정립되기 전에는 참된 은혜와 위로를 받을 수 없습니다.

하나님께서 우리를 찾아오실 때 하시는 역사, 그것을 사랑이라고 합니다. 히브리의 개념으로는 이것을 긍휼이라고 합니다. 이 긍휼이라는 개념에는 우리 동양의 의식이 많이 들어 있습니다. 오늘본문은 하나님께서 긍휼(인애)을 원하신다는 호세아 6장 6절 말씀을 인용하고 있습니다. 이것은 히브리 신학에서 중심을 이루는 굉장히 중요한 말로, '헤세드'라고 합니다. '헤세드'는 사랑입니다. 사랑은 곧 긍휼입니다. 위에서 내려오는 사랑입니다. 아주 큰 사랑입니다. 이 '헤세드'의 어원은 '라함'입니다. '라함'의 어원은 '자궁'입니다. 여인의 그 자궁 속에 있는 귀한 사랑, 그 보호하심을 뜻합니다. 생명이요 창조입니다. 그래서 하나님의 사랑을 '창조적 사랑'이라고 하는 것입니다. 이 얼마나 크고 위대한 역사입니까. 그 속에 우리가 있습니다. 헤세드, 하나님의 긍휼, 그 사랑.

오늘본문에 그것이 확실하게 나타나 있습니다. 모세가 40년 동안 목자생활을 합니다. 광야에서 방황하다가 미디안에서 제사장에게 발탁되어 이드로의 집에서 양을 치는 머슴으로 40년을 삽니다. 그리고 나이가 80이 되었습니다. 이만하면 인생 끝난 것 아닙니까. 저는 가끔 생각해봅니다. '보리 서 말만 있어도 처가살이 안 한다'는 말이 있지요? 처가살이라는 게 비참한 일입니다. 그런데 모세라는 사람은 처가살이를 40년이나 했습니다. 그럼 인생 끝난 것입니다.

남자로서는 다 끝난 사람입니다. 그런데 하나님께서는 하필이면 바로 그때 모세를 부르십니다. 80세가 된 다 늙은 모세를요. 모든 일을 다 포기하다시피 한 인생막장의 시기 아닙니까. 그러나 바로 그때 하나님께서는 모세를 부르십니다. 또한 예수님께서 베드로를 부르십니다. 베드로는 물고기 잡는 사람입니다. 그를 찾아가시어 예수님께서는 이르십니다. "나를 따르라! 내가 너를 사람 낚는 어부가 되게 하리라!" 그를 제자를 삼으신 것입니다. 그는 수제자가 됩니다.

오늘본문은 더 드라마틱합니다. 세관에 앉아서 세금을 받는 세리가 있었습니다. 이스라엘을 위한 세금이 아닙니다. 로마를 위한 세금입니다. 그런고로 온 유대민족이 이 사람을 미워합니다. 게다가 그는 포악합니다. 강제로 세금을 징수했습니다. 비민족주의자요 반민족적인 사람으로, 로마의 앞잡이입니다. 이런 사람이 지금 세금을 받고 있는 현장입니다. 하필이면 왜 이 사람입니까? 그 많은 사람들 가운데서 예수님께서는 왜 하필이면 이 사람을 부르시는 것입니까? 예수님께서 이 마태를 제자로 부르셨다는 것은 굉장한 사건입니다. 그야말로 헤세드, 긍휼입니다. 사랑입니다. 그 사랑의 계시가 구체적으로 이렇게 나타난 것입니다. 당시에도 서기관이 있었고, 바리세인이 있었고, 제사장이 있었습니다. 종교전문가들이 아주 많았습니다. 그리고 특별히 에세네인들은 광야에 나가서 금식하며 메시아를 기다리는 사람들입니다. 이런 사람들이 다 있었는데, 예수님께서는 그들을 다 마다하시고, 하필이면 세관에 앉아서 세금 받고 세리 마태를 그 일하는 현장에서 부르십니다. "너는 나를 좇으라!" 엄청난 사건 아닙니까. 예수님께서 열두 제자들을 부르셨지만, 저는 생각합니다. 마태를 부르신 이 사건이 가장 위대한 복음이라고요. 현장에서, 그 아주 실존적인 상황에서 부르고 계십니다. 마태가 비록 세금 받는 일을 어쩔 수 없이 하고는 있지만, 그렇게 로마의 앞잡이로 일하다가 집에 돌아가서는 그걸 뉘우치고 하나님 앞에 기도하고 있다면 또 모르겠습니다. 그것도 아닙니다. 지금 현장에서 세금 받고 있는 사람을 지나가시다가 "나를 좇으라!" 하고 부르셨다는 것입니다. 그는 지금 예수님을 따를 준비도 전혀 되어 있지 않았고, 예수님께 응답할 마음의 자세도 갖추고 있지 않았습니다. 그러나 그런 그를 예수님께서는 부르셨습니다. 여기에 중요한 신학적 의미가 있습니다. 무엇이겠습니까? 예수님께서는 마태가 누구인지를 다 아시고 부르셨습니다. 그가 인간말종의 죄인인 것도 아십니다. 로마에 빌붙어 동족들한테서 세금을 받아내는 일로 먹고살아가는 사람입니다. 참으로 비루한 인생 아닙니까. 예수님께서는 왜 이런 사람을 부르신 것입니까? 하지만 예수님께서는 다 아시고 부르셨습니다. 이것이 중요합니다. 만약 예수님께서 아무것도 모르시고 "마태야, 나를 좇으라!" 하셨다면 마태는 아마 이렇게 변명했을지도 모릅니다. "예수님, 저는 세리입니다. 사람들은 모두 저를 인간으로 취급하지 않습니다. 제가 주는 돈은 거지도 사양합니다. 저는 사람취급을 받지 못합니다. 인간말종입니다. 주여, 어째서 저 같은 사람을 부르십니까?" 이런 변명, 필요 없습니다. 왜요? 다 아시고 그를 부르시기 때문입니다. 여기에 하나님의 주도적인 역사가 있습니다. 창조적인 사랑이 있습니다. 엄청난 긍휼이 있습니다. 폭넓은 긍휼이 여기에 있었다는 말입니다. 이런 인간을 부르십니다. 그런고로 변명의 여지는 없습니다. 왜요? 아시고 부르시니까요. 다 아시고, 그리고 부르셨기 때문입니다.

또한 특별히 중요한 것은 여기에 신비가 있다는 사실입니다. 예수님께서는 중심을 보셨기 때문입니다. 성경에는 기록되어 있지 않지만, 우리는 족히 짐작할 수 있습니다. 중심을 보셨습니다. 교만한 바리세인들, 굉장한 율법적 지식과 의식을 가지고 성전에서 봉사하는 제사장이 모두 예수님 보시기에는 마땅치 않았습니다. 마태가 비록 세상에서는 가장 인간말종으로 살아가고 있지마는, 예수님께서는 그 마음속의 중심을 보셨습니다. 사무엘상 16장 7절을 보면 하나님께서 사무엘을 향해 이렇게 말씀하십니다. "그의 용모와 키를 보지 말라 내가 이미 그를 버렸노라 내가 보는 것은 사람과 같지 아니하니 사람은 외모를 보거니와 나 여호와는 중심을 보느니라……" 그러니까 이런 말씀입니다. '네가 이새의 집에 가서 아들들을 불러라. 거기서 내가 그 가운데 한 명에게 기름을 부어 유대나라 왕을 삼으려고 한다. 너는 그 아들들을 보고서 그 가운데 하나를 골라라. 그런데 말이다. 나는 외모를 버렸느니라. 사울 같은 늠름한 사람, 큰 사람, 장군 같은 사람은 소용없더라. 그러니까 나는 외모를 보지 않고 중심을 본다.' 하나님께서는 현상을 보지 않으시고, 중심을 보신다는 사실을 잊지 말아야 합니다. 이 중심이 중요합니다. 하나님께서는 중심을 보십니다. 마태는 지금 비록 세관에 앉아 있지만, 메시아를 기다리고 있습니다. 죄인 중의 괴수로 살아가고 있지만, 그에게는 하나님을 향하여 기도하는 마음이 있었는지도 모릅니다. 하나님께서는 중심을 보십니다. 그리고 부르십니다.

특별히 이 현장의 의미가 중요합니다. 여기에는 Effective Calling, 효과적인 부르심이 있습니다. 하나님께서는 모세를 80세에 부르십니다. 왜요? 그의 지난날이 잃어버린 과거입니까? 아닙니다. 애굽에서의 40년, 광야에서의 40년, 절대 잃어버린 과거가 아닙니다. 그 속에도 하나님의 부르심이 있었습니다. 하나님의 섭리가 있었고, 경륜이 있었다는 말입니다. 무려 80년을 준비하시고 기다리셔서 마침내 오늘 그를 부르시는 것입니다. 이것이 모세를 부르시는 하나님의 경륜입니다. 우리의 생활도 마찬가지입니다. 나 개인으로서는 실패한 인생이요, 잘못된 인생이지만, 하나님의 크신 긍휼과 사랑 속에서는 그 모든 것이 결코 잃어버린 과거가 아니다, 이것입니다. 그 속에 하나님의 큰 뜻이 들어 있습니다. 이걸 잊지 말아야 합니다. 모세가 그 80년 동안 얼마나 많은 일들을 경험했겠습니까. 깨달은 것도 많았을 테고, 뉘우친 바도 있었을 것입니다. 그 모세가, 그 모세의 경험이 하나님께는 필요한 것입니다.

예수님께서 갈릴리의 어부 베드로를 부르십니다. 그리고 아주 신비로운 말씀을 하십니다. "이제부터는 사람 낚는 어부가 되게 하리라." 이 한마디에 아주 묘한 의미가 있습니다. 물고기 잡던 사람을 사람 낚는 어부가 되게 하시겠다니, 이것이 무슨 말씀입니까? 베드로가 그동안 물고기 잡느라고 여러 가지 기술을 익히면서 애를 많이 썼을 텐데, 그 모든 것이 다 의미가 있다는 말씀입니다. 그 과정에 하나님의 특별하신 경륜이 있었다, 이것입니다. 어부는 자연과 친합니다. 자연을 거스르지 못합니다. 어부는 기다립니다. 얼마든지 기다릴 줄 아는 인내심이 있습니다. 또 어부는 물고기의 생태를 잘 알아야 합니다. 이놈들이 어디를 어떻게 흘러가고, 아침에 나타나는지, 저녁에 나타나는지, 그 생리를 잘 알아야 물고기를 잡을 수 있지 않겠습니까. 전도도 마찬가지입니다. 전도를 할 때에도 이렇게 눈치가 빨라야 됩니다. 상황판단이 예리해야 된다는 말입니다. 상대가 무엇을 좋아하는지, 무엇을 싫어하는지 잘 알아야 됩니다.

이런 재미있는 이야기가 있습니다. 제 할아버지가 낚시질을 좋아하셨습니다. 86세에 돌아가셨는데, 바로 그 전날까지도 낚시를 하셨습니다. 좌우간 늘 낚싯대를 메고 다니셨습니다. 저도 어렸을 때 그 할아버지를 많이 따라다녔습니다. 심지어는 업혀서 다녔던 기억도 납니다. 꽤 컸을 때까지도 업혀 다녔으니까요. 그렇게 할아버지가 낚시질을 하실 때 저는 그 옆에 앉아 장난을 치면서 놀았습니다. 제가 조금 더 큰 다음에 할아버지가 제몫의 낚싯대를 하나 만들어주셨습니다. 그래 저도 할아버지와 함께 낚시를 해봤습니다. 그런데 참 이상하지요? 물고기의 입질이 올 때 할아버지가 낚싯대를 확 잡아당기시면 여지없이 물고기가 잡혀 나오는데, 저는 그게 안 되는 것입니다. 제가 잡아당기면 다 도망갑니다. 분명히 잡힌 것 같았는데, 확 잡아당기면 다 도망가더라는 말입니다. '아, 이게 왜 그럴까?' 할아버지가 언젠가 한 번 제게 지혜를 가르쳐주셨습니다. "야, 이놈아! 너 물고기가 이걸 물었을 때 어느 쪽으로 잡아당겼느냐?" "물고기가 저쪽으로 가니까 저는 이쪽으로 잡아당겼지요." "이 낚시의 생김새를 잘 봐라. 물고기가 이걸 물고 가는데, 너처럼 그렇게 잡아당기면 물고기가 입에 물었던 걸 뱉어버리고 말 것 아니냐?" "그럼 어떻게 해야 돼요?" "물고기가 가는 쪽으로 잡아당겨라. 이게 비법이다. 그래야 낚시가 픽 돌면서 물린다." 간단하지 않습니까. 물고기가 도망가는 쪽으로 낚아채어야 됩니다. 이것이 비법입니다. 얼마나 중요합니까. 물고기가 가는 쪽으로 채야 됩니다. 똑같습니다. 어부는 나름대로 천기를 구분합니다. 물때를 압니다. 물고기의 생리를 압니다. 이놈들이 어디로 모이고, 무엇을 좋아하고, 무엇을 싫어하고…… 이 모든 것을 다 알아야 됩니다. 그리고 낚시를 하려면 물고기가 많이 모이는 곳에 가야 할 것 아닙니까. 전도도 마찬가지입니다. 그래서 제가 군 선교를 중요하게 여깁니다. 제가 32년 동안 군선교회 이사장을 했는데, 왜 중요합니까? 거기 젊은이들이 많이 모여 있지 않습니까. 그런고로 군 선교가 참으로 중요합니다. 물고기 잡는 사람의 기술, 그 경험이 필요합니다. 주께는 이것이 필요합니다. 그래서 베드로를 부르셨던 것입니다. 또한 주께서는 베드로의 약함도 아십니다. 그 죄인 됨도 아십니다. 그 혈기도 아십니다. 그런 그가 필요하다는 사실을 하나님께서는 아십니다.

이제 주께서 부르실 때 베드로는 그 부르심을 무조건 수용해야 합니다. 응답해야 합니다. 전적으로 헌신해야 합니다. 그러기 위해서 베드로는 스스로 버려야 될 것이 있습니다. 그는 생명과도 같은 그물을 버렸습니다. 그리고 예수님을 따랐습니다. 모세도 마찬가지였습니다. 그는 그렇게 오래도록 해왔던 목장생활을 미련없이 버려두고 주님을 따릅니다. "내가 주의 음성에 응답하기 위해서 나의 나됨을 버려야 된다." 스스로 버리는 이 자기 부정의 과정이 꼭 있어야 합니다. 그리할 때 하나님께서는 그의 모든 인격을 부르시고, 그 인간을 부르시고, 그의 과거도 부르시고, 그의 경험도 부르셔서 하나님의 소중한 역사에 쓰신다는 말입니다. 이 경험적 가치 속에 선교의 의미가 있음을 알아야 합니다. 절대 잃어버린 과거가 아닙니다. 그 속에도 하나님의 부르심이 있습니다. 예수님께서 마태에게 말씀하십니다. "나를 따르라!" 오늘본문은 우리에게 감동을 줍니다. "나를 따르라 하시니 일어나 따르니라." 여러분, 이 순간 마태는 아무 말이 없습니다. "어디로 갑니까? 가면 어떻게 됩니까? 제가 할 일이 무엇입니까? 아니, 보상이 무엇입니까? 그 결과는 어떻게 됩니까?"
이렇게 묻지 않습니다. 아무것도 묻지 않고, 운명을 맡기고, 그냥 쫓
아갑니다. 하나님께서는 베드로라는 인격과 그 과거의 경험을 다 취
하여 쓰시면서 하나님의 놀라운 뜻을 이루어 가십니다.

이런 아주 재미있고 놀라운 이야기가 있습니다. 여기 중앙의료
원이라고 있습니다. 오래 전 거기에 무려 1년 동안이나 입원했던 사
람이 있습니다. 폐암수술을 세 번이나 받으면서 만 1년 동안을 병원
에 있었습니다. 결국 그러다 죽었습니다. 그래 시신을 보관하려고
보니 냉장고가 다 차서 남은 자리가 없습니다. 하는 수 없이 이튿날
아침에 자리가 하나 나면 거기에 넣기로 하고 시신을 냉장고 앞에
두었습니다. 날이 밝아 담당자가 그곳에 다시 가 봤더니 웬걸요? 그
가 멀쩡하게 살아나 있는 것입니다. 죽었다가 살아난 그는 생각했습
니다. '이렇게 기적으로 살아난 나는 앞으로 뭘 해야 되겠나?' 결국
그는 목사가 되기로 하였습니다. 목사가 되어서 또 생각했습니다.
'목사로서 나는 뭘 해야 되겠나?' 마침내 그는 병자들을 위한 의료선
교를 하면서 살아가야겠다고 결심하고 평생 의료선교를 합니다. 그
래 나중에는 한국의 의료선교협회 회장까지 지냈습니다.

환자들이 한 달을 입원했느니, 두 달을 입원했느니 하고 엄살
을 떨면 이 목사님은 이렇게 대답하십니다. "저는요, 꼬박 1년을 입
원해 있었습니다. 그러다가 완전히 죽어서 냉장고 앞에까지 갔다 왔
습니다." 할 말이 없습니다. 환자들한테 얼마나 효과적인 말입니까.
이 말 한 마디면 다 끝납니다. 이렇게 귀한 일을 하시다가 하나님 앞
에 가셨습니다. 여러분, 잃어버린 과거가 있습니까? 잘못된 일이 있
습니까? 꼭 잊지 말아야 합니다. 하나님의 부름 속에는 놀라운 경륜

이 있을 뿐만 아니라, 긍휼이 있고, 확실한 섭리가 있습니다. 거기에 지혜와 능력이 있습니다. 우리가 얼마나 깨끗한 마음으로 응답하느냐가 문제일 뿐입니다. Total Acceptance. Total Discipline. Total Commitment. 이렇게 하나님 앞에 나를 전적으로 위탁하면 이런 나를 통해서, 내게 주어진 경험을 통해서, 내 모든 약점과 허물을 통해서 하나님께서는 전적으로 나를 고용하시어, 전적으로 나를 사용하시어 하나님의 뜻을 이루어가십니다.

여러분, '나'라고 하는 존재가 무엇입니까? 나는 주의 부름을 받고 있습니다. 그래서 소중합니다. 내 현장이 하나님의 손에 있습니다. 버릴 것이 하나도 없습니다. 그런고로 오늘 이 엄청난 사건을 보십시오. 세관에 앉은 마태를 향해서 "나를 따르라!" 하시니, 마태가 일어나 따랐습니다. 이렇게 단순한 마음으로 주의 부름에 응답할 때 주께서는 그를 통하여 위대한 역사를 창조하십니다.   △

오직 주께서 아십니다

그러나 내가 가는 길을 그가 아시나니 그가 나를
단련하신 후에는 내가 순금 같이 되어 나오리라 내
발이 그의 걸음을 바로 따랐으며 내가 그의 길을 지
켜 치우치지 아니하였고 내가 그의 입술의 명령을 어
기지 아니하고 정한 음식보다 그의 입의 말씀을 귀히
여겼도다 그는 뜻이 일정하시니 누가 능히 돌이키랴
그의 마음에 하고자 하시는 것이면 그것을 행하시나
니 그런즉 내게 작정하신 것을 이루실 것이라 이런
일이 그에게 많이 있느니라 그러므로 내가 그 앞에서
떨며 지각을 얻어 그를 두려워하리라 하나님이 나의
마음을 약하게 하시며 전능자가 나를 두렵게 하셨나
니 이는 내가 두려워하는 것이 어둠 때문이나 흑암이
내 얼굴을 가렸기 때문이 아니로다
(욥기 23 : 10 - 17)

오직 주께서 아십니다

　리차드 범브란트(Richard Wurmbrand)라는 유명한 목사님이 「옥
중에서 만난 그리스도」라는 귀중한 체험기를 썼습니다. 이 책에 나
오는 실화입니다. 구소련의 공산당 지하감옥에서 러시아의 침례교
인 한 사람이 3년 동안 무진장한 고생을 한 끝에 만기가 되어 출소했
습니다. 그는 갈 곳이 없었습니다. 가족도 다 잃었습니다. 그래 방황
하던 중에 한 농부의 집에 기숙을 하면서 그는 농부가 되었습니다.
그리고 늘 하나님 앞에 기도했습니다. '하나님, 저를 온전하게 하여
주십시오.' 어느 날 하늘로부터 음성이 들려왔습니다. "너는 온전하
게 되기 위해 다시 감옥에 들어갈 수 있겠느냐?" 그는 감옥에 있을
때 너무나도 극심한 고통을 겪었기 때문에 이렇게 말했습니다. "하
나님, 다른 일은 다 해도 좋지만, 그것만은 아닙니다. 다시 감옥에
갈 수는 없습니다. 그것 말고 다른 일을 하라시면 제가 일생을 걸고
하겠습니다." 그러자 다시 하늘로부터 음성이 들려왔습니다. "그러
면 너는 온전해지기를 구하지 마라." 이후에 그는 내적으로 갈등을
느꼈습니다. 많은 고민을 하던 끝에 결국 하나님 앞에 항복합니다.
"어떤 희생을 해도 좋으니까 하나님 앞에 온전하게 해주십시오." 이
말이 채 끝나기도 전에 비밀경찰이 달려와 그를 체포했습니다. 그는
다시 감옥에 갑니다. 굶주리고, 매 맞고, 햇빛도 없는 독방에 갇혀서
많은 고생을 합니다. 그러다가 그는 감방 벽에 조그마한 구멍이 하
나 있는 걸 발견합니다. 그래 그 뚫린 구멍에다 대고 옆방에 있는 사
람하고 한 마디 두 마디 이야기를 나누게 됩니다. 그가 "이름이 뭐

요?" 하고 물었더니 옆방사람이 이름을 대는데, 그의 이름하고 같았습니다. 알고 보니 그 옆방사람이 바로 자기 아들이었습니다. 그는 하나님 앞에 감사기도를 드렸습니다. '하나님 아버지, 우리 부자로 하여금 주님의 십자가의 길을 같이 걸어갈 수 있도록 해주시니 감사합니다.' 감사할 줄 아는 사람에게는 적어도 두 가지를 극복할 수 있는 위력이 있습니다. 첫째, 감사하는 자에게는 두려움이 없습니다. 어떤 두려움도, 어떤 고난도, 어떤 실패도, 어떤 질병도 두렵지 않습니다. 감사하는 자는 두려움을 극복합니다. 둘째, 감사하는 자는 겸손합니다. 겸손하기가 얼마나 어려운가를 우리는 다 잘 압니다. 참으로 감사할 때가 진정으로 겸손해지는 시간입니다. 바로 그 시간이 가장 큰 신앙적 위력, 그 큰 힘을, 그리고 모든 시험을 이길 수 있는 능력을 얻게 되는 시간입니다.

오늘본문에 나타난 욥은 우리가 너무나 잘 알고 있는 사람입니다. 고난당하는 자의 대표입니다. 아무리 우리가 고난을 당해도 욥만큼 고난당할 것 같지는 않습니다. 고난당한 자들 가운데서도 아주 극치의 고난을 당한 대표자가 바로 욥입니다. 재산을 잃었지요, 열 자녀가 한 순간에 다 죽었지요, 몸은 병들었지요, 그의 위로자인 아내는 그를 저주하고 가출을 해버렸지요. 그리고 사랑하는 친구들까지도 기껏 찾아와 위로한답시고 하는 말이 위로는커녕 오히려 비판이었습니다. 욥은 아무런 위로도 받지 못합니다. 정신적으로, 육체적으로, 영적으로 욥은 너무나 많은 고난을 겪습니다. 고난의 극치를 보여주는 인물이 바로 욥입니다.

욥으로서 더욱 견디기 어려운 것은 고난의 이유를 알 수 없다는 점입니다. '혹시 내가 죄를 지었나?' 아무리 생각해도 그렇게 큰 죄를 지은 것 같지는 않습니다. 그런데도 이유를 알 수 없는, 그야말로 애매하기 짝이 없고, 억울하기 짝이 없는 고난을 당합니다. 이유를 알 수 없는 고난, 고난의 가중입니다. 특별히 그는 고난 중에 아무리 생각해봐도 자기 잘못이 무엇인지 알 수 없었습니다. 도무지 죄가 생각나지 않습니다. 그러나 그는 하나님을 원망하지 않았습니다. '왜 제가 이런 고난을 당해야 합니까?' 이렇게 하나님을 원망하지 않았습니다. 하나님께서 주셨고, 하나님께서 도로 가져가셨습니다. 그런고로 하나님을 찬양합니다. 그러한 위대한 믿음의 사람입니다. 소망이 없는 것 같은 고난을 당하면서도 그는 하나님을 원망하지 않습니다. 그의 고난은 선택이 아닙니다. 그는 필연적으로, 어쩌면 운명처럼 고난을 받아들이게 됩니다. 그래서 욥기의 주제가 '의로운 자의 고난'입니다. 의로운 자가 고난을 당하는데, 그 이유를 알 수 없습니다. 그런데도 그는 하나님을 원망하지 않습니다. 이것이 욥의 속성입니다. 욥의 성격이요, 특성입니다. 그렇듯 감당할 수 없을 만큼 큰 고난을 다 겪은 다음에 비로소 욥은 크게 깨닫습니다. 욥기 마지막을 보면, 왜 이런 일이 있어야 했는지를 알고 그는 하나님께 감사를 드립니다. 전에는 하나님의 음성을 듣더니, 오늘은 이 많은 고난 속에서 하나님을 보았습니다. 그리고 하나님을 찬양하고, 또 많은 축복을 받는 해피 엔드로 욥기는 이어집니다.

　오늘본문에 나타난 대로 이것이 핵심입니다. 그 극심한 고난 중에서 그는 신앙고백을 합니다. 여러분, 여기서 우리가 공감을 얻어야 합니다. 나는 모릅니다. 그러나 오직 주님만은 아십니다. 여러분, 나는 모르지만 주님만은 아십니다. 내가 왜 고난을 당해야 하는지, 주님은 아십니다. 이 고난의 끝이 어떻게 될 것인지는 주님만이 아십니다. 아니, 내가 얼마나 나약한 존재인지, 이걸 이길 수 있을지 없을지도 주님만이 아십니다. 주님만이 아신다는 이 고백 속에 엄청난 신앙이 있습니다. "저는 모르지만 주님께서는 아십니다!" 다시 말하면, 이것입니다. 주님께서 아시는 고난을 내가 지금 당하고 있습니다. 우연적인 고난도 아니고, 돌발적인 고난도 아닙니다. 주님의 경륜 속에 있는 고난입니다. 주의 지혜 속에 있는 고난입니다. 주의 능력 속에 있는 고난입니다. 아니, 주의 사랑 속에 있습니다. 이걸 믿고 있는 것입니다. 주님만이 아십니다. 참으로 귀중한 고백입니다. 여러분, 너무 다 알려고 하지 마십시오. 알려고 한들 뭘 알겠습니까. 그냥 하나님께 맡기십시오. 그리고 다 아시는 주님께서 나를 이 길로 인도하십니다. 그의 경륜 속에 있고, 그의 플랜(Plan) 속에 있고, 그의 교과과정 속에 있다는 것을 믿고 있습니다. 주님만이 아십니다. 주님만이 아십니다.

그러면 생각나는 것이 하나 있습니다. 베드로가 예수님을 세 번이나 모른다고 했지요? 그래서 예수님을 다시 만날 때 아주 부끄러웠습니다. 그때 예수님께서 물으십니다. "네가 나를 사랑하느냐?" 베드로는 대답합니다. "제가 주를 사랑하는 줄 주께서 아시나이다." 제가 모른다고 했어도 주를 사랑합니다, 비겁했어도 주를 사랑합니다, 주께서는 제 마음을 아십니다, 하는 고백입니다. 내가 아는 것, 나의 판단력을 다 포기하는 것입니다. 오직 믿음만이 확실합니다. '주께서 아시나이다. 주께서 알아서 역사하시는 줄로 저는 믿고 있습니다. 이 모든 것이 하나님의 지혜에 있고, 하나님의 능력 속에 있고, 하나님의 경륜 속에 있음을 나는 믿고 있습니다.' 이런 고백입니다. 그래서 결론은 이것입니다. '단련하신 뒤에 내가 나온다.' 나를 훈련하시는 것입니다.

저는 단련이라고 하면 꼭 생각나는 경험이 있습니다. 1963년에 처음 미국으로 유학 갔을 때입니다. 참 여러 가지로 어려운 시기에 갔기 때문에 여름방학이 되자 경험도 할 겸, 돈도 벌 겸 해서 목사님의 소개로 공장에 들어가 일을 좀 했습니다. 3개월 방학 동안이었습니다. 그때 저는 목사님께 가장 어렵고 돈 많이 받는 일을 소개해 주십사 부탁했습니다. 그때 생각에는 앞으로 그런 일을 일생토록 할 건 아니니까 정말로 힘든 일을 한번 경험하고 싶었나봅니다. 그래가지고 '윌리엄 포워즈'라는 강철공장에 가서 일을 하게 되었습니다. 얼마나 소리가 시끄럽던지, 그곳에서는 사람들이 출근을 하면 작업복으로 갈아입은 다음 전부 귀를 막고 일합니다. 아침7시부터 오후 4시까지 새까맣게 기름때를 묻혀가면서 일을 합니다. 하루 일이 끝나면 목욕을 하고 옷을 갈아입고 퇴근하는 것입니다. 그런 공장에서 제가 일을 한 것입니다. 강철을 만드는 과정이 아주 흥미롭습니다. 계속 때립니다. 쇠를 불 속에 집어넣어 벌겋게 달군 다음 거기에 기계로 만든 40톤짜리를 꽝! 하고 떨어뜨리는 것입니다. 그렇게 때리고, 때리고, 또 때립니다. 그래 꺼내서 살펴보면 틈이 나 있잖아요? 그러면 그걸 다시 집어넣고 또 때리는 과정을 되풀이합니다. 이렇게 거듭 때리고 또 때려서 강철을 만듭니다. 하지만 이 강철은 번호만 있지 이름이 없습니다. 그래 제가 물었습니다. "이것으로 도대체 무엇을 만드는 겁니까?" 그랬더니 대답이, 강철을 깎는 강철을 만든답니다. 그게 다이아몬드보다 더 강한 강철이랍니다. 그러니까 때려서 만드는 것입니다. 매를 아주 많이 맞아야 합니다. 때릴 때마다 두 가지가 이루어집니다. 찌꺼기는 나가고, 분자는 합쳐집니다. 쓸데없는 찌꺼기는 다 빠져나가고, 순수한 분자는 가까이 붙어서 아주 강력한 강철을 만드는 것입니다.

누가 믿음이 좋습니까? 매 많이 맞은 사람입니다. 누가 인격이 괜찮습니까? 고난을 많이 당한 사람입니다. 가만히 보니까 우리 교인들 가운데 몇 분이 대통령 되고 싶은 마음이 조금 있는 것 같더라고요. 그래 제가 안 된다고 했습니다. 왜요? 당신네는 부잣집 자손이기 때문에 안 된다고 했습니다. 고난당한 일이 없잖아요? 고생한 이야기를 해야 사람들이 마음으로 감동합니다. 고생한 경험 없이 사람들 마음 못 움직입니다. 지도력이 무산됩니다. 남보다 더 많은 고난, 더 극심한 고난, 그것이 단련입니다. 인격을 단련하고, 신앙을 훈련함으로써 온전한 인격으로 성장하는 것입니다. 늘 말씀드립니다마는, 하나님께서 모세를 쓰실 때 그의 나이 80세였습니다. 왜 하필이면 80입니까? 애굽에서 40년, 그리고 광야에서 40년입니다. 그 80년의 역사가 꼭 필요했던 것입니다. 그렇게 단련하시고, 마침내 80세에 모세를 부르셔서 이스라엘의 지도자로 삼으십니다. 오늘본문의 '단련하신 후에'라는 말씀이 아주 중요합니다. 하나님께서는 나를 단련하고 계십니다. 무작정의 시련이 아닙니다. 막연하고 무모한, 우연한 고난이 아닙니다. 나를 단련하시고, 겸손하게 하시고, 진실하게 하시고, 순수하게 하시고, 강하게 하시고, 단련하시는 역사입니다. 그걸 내가 믿고 있습니다. '주여, 나를 단련하신 후에 순금같이, 정금같이 나오리라.' 이것이 욥의 믿음입니다. 그래서 그는 고백합니다. '저는 알 수 없으나, 주님께서는 아십니다. 저는 아무것도 모르는 세상을 살며 불안해하고 있지만, 주님께서는 알고 계십니다. 알고 계시다는 것을 저는 믿고 있습니다.' 이것이 욥의 고백입니다.

그런고로 최후 승리, 마지막에는 반드시 하나님의 영광이 드러날 것을 그는 믿고 있는 것입니다.

'의미요법'의 창시자인 빅터 프랭클(Viktor Frankl)의 「삶의 미래를 찾아서」라는 저서가 있습니다. 이 책에서 그는 이런 말을 합니다. '삶에서 가장 중요한 것은 환경이 아니고, 변화도 아니고, 태도다.' 그렇습니다. 태도입니다. 신앙의 태도. '삶의 의미는 끊임없이 물어야 한다. 왜 이런 일이 있나? 왜 이런 일이 있나? 묻겠지만, 마지막 결론은 언제나 간단하다. 이것은 나 자신을 위한 것이다. 어디까지나 내 믿음, 내 인격, 내 영원한 생명을 위해서 필연적인 것이다. 꼭 있어야 하는 사건이다. 말이 아니고, 명상이 아니고, 감상이 아니다. 이것은 현실상응이다. 현실 속에서 자기의 자세를 바로 해야 된다. 그리고 지속적으로 과제를 잊지 마라.' 왜요? 할 일이 있다는 말입니다. 어떤 고난에도 할 일이 있습니다. 의미 없는 일은 없습니다. 하나님께서 주신, 하나님만이 아시는 교과과정, 고난의 과정입니다. 이 과정 속에 내가 있는 것입니다. 사도 바울이 빌립보서 1장 12절에서 유명한 간증을 합니다. "나의 당한 일이 복음의 진보가 된 것을 너희가 알기를 바라노라." 제가 제일 좋아하는 성경요절의 하나입니다. '내가 당하는 시련, 내가 당하는 환란, 내가 당하는 이 많은 고통, 이 모든 일들이 합동해서 복음의 진보가 되는 것을, 그리 할 것을 확실히 나는 알고, 너희도 알기를 바란다.' 이런 말입니다. '나의 몸, 나의 지식, 나의 감정, 나의 판단, 이런 것들을 의지하고 믿고 살아옵니다마는, 어느 결정적 순간에는 다 포기해야 합니다. 딱 하나만 주께서 아십니다. 주님만이 아십니다.' 이렇게 주께 맡기는 것입니다.

아주 똑똑해서 공부도 잘하는 어느 남자 대학생이 연애를 하게 되었습니다. 아주 좋아하는 여자가 생긴 것입니다. 그래 아주 깊이 사랑하게 되어 부모님께 알렸습니다. 이 여자하고 결혼했으면 좋겠다고요. 한데 아버지 말이 "안 된다!" 그랬습니다. 이 한 마디에 아들은 "예, 그러겠습니다!" 하고 여자와 관계를 끊었습니다. 상식적으로 참 이상하지 않습니까? 그래 친구들이 물어봅니다. "야, 너 그렇게 열렬히 사랑하다가 아버지가 한 마디 하신다고 해서 관계를 어떻게 단번에 정리할 수 있느냐? 어떻게 그럴 수 있느냐?" 그때 이 대학생의 답이 이랬습니다. "너희들이 몰라서 그래. 내가 6살 때 집에서 프로판 가스를 잘못 사용하여 불이 났거든? 가족이 다 대피해 나간 다음에 보니까 내가 아직 방 안에 있었다, 이거야. 그때 나는 나갈 길이 없어서 불을 피해 옥상으로 올라갔어. 그래가지고 연기가 자욱한 데서 울고 있는데, 아버지가 밑에서 나를 올려다보며 소리치시는 거야. "뛰어내려라!" "아빠, 아빠가 안 보여. 어디 계세요?" "나는 네가 잘 보인다. 걱정 말고 그냥 뛰어내려!" 그래서 난 아버지만 믿고 "아버지!" 하고 소리치며 뛰어내렸다. 그때 아버지가 나를 딱 잡아주셔서 내가 살았다. 아버지는 그렇게 나를 사랑하신다. 내가 아버지를 못 볼 때도 아버지는 나를 보고 계셔. 그런고로 난 아버지의 뜻을 따른다."

여러분, 잊지 말아야 합니다. 내 마음대로 하느라고 어지간히 애쓰고 했지만, 결국 다 실패해서 상처투성이가 되지 않았습니까. 이제 그만 합시다. 내 길, 주께서 더 잘 아십니다. 무조건 항복하십시오. 백기를 드십시오. 주께서 다 아십니다. 주님께서 다 알고 계시다는 것을 믿으십시오. 그 주님의 손에 나 자신을 맡겨야 합니다. 이

토록 무진장한 고생을 하는 욥의 고백을 들어보십시오. 오직 주께서
아시니, 그 믿음으로 오늘과 내일을 살아야 할 것입니다.   △

나그네의 정체의식

사랑하는 자들아 거류민과 나그네 같은 너희를 권하노니 영혼을 거슬러 싸우는 육체의 정욕을 제어하라 너희가 이방인 중에서 행실을 선하게 가져 너희를 악행한다고 비방하는 자들로 하여금 너희 선한 일을 보고 오시는 날에 하나님께 영광을 돌리게 하려 함이라

(베드로전서 2 : 11 - 12)

나그네의 정체의식

주후 4세기, 그 유명한 하나님의 사람 성 아우구스티누스는 평소 신앙문제로 마음속에 깊은 싸움과 갈등이 있었습니다. 그러다가 하루는 의미심장한 꿈을 꿉니다. 그가 천국 문에 이르자 그 앞에 서 있던 사도 베드로가 그에게 묻습니다. "당신은 누구요?" 아우구스티누스가 대답합니다. "크리스천입니다." 다시 베드로가 말합니다. "내가 보니 당신 머릿속에는 철학자 키케로의 사상만 꽉 들어 차 있군요. 그리스도의 말씀은 별로 없는 것 같소. 그러니 당신은 철학자일지는 모르나, 그리스도인은 아닌 것 같소." 이 말을 듣고 아우구스티누스가 깜짝 놀라 꿈에서 깼습니다. 그러고는 크게 각성해서 그가 오랫동안 숭상해오던 철학을 다 버리고, 오직 그리스도의 말씀에 집중하는 그리스도의 사람으로 거듭났다고 합니다.

인간은 세 가지 종류가 있습니다. 겉으로는 다 똑같은 모양인 것처럼 보여도, 실은 전혀 그렇지가 않은 것입니다. 첫째는 '육체 주도적 인간'입니다. 모든 것의 중심이 육체입니다. 삶의 기준이 육체입니다. 모든 것이 육체로부터 옵니다. 육체가 건강하면 마음도 건강하고, 육체가 병들면 매사에 한숨만 푹푹 쉬는 염세주의자가 됩니다. 그저 육체의 욕구를 충족시키는 데에만 관심이 있습니다. 식욕과 소유욕을 채우는 데에만 신경을 씁니다. 육체적 욕망이 생을 주도하는 것입니다. 참으로 무섭고, 부끄럽고, 한심스러운 일입니다. 요새도 우리가 신문을 보면 세상에 뭐 이런 일이 다 있나 싶은 것이 하나 있지 않습니까. 아니, 대학교수라는 사람들이 이게 무슨 짓

272

입니까. 학생들에게 추태를 부렸다가 그 높던 명예가 한 순간에 추락하지 않습니까. 대학교수까지 되어가지고도 여전히 머릿속은 육체의 욕망에 끌려가고 좌우되는 인간으로 살아왔더라는 이야기입니다.

둘째는, 이것은 제 표현입니다만, '혼 주도적 인간'입니다. 여기서 혼이란 이성과 양심을 겸해서 이르는 말입니다. 밝은 이성과 지식, 그리고 양심을 따라 산다는 것은 말은 참 좋지만, 여기에도 함정이 있습니다. 이성대로 산다고 하는 사람들을 보면 대체로 교만합니다. 양심대로 산다고 하는 사람들은 더욱 교만합니다. 하지만 이성과 양심을 따라 살지 못하는 사람들은 더더욱 절망적입니다. 그들은 늘 이런 생각을 합니다. '다 망했다!' 그래서 유명한 라인홀드 니부어는 이렇게 말합니다. '사람에게서 뺄 수 없는 이성주의적인 교만이 있다. 그 첫째가 권력의 교만이고, 둘째가 지식의 교만이고, 셋째가 도덕적 교만이다.' 자기는 남보다 더 깨끗하다는 생각이지요. 이런 교만에 이끌려 사는 동안 그 인간이 곤두박질칩니다. 이걸 우리가 알아야 합니다.

셋째는, '영 주도적 인간'입니다. 하나님을 만나고, 하나님의 말씀을 따르고, 성령 충만한 가운데 성령께서 인도하시는 대로 살아가는 인간입니다. 말하자면 그리스도의 영, 성령 주도적 인간입니다.

종교개혁자 칼뱅의 사상을 요약하면 딱 두 가지입니다. 첫째는 끊임없는 자기부정의 생활이요, 둘째는 순례자의 정체성입니다. 이 두 가지를 늘 확인하는 삶입니다. 자기부정은 육체적인 것을, 그러니까 인간적인 지식과 세상적인 철학을 전부 끊어버리는 것을 말합니다. 이런 유혹을 계속 끊어가면서 살아야 됩니다. 자칫 실수하면 세상 쪽으로, 육체의 욕망 쪽으로 기울게 됩니다. 그런고로 우리는 계속 자기를 부인하는 생을 살아가야 합니다. 또, 순례자는 자기 정체를 잊어서는 안 됩니다. 순례자의 과정입니다. 이걸 상징적으로 잘 말해주는 사례가 이스라엘 백성입니다. 그들이 출애굽을 하여 가나안 땅을 향해서 가는데, 무려 40년이 걸립니다. 무엇을 생각해야 합니까? 바로 가나안의 목적입니다. 그 목적이 무엇인가를 생각해야 합니다. 애굽스러운 것을 다 털어내는 것입니다. 불식하는 것입니다. 애굽에서 섬기던 신, 애굽에서 생각했던 것, 애굽에서 지녔던 노예근성 들을 다 끊어버려야 합니다. 그러는 데에 40년이 걸린 것입니다. 하나님께서 명령하십니다. "광야생활 중에 농사하지 마라. 여기는 너희들이 거할 곳이 아니다. 너희들이 갈 곳은 가나안이다. 그 가나안 땅을 잊어서는 안 된다. 몇 십 년이 지나도 잊어서는 안 된다." 가나안, 그 최종목적지를 분명히 해야 됩니다. 여러분의 최종목적지는 어디입니까? 그 최종목적지를 분명히 알고, 거기에 초점을 맞추고 오늘을 살아야 됩니다. 그래야 오늘 승리할 수 있습니다. 그런데 이 지나가는 세상, 여기에 목적을 두고, 뭐가 잘 되었느니 못되었느니, 망했느니 흥했느니 하고 있습니다. 다 소용없는 짓입니다. 어차피 떠나야 됩니다. 이걸 잊지 말아야 합니다. 그래서 순례자 된 자기 정체를 항상 확인하며 살아가야 한다는 것입니다.

오늘본문의 '나그네와 행인 같다'는 말씀에서 '나그네'는 '파로이쿠스'입니다. '잠깐 묵어가는 사람', 또는 '체류자'라는 뜻입니다. 영주권자가 아닙니다. 하룻밤 묵어가는 사람이라는 뜻입니다. '파레이피데이무스'는 이보다 좀 더 강한 표현입니다. Exiles, 추방된 사람, 또는 망명객이라는 뜻입니다. 마치 애굽에서 추방되어 광야를 헤매던 모세와도 같습니다. 추방된 자입니다. 언제 붙잡힐지 모르는, 불안한 생을 사는 사람입니다. 나그네라는 말입니다. 이 나그네, 이 행인의 정체의식을 확실히 해야 됩니다. 왜요? 육체에는 자꾸 집착하고 싶은 것이 있기 때문입니다. 그래서 성경은 말씀합니다. '영혼을 거스르며 싸우는 육체의 정욕을 제거하라.' 이 세상에서 영원히 살 것처럼 육체에 집착합니다. 안 됩니다. 다 지나가는 것에 불과합니다. 한데도 자꾸만 여기에 머물려고 합니다.

제가 소망교회 예배당을 지을 때를 생각해봅니다. 지금도 보면 그렇습니다마는, 사실 그렇게 굉장하게 지은 예배당은 아닙니다. 그때 제 생각으로는 한 40년만 예배드린 다음에 헐어버리려고 했습니다. '왜 그런 것을 우리가 지어가지고 자자손손이 이어려고 하는가? 헐고 다시 짓고, 헐고 다시 짓는 것이 교회다. 베드로대성당 같은 것을 짓는 것이 아니다. 너무 튼튼하게 지을 것도 없고, 너무 예쁘게 지을 것도 없다. 예배드리기 좋고 편하게 지었다가 다시 헐어버리고 새로 짓고 해야 되지 않겠는가? 그렇게 소망교회를 지었습니다. 건축하는 사람들은 다 압니다. 누구든 와서 딱 보면 '참, 값싸게 지었구먼!' 할 것입니다. 몇 백 년, 몇 천 년 동안 서 있을 그런 교회, 지을 필요 없습니다. 우리가 사는 집도 마찬가지입니다. 제가 미국에서 보니까 그 사람들은 집을 대충 짓습니다. 여러분도 다 잘 아시겠지만, 미국의 일반주택들은 다 나무로 지었습니다. 튼튼한 나무도 아닙니다. 가느다란 합판들을 가져다가 붙인 것입니다. 보기는 근사하지만, 한 마디로 날림집입니다. 왜 그렇습니까? 오래 갈 집 지어놓고 살 필요 없다, 이것입니다. 다음 사람은 그걸 헐어버리고 새로 지으면 됩니다. 뭐 하러 몇 백 년 갈 집을 짓느냐, 이것입니다.

그렇지 않습니까. 어차피 우리는 이 세상에 집착해서는 안 됩니다. 모두가 곧 떠난다는 사실을 잊지 말아야 됩니다.

　오늘본문의 '영혼을 거스른다'는 말씀은 전쟁 상황을 뜻합니다. 양자택일입니다. 육체를 위하면 영혼이 죽고, 영혼을 위하면 육체가 죽습니다. 둘 중 하나입니다. 둘 다는 안 됩니다. 어차피 하나는 버려야 하나를 얻을 수 있습니다. 이것이 바로 '거슬러 싸운다'는 말의 뜻입니다. 잠깐 뒤에 다 지나갈 것입니다. 오늘본문에는 또 '나그네'라는 말이 나옵니다. 우리는 모두 스스로가 나그네라는 사실을 인정해야 됩니다. 곧 지나가는 인생입니다. 잠시 머물 뿐입니다. 이것을 인정해야 됩니다. 우리의 건강도 잠시입니다. 어떤 집에는 아이들을 키우면서 너무너무 예뻐합니다. 그래서 제가 이랬습니다. "그것도 잠깐이에요. 조금만 더 커보세요. 말을 안 들어요. 잠깐이에요."

　우리의 기억력도 잠깐입니다. 한경직 목사님이 95세 쯤 되셨을 때 제가 남한산성으로 한 번 방문한 적이 있습니다. 그때 목사님이 제게 이렇게 물으시더라고요. "곽 목사?" "예." "나 영어 잘하는 거 알지?" "알지요. 목사님이 발음은 엉터리지만, 영어는 정말 잘하십니다." "그래, 내가 이래 뵈도 숭실대학 영문과를 나왔고, 미국에 가서도 2년 동안 영어공부를 했고, 나중에는 프린스턴까지 가서 공부를 더 했잖아? 그러니 세상에 나만큼 영어공부 많이 하고, 영어를 잘 하는 사람도 없지 않겠어? 그래서 나도 내가 영어를 참 잘 한다고 생각해왔어. 게다가 영어를 좋아해서 성경책도 영어로 읽을 때 뜻이 머릿속에 더 잘 들어와서 한국어성경보다 영어성경을 더 많이 읽지 않았겠어?" 그러면서 이런 말을 덧붙이십니다. "그래 아침마다 영어성경을 읽었는데, 어느 날 아침에 그만 영어가 거짓말처럼 싹 내 머릿속에서 없어지더라고. 한 단어도 눈에 들어오지를 않아. 모르겠어, 모르겠어." 그래 제가 목사님을 위로해드렸습니다. "걱정하지 마세요. 제대로 가시는 겁니다. 이승만 박사는 파란 눈의 마누라하고 살지 않았습니까. 한평생을 영어하고 같이 산 사람입니다. 한데 그런 분도 돌아가시기 전에 영어를 다 잊었다지 않습니까. 그래서 통역을 통해서 대화를 했다고 합니다." 제 말을 들으시더니 목사님이 위로를 많이 받으셨습니다. "아, 그렇구먼." 그때 한 목사님 말씀이 이랬습니다. "곽 목사, 곽 목사도 머지않아 영어 못하게 될 거야." 그래 제가 이랬습니다. "저도 다 알고 있습니다."

기억력 감퇴? 이상할 것 없습니다. 모든 게 가물가물 합니까? 자꾸 잊어버립니까? 정상입니다. 건강도, 기억력도, 지식도, 철학도, 고집도 다 지나가는 것입니다. 잠시 향유할 수 있을 뿐입니다. 그런고로 세상에 끝까지 집착할 만한 일은 아무것도 없습니다. '나는 나그네다!' 미련 없이 소유욕도 버리고, 교만도 버리고, 절망도 버리고, 근심도 버려야 합니다. 그렇게 다 버려서 영혼을 깨끗하게 하고, 내 앞에 있는 최종목표를 지향하는 신앙생활이 되어야 한다는 말입니다. 가장 소중한 것은 우리의 영혼입니다. 헬라어로는 '푸쉬케'입니다. 아주 종합적인 뜻입니다. 아주 귀중한 철학적 의미가 있는 단어입니다. 푸쉬케, 영혼은 영원한 것입니다. 우리는 어차피 떠나야 합니다. 그렇다면 어찌해야 되겠습니까? 오늘본문은 아주 귀중한 말씀을 그 다음에 이어서 합니다. '이방인 중에서 행실을 선하게 가지고, 선한 일을 보고, 하나님께 영광을 돌리게 하라.' 나그네라면 지나가면서 좋은 족적을 남겨야지요. 지나가면서 사람들에게 폐를 끼쳐서는 안 됩니다. 해를 끼쳐서는 안 됩니다. 나그네가 되

었으면 잠깐 지나가면서도 선한 일을 해서 선한 인상을 주어야 합
니다.

제가 읽은 책들 가운데 특별히 깊이 마음속으로 기억하는 것가
있습니다. 「세상에서 가장 행복한 사람」이라고, 유대인 랍비가 쓴
책입니다. 이 책에서 그는 행복한 사람의 사례 10가지를 말합니다.
첫째, 죽을 때까지 건강한 사람입니다. 얼마를 살았느냐는 중요하지
않습니다. '죽을 때까지 건강한'이 중요합니다. 그래서 얼마 전에 세
상을 떠난 우리 방지일 목사님의 추도사를 하면서 제가 그랬습니다.
"104세를 사셨는데, 9시간 입원하고 돌아가셨습니다. 그러니까 목
사님은 가장 복 된 사람입니다." 그리고 마지막 열째가 중요한데, 자
손들로부터 존경받는 사람입니다. 나그네가 되었으면 지나갔지요.
지나갔지만, 그를 만난 모든 사람으로부터 존경을 받는 사람, 모든
사람으로부터 사랑을 받을 수 있는 사람, 그런 나그네로 살아가야
된다는 말입니다.

옛날 중국의 제 나라 환공이 곽 나라의 옛 성터를 방문하여 그
곳 노인들에게 물어보았습니다. "이 곽 나라가 왜 무너졌습니까?"
그 노인들이 대답했습니다. "왕이 착한 이를 옳게 여기고, 악한 자를
미워했기 때문입니다." 환공이 깜짝 놀라서 되묻습니다. "아, 그렇
다면 좋은 분 아닙니까. 그런 좋은 왕이 있었는데, 이 나라가 왜 무
너진 것입니까?" 그 다음 노인들이 대답하는 말이 중요합니다. "곽
나라 왕은 착한 이를 옳게 여겼으나 등용하지 않았고, 악한 자를 미
워했으나 버리지 않았기 때문입니다." 여러분, 끊을 것은 끊어야 합
니다. 끊지 못하면 그것은 악입니다. 악에 속합니다. 이것을 알아야
합니다. 나그네는 나그네로서의 정체의식을 분명히 하고, 가는 목적

지를 똑바로 보아야 합니다. 영혼을 거스르는, 내 영원한 생명의 길을 거스르는 것이 있다면 과감하게 끊는 용기와 결단이 있어야만 나 그네의 바른 길을 갈 수 있습니다.

　이제 시 한 편을 소개하겠습니다. '나 하늘로 돌아가리라 / 새벽빛 와 닿으면 스러지는 / 이슬 더불어 손에 손을 잡고 / 나 하늘로 돌아가리라 // 노을빛 함께 단 둘이서 / 기슭에서 놀다가 구름 손짓 하면은 / 나 하늘로 돌아가리라 // 아름다운 이 세상 소풍 끝내는 날 // 가서, 아름다웠더라고 말하리라' 우리나라의 유명한 기독교 시인인 천상병 시인의 '귀천'이라는 시입니다.　△

읽는 것을 깨닫느뇨

주의 사자가 빌립에게 말하여 이르되 일어나서 남쪽으로 향하여 예루살렘에서 가사로 내려가는 길까지 가라 하니 그 길은 광야라 일어나 가서 보니 에디오피아 사람 곧 에디오피아 여왕 간다게의 모든 국고를 맡은 관리인 내시가 예배하러 예루살렘에 왔다가 돌아가는데 수레를 타고 선지자 이사야의 글을 읽더라 성령이 빌립더러 이르시되 이 수레로 가까이 나아가라 하시거늘 빌립이 달려가서 선지자 이사야의 글 읽는 것을 듣고 말하되 읽는 것을 깨닫느냐 대답하되 지도해 주는 사람이 없으니 어찌 깨달을 수 있느냐 하고 빌립을 청하여 수레에 올라 같이 앉으라 하니라 읽는 성경 구절은 이것이니 일렀으되 그가 도살자에게로 가는 양과 같이 끌려갔고 털 깎는 자 앞에 있는 어린 양이 조용함과 같이 그의 입을 열지 아니하였도다 그가 굴욕을 당했을 때 공정한 재판도 받지 못하였으니 누가 그의 세대를 말하리요 그의 생명이 땅에서 빼앗김이로다 하였거늘 그 내시가 빌립에게 말하되 청컨대 내가 묻노니 선지자가 이 말한 것이 누구를 가리킴이냐 자기를 가리킴이냐 타인을 가리킴이냐 빌립이 입을 열어 이 글에서 시작하여 예수를 가르쳐 복음을 전하니 길 가다가 물 있는 곳에 이르러 그 내시가 말하되 보라 물이 있으니 내가 세례를 받음에 무슨 거리낌이 있느냐 이에 명하여 수레를 멈추고 빌립과 내시가 둘 다 물에 내려가 빌립이 세례를 베풀고 둘이 물에서 올라올새 주의 영이 빌립을 이끌어간지라 내시는 기쁘게 길을 가므로 그를 다시 보지 못하니라
(사도행전 8 : 26 - 39)

읽는 것을 깨닫느뇨

어느 안개 자욱한 아침, 한 철학자가 길에서 산책을 하다가 그만 앞에서 다가오는 사람하고 꽝 부딪혔습니다. 앞에서 오던 사람이 이 철학자에게 고함을 지릅니다. "당신, 누구요? 도대체 무슨 생각을 하고 있기에 이렇듯 정신없이 남의 이마를 받으며 다니는 거요?" 철학자가 조용히 답합니다. "바로 그것이오. 나는 지금 내가 누구인지를 생각하는 중이오." 이것을 자아정체의식이라고 합니다. 여기에 지금 문제가 있습니다.

현대사회학의 거두로 일컬어지는 앤서니 기든스는 영국 케임브리지대학의 사회학교수입니다. 그는 「현대성과 자아정체성(Modernity and Self-Identity)」이라는 유명한 책을 써서 세계에 널리 알려졌습니다. 이 책에서 그는 자아정체성을 찾지 못하는 것이 현대인의 특성이요 문제라고 말합니다. 사람이 교만해집니다. 그 자신을 몰라서 그렇습니다. 사람이 절망합니다. 이 또한 자기정체를 똑바로 알지 못하기 때문입니다. 걱정하고 불안해합니다. 이 역시 자아정체성의 결핍 때문입니다. 잊지 말아야 합니다. 도대체 내가 누구입니까?

그럼 왜 오늘에 와서 사람들이 자기정체성을 잃어버리게 된 것입니까? 기든스는 바로 이 의문에 답을 해줍니다. 첫째, 지금이 탈전통의 시대이기 때문이라는 것입니다. 바야흐로 수천 년 동안 내려온 전통을 벗어나려고 합니다. 오늘 우리도 그렇습니다. 우리의 문화, 문화의 전통에서 벗어나려고 합니다. 아니, 벗어는 났는데, 아직

새로운 전통을 만들지는 못했습니다. 새로운 패러다임까지 창조하지는 못한 것입니다. 그러니까 낡은 틀에서는 벗어났지만, 미처 바른 길은 아직까지 못 찾은 것입니다. 정체의식을 잃었습니다. 둘째, 세계가 점점 다원화되어가고 있기 때문이라는 것입니다. 정신을 차리기 힘들 만큼 우리는 수많은 문제들에 시달리고 있습니다. 이것도 옳은 것 같고, 저것도 옳은 것 같습니다. 이것도 진리 같고, 저것도 진리같이 보입니다. 이것이 다원화입니다. 이런 다원화시대에 살고 있는 것이 문제다, 이것입니다. 셋째, 권위의 부재 때문이라는 것입니다. 세상일에는 무엇이든 최종적으로 결정하는 권위가 있어야 하지 않습니까. 옛날로 치면 가정에서는 할아버지가 제일이었습니다. 그 최고 어른이 한 말씀 하시면 끝입니다. 그런 당당한 권위가 있었습니다. 그야말로 어른이 계셨던 것입니다. 사회적으로도 존경스러운 어른들이 있었습니다. 그래 그분들이 한 말씀 하시면 '그래, 그 말이 옳을 거다!' 하고 다들 거기에 순종했습니다. 하지만 지금은 그런 권위가 없는 시대입니다. 그 누구의 말도 권위 있게 받아들여지지 않는다, 이것입니다.

우리는 지금 텔레비전이나 인터넷을 통해서 수많은 간접경험을 하고 있습니다. 여기에도 문제가 있습니다. 간접경험과 직접경험을 혼동한다는 것입니다. 요새는 아주 어린아이들까지 다들 텔레비전을 보고, 인터넷을 봅니다. 여기서 문제가 생깁니다. 이는 어디까지나 눈으로 본 것일 뿐인데, 마치 스스로 직접 경험한 것처럼 혼동을 합니다. 그래서 가치관이 무너지는 것입니다. 요즘아이들을 보십시오. 스스로 다 아는 것처럼 생각합니다. 알긴 뭘 압니까. 실은 아무것도 모르는 것입니다. 환상으로 본 것을 진짜인 양 착각하는 것입

니다. 이처럼 간접경험을 직접경험으로 혼동할 때 가치관이 무너지
고, 자기정체성이 없어진다는 이야기입니다.

　오늘 우리가 여기서 어떻게 하면 자기 정체의식을 바로 할 수
있을까요? 이와 관련하여 헨리 나우웬은 「기도의 삶」이라는 그의 저
서에서 세 가지를 우리에게 말해줍니다. 첫째는 교회에 귀를 기울이
라는 것입니다. 요새 교회에서, 혹은 진리를 생각하는 사람들 가운
데에서도 교회와 예수를 분리시키는 잘못된 생각을 하는 분들이 많
습니다. 그래 교회는 부인하면서 예수는 좋다는 따위 엉뚱한 소리를
합니다. 교회를 떠나서 예수님이 없고, 예수님을 떠나서 교회가 없
는 것입니다. 참으로 불행한 일입니다. 교회에서 예수를 만나야 하
고, 교회와 예수를 함께 생각할 수 있어야 합니다. 이거 아주 중요합
니다. 둘째는 그 책, 성경말씀에 귀를 기울이라는 것입니다. 우리 기
독교 절대권위의 중심은 성경입니다. 모든 것을 생각하다가도 성경
이 이렇게 말씀했다 하면 끝나는 것입니다. 성경이 말씀한다, 성경
이 인도한다…… 우리는 성경이 주는 말씀, 성경이 주는 약속, 성경
이 주는 진리, 그 길과 진리와 생명을 절대권위로 알고 인정해야 합
니다. 그리고 거기에 우리 마음의 귀를 기울일 때 성경은 한갓 재미
있는 정보가 아니라, 영적인 책이 됩니다. 그저 소설 보듯이, 철학서
적 보듯이, 교양서적 보듯이 성경을 보아서는 안 됩니다. 성경은 묵
상하면서 보아야 합니다. 성경에서 하나님의 말씀을 들으면서 보아
야 됩니다. 기도하는 마음으로 보아야 합니다. 성경에서 주의 음성
을 들어야 됩니다. 그래서 제가 늘 우리 젊은 교역자들한테 말합니
다. 성경을 읽을 때 정장을 하고 읽으라고요. 배 깔고 엎드려 읽지
말라고요. 잠옷 바람으로 읽지 말라고요. 넥타이를 매고 정식으로

기도하고 읽으라고요. 성경은 일개 잡지가 아닙니다. 언제나 하나님의 말씀을 듣는 자세로 성경을 읽어야 합니다. 제가 그렇게 하라고 권합니다. 그래야 하나님의 말씀이 들립니다. 하나님의 말씀을 듣고야 하나님의 말씀을 전할 수 있습니다. 이렇게 늘 가르치고 있습니다. 마음의 귀를 기울여야 합니다. 주님께 마음의 귀를 기울여 성경을 읽으라, 이것입니다.

오늘본문에는 이사야서를 읽는 '내시'라는 사람이 나옵니다. 성경을 읽고는 있는데, 깨닫지는 못하는 사람입니다. 이것이 중요합니다. 읽고는 있지만, 깨달을 수는 없다…… 그는 성경을 사랑하는 사람입니다. 그래 마차를 타고 여행을 하는 중에도 그는 손에 성경을 들고 조용히 읽고 있었던 것입니다. 하지만 무슨 소리인지 깨닫지는 못합니다. 그래서 빌립이 그에게 "지금 읽고 있는 성경을 깨닫습니까?" 하고 물었을 때 그는 이런 대답을 합니다. "지도하는 사람이 없으니 어찌 알겠습니까." 아주 중요한 대답입니다. 여러분도 성경을 보시지요? 허나 그것만 가지고는 안 됩니다. 지도하는 사람이 있어야 됩니다. 이걸 잊지 말아야 합니다. 그 지도하는 사람과의 인격적 관계가 중요합니다. 제가 지금까지 보면 공부 많이 한 분들, 높은 교양을 쌓은 분들 가운데 독학을 한 경우가 있습니다. 제 경험으로 미루어보건대 독학을 한 사람은 믿을 수가 없습니다. 혼자 공부하면 엉뚱한 데로 가기가 쉽습니다. 역시 지도하는 사람이 있어야 됩니다. 학교를 다니는 것이 그래서 중요합니다. 선생님과 만나는 그 관계가 중요합니다. 좋은 교수님을 한 번만 만나도 벌써 세상이 달라집니다. 이 중요한 만남의 관계가 없이 그냥 혼자 읽기만 하면서 다 아는 것처럼 생각하는 것, 참 한심한 일입니다. 교육은 인격입니다.

오늘 본문은 말씀합니다. "지도해 주는 사람이 없으니 어찌 깨달을 수 있느냐……(31절)" 지도하는 사람이 절대 필요합니다. 성경의 용어로 말하면 Apostolic authority, '사도적 권위'입니다. 아주 중요합니다. 사도가 누구입니까? 예수님을 만난 사람이요, 예수님과 3년을 함께한 사람입니다. 예수님의 십자가를 보았고, 예수님의 부활을 만난 사람들입니다. 예수님을 직접 체험한 사람과의 만남입니다. 이 얼마나 중요한 사건입니까. 특별히 사도행전 2장 42절은 말씀합니다. "사도의 가르침을 받아……" 참 중요한 말씀입니다. 우리의 마음을 중요한 곳으로 인도합니다. 성령 충만한 교회입니다. 놀라운 역사가 일어났습니다. 그러나 사도의 가르침을 받아야 했습니다. 사도가 누구입니까? 갈릴리의 어부들입니다. 사도행전 4장 13절에서 사람들이 그 갈릴리 어부들을 가리켜 '아그라마타'라고 말합니다. '무식한 사람들'이라는 뜻입니다. '글도 모른다'는 뜻입니다. 한마디로 '문맹자'라는 말입니다. 그러나 예수님과 함께했던 사람들입니다. 그런고로 그는 사도입니다. 그의 가르침을 받아야 합니다. 그의 가르침을 받는다는 것, 대단히 중요합니다. '사도의 가르침을 받아 서로 교제하며, 떡을 떼며, 기도하기를 전혀 힘 쓰니라.' 사도의 가르침, 꼭 필요한 것입니다. 누가복음 24장 32절은 말씀합니다. "우리 속에서 마음이 뜨거워지지 아니하더냐……" 주님을 만날 때 마음이 뜨거워졌다, 이것입니다. 성령의 역사입니다. 이렇게 성령의 역사와 사도들의 가르침을 받는 객관적인 역사가 함께 만나야 합니다. 요한복음 16장에 이런 말씀이 있습니다. '성령이 임하면 내가 하던 말을 기억나게 하리라, 감당하게 하리라, 깨닫게 하리라……' 그러니까 성령의 역사와 내가 읽는 성경, 그리고 사도들의 가르침, 이 셋이 동시에 함께할 때 비로소 올바른 신앙을 가지게 된다는 것입니다.

특별히 오늘본문에서 눈여겨보아야 될 말씀이 34절에 있습니다. "누구를 가리킴이냐……" 중심이 어디에 있느냐 하는 것입니다. '이것은 누구를 가리킴인가? 이것은 누구에게 한 말인가?' 이처럼 성경을 읽을 때에는 What하고 Who에 초점을 맞추어야 합니다. '무슨 사건이냐?', '누구냐?'를 언제나 알아야 합니다. '무엇이냐?' 하는 것은 사역이요, '누구냐?' 하는 것은 인격입니다. 그런고로 언제나 우리는 이 사건을 통해서 '누구냐?'를 알아야 합니다. 다시 말하면 예수님께서 병을 고치신 것입니다. 이 희한한 사건, 놀랄 것 없습니다. 문제는 '누가 이 병을 고쳤느냐?'에 초점을 맞춰야 된다는 것입니다. 이제 빌립이 아주 중요한 설명을 합니다. 그것은 예수님을 가리킨 것이라고요. 이사야의 예수님을 가리킨 것이라고요. 당신이 읽고 있는 이 성경은 예수님을 가리킨 것이라고 지적하게 됩니다. 그가 예수를 믿고, 세례를 받고, 에디오피아에 돌아가 교회를 세웠습니다. 그로부터 2천년이 지난 지금 아직도 에디오피아에 그 교회가 있습니다. 이 내시, 아주 귀중한 전통을 만든 귀한 분입니다.

성경에서 그리스도를 만나야 됩니다. 성경은 그리스도 중심으로 보아야 됩니다. 성령의 감화가 함께하시면 성경에서 주님을 만나고, 주님을 만나게 되면 '내가 누구인가?'를 알 수 있습니다. 예수님을 알고야 나를 압니다. 예수님을 통해서 비로소 나의 나됨을 바로 알 수 있습니다. 잊지 말아야 합니다. 성경을 읽을 때마다 내게 주신 말씀을 들어야 됩니다. 오늘 주시는 말씀을 들어야 됩니다. 날마다, 사건마다 내게 주시는 말씀을 확실히 들어야 됩니다. 칼 바르트는 이렇게 말합니다. 'Lord of God wait for us in the Bible.' 너무나 좋은 요절입니다. '하나님의 말씀은 성경 안에서 우리를 기다린다.' 그러면 내가 읽습니다. 읽을 때 하나님의 말씀을 만나고, 하나님의 말씀을 읽어나가는 동안 주님을 만나고, 그 주께서 내게 말씀하십니다. "내가 너를 사랑한다. 아직도 내가 너를 사랑한다. 내가 너와 함께한다." 항상 말씀하십니다. "네가 당하는 사건에 예외가 없다. 다 하나님의 섭리 속에 있는 것이다." 그래서 그리스도를 만나는 마음으로 성경을 읽어야 됩니다. 예수님께서는 광야에서 40일 동안 금식을 하신 일이 있었습니다. 여러분, 금식해본 일이 있습니까? 한 사흘 굶으면 정신이 하나도 없습니다. 예수님께서 시험받으신 장면을 심리학적으로 풀이한 분이 있습니다. 일리가 있습니다. 40일 금식하고 나니 너무너무 배가 고픕니다. 광야에 돌덩어리가 여기저기 놓여 있는데, 그 돌을 딱 볼 때 '저 놈이 떡 덩어리면 좋겠다!' 하고 시험을 받으셨다는 것 아닙니까. 그도 그렇지 않겠습니까. 너무너무 배가 고파서 절박한 시간입니다. 그러나 사탄이 와서 "돌을 떡으로 만들어 먹어라!" 하고 시험할 때 예수님께서는 거절하십니다. 그리고 대답하십니다. "사람이 떡으로만 사는 것이 아니요, 여호와의 말씀으로 산다." 40일을 굶은 절박한 시간에도 말씀이 먼저입니다. 이걸 잊지 말아야 합니다.

저는 참 귀한 장면을 보고도 실천을 잘 못하는 것이 하나 있습니다. 1963년, 저는 미시간(Michigan)에 있는 '유니온베일'이라는 곳의 모레비안 교회에서 부활절을 지낸 적이 있습니다. 그 모레비안 교파에 속하신 분들 참 경건합니다. 아이들이 밥을 먹으려고 하잖아요? 밥을 먹기 전에 성경 한 절을 읽어야 된답니다. 성경을 읽고야 밥을 먹습니다. 성경읽기 전에는 절대로 밥을 못 먹습니다. 그걸 보고 '참 좋은 전통이다!' 싶었습니다. 말씀이 먼저인 것입니다. 말씀을 먹고야 육신의 양식을 먹을 수 있습니다. 그렇게 하는 걸 보고 참 경건한 가정이라고 생각했습니다. 여러분, 40일을 금식한 예수님께서 다시 말씀하십니다. "사람은 떡으로만 사는 것이 아니요." 어느 순간에도 말씀이 먼저라는 것입니다. 말씀을 먹어야 한다는 것, 꼭 잊지 말아야 합니다.

제가 잘 아는 박 장로님의 임종시간에 가본 적이 있습니다. 92세에 돌아가시는데, 그 전날까지 아주 건강하셨습니다. 그런 분이 갑자기 돌아가신다고 해서 찾아갔더니, 장로님이 온 집안을 돌아보며 아이들을 위해서 다 기도하십니다. 그리고 맨 마지막 장면을 지켜보았는데, 참 놀라웠습니다. 눈을 지그시 감으시고 "여호와는 나의 목자시니 내게 부족함이 없으리로다……" 하고 시편23편을 줄줄 외우십니다. 외우고, 또 외우고, 또 외우다가 눈을 감으셨습니다. 우리는 인생의 마지막을 어떻게 마쳐야겠습니까? 하나님의 말씀을 외우면서 마쳐야 하지 않겠습니까. 우리 교회에서 예배 맨 마지막에 1년 동안 똑같은 찬송을 부르잖아요? 왜 그렇게 하는지 아십니까? 죽을 때 부르라고요. 자꾸 불러놔야 죽을 때 생각날 것 아닙니까. 그러니까 말씀을 많이 들어놓아서, 우리 정신이 오락가락할 때에도 하나님의 말씀을 생각해야 하지 않겠습니까. 그때 딴 생각하면 되겠습니까. 그런고로 여러분, 잊지 마십시오. 말씀과 함께 살고, 말씀과 함께 눈을 뜨고, 말씀과 함께 잠들고, 그 말씀에 의지하고 주님 앞으로 나아가는 것이 그리스도인입니다. 그런고로 계속 말씀을 사랑하고, 말씀을 묵상하고, 말씀을 똑바로 읽고, 말씀을 배우고, 말씀으로 충만할 때 우리 정체성은 확실해질 것입니다. △

내 눈이 주의 구원을 보았습니다

모세의 법대로 정결예식의 날이 차매 아기를 데리고 예루살렘에 올라가니 이는 주의 율법에 쓴 바 첫 태에 처음 난 남자마다 주의 거룩한 자라 하리라 한 대로 아기를 주께 드리고 또 주의 율법에 말씀하신 대로 산비둘기 한 쌍이나 혹은 어린 집비둘기 둘로 제사하려 함이더라 예루살렘에 시므온이라 하는 사람이 있으니 이 사람은 의롭고 경건하여 이스라엘의 위로를 기다리는 자라 성령이 그 위에 계시더라 그가 주의 그리스도를 보기 전에는 죽지 아니하리라 하는 성령의 지시를 받았더니 성령의 감동으로 성전에 들어가매 마침 부모가 율법의 관례대로 행하고자 하여 그 아기 예수를 데리고 오는지라 시므온이 아기를 안고 하나님을 찬송하여 이르되 주재여 이제는 말씀하신 대로 종을 평안히 놓아 주시는도다 내 눈이 주의 구원을 보았사오니 이는 만민 앞에 예비하신 것이요 이방을 비추는 빛이요 주 백성 이스라엘의 영광이니이다 하니 그의 부모가 그에 대한 말들을 놀랍게 여기더라 시므온이 그들에게 축복하고 그의 어머니 마리아에게 말하여 이르되 보라 이는 이스라엘 중 많은 사람을 폐하거나 흥하게 하며 비방을 받는 표적이 되기 위하여 세움을 받았고 또 칼이 네 마음을 찌르듯 하리니 이는 여러 사람의 마음의 생각을 드러내려 함이니라 하더라

(누가복음 2 : 22 - 35)

내 눈이 주의 구원을 보았습니다

어느 날 영성의 대가인 아시시의 성 프란체스코에게 제자가 심 각하게 질문했습니다. "어떻게 해야 바른 믿음을 가질 수 있겠습니 까? 어떻게 해야 이 세상의 유혹을 이길 수 있겠습니까? 어떻게 해 야 하나님 앞에 겸손하게 바른 신앙을 가지고 살아갈 수 있겠습니 까?" 프란체스코의 대답은 의외로 아주 간단했습니다. "하나님 한 분만 진실로 쳐다보게나." 이것이 그의 대답이었습니다. 그리고 그 는 "그리하면 꽃을 피우고 열매를 맺게 하시는 하나님의 신비를 깨 닫게 될 걸세"라고 덧붙였습니다.

믿음에는 땅에 속한 믿음도 있습니다. 이 땅에서 소원을 이루려 고 합니다. 그래서 모두가 다 소원성취하려고 합니다. 그저 잘 살고, 건강하고, 오래 살고, 성공하려고 노력합니다. 가만히 보면 그 기도 하는 내용들이 전부가 땅에 속한 것들입니다. 그런가하면 하늘에 속 한 믿음이 있습니다. 주기도문에 잘 나타납니다. '뜻이 하늘에서 이 룬 것 같이 땅에서도 이루어지이다.' '이름을 영화롭게 하옵소서.' 주님의 기도에 보면 하나님이 중심인 기도가 이어집니다. '뜻이 하 늘에서 이루어지고 그 이름이 영화롭게 되기를 바랍니다.' 이런 하 늘 중심의 믿음을 볼 수 있습니다. 또 하나는 현재, 현실에 매여 있 는 믿음입니다. '이 현실 문제를 어떻게 하면 해결할 수 있을까? 하 나님께서 함께하시어 해결해주실 수 있을까? 하나님의 능력이면 이 것이 풀릴 수 있을까?' 이 신비로운 능력을 기대하는 뜻의 믿음이 있 는 것입니다. 하지만 아닙니다. 미래, 먼 미래, 그 하나님 나라를 바라보며 영원한 세계에 비추어서 오늘을 보아야 합니다. 그러면 여기에 무슨 의미가 있습니까? 생각해보십시오. '이게 무슨 의미가 있을까?'

다소 어려운 이야기입니다마는, 제가 언젠가도 말씀드렸듯이, '가장 복된 사람이 누굴까?'라는 질문에 대한 열 가지 답을 써놓은 책이 있습니다. 그런데 바로 몇 달 전에 방지일 목사님이 세상을 떠나셨습니다. 104세까지 건강하게 지내시다가 가신 것입니다. 그날 제가 추도사를 하였는데, 그때 마침 생각나는 것이 있었습니다. 그래서 이런 이야기를 전했습니다. 랍비의 확실한 지혜를 담아놓은 책인 「세상에서 가장 복된 사람이 누구냐?」에 나오는 말입니다. '가장 복된 사람은 죽을 때까지 건강한 사람이다.' 그런고로 방지일 목사님은 가장 복된 사람이시라고요. 왜냐하면 104세를 사시고 고작 9시간만 입원하고 돌아가셨으니까요. 여기서 더 중요한 것은 104세가 아니라 9시간입니다. 아무리 생각해봐도 정말 그렇습니다. 세상 떠날 때 너무 힘들게 가는 거, 좋지 않습니다. 그렇지 않습니까. 이거, 기도제목입니다. 딱 9시간 입원하고 세상을 떠나신 것입니다. 여러분, 어차피 가야 할 곳입니다. 어차피 떠나야 합니다. 우리는 하나님 앞으로 가야 됩니다. 여기에 기준을 두고 생각한다면 어떻습니까? 오래 사는 것? 중요하지 않습니다. 건강하게 사는 것? 중요합니다. 하지만 가장 중요한 것은 하나님 앞에 나아갈 때 깨끗하게, 영화롭게 가는 것입니다. 그렇게 주님 앞에 갈 수 있다면 가장 복된 사람이 아닐까, 하는 생각을 합니다.

우리 인생의 큰 과오는 항상 나를 먼저 생각하고, 그 다음으로 하나님을 생각하는 것입니다. 하나님을 먼저 생각하고, 그 다음에

나를 생각해야 됩니다. 한데도 다들 현재를 먼저 생각하고, 그 다음
으로 미래를 생각합니다. 아닙니다. 약속된 미래를 먼저 생각하고,
그 다음으로 오늘을 생각해야 합니다. 이 관점에 큰 차이가 있습니
다. 하나님을 먼저 생각하고, 그의 영광을 먼저 생각하고, 영원한 나
라를 먼저 생각하고, 그러고 나서야 오늘을 보는 것입니다. 그럴 때
새로운 세계를 볼 수 있습니다. 하지만 우리는 종종 현재와 과거와
물질과 육신에 집착합니다. 그래서 우리의 모든 생각이 잘못될 뿐만
아니라, 어리석고 미련한 사람이 되고, 더 나아가서는 하나님 앞에
나오는 신앙마저 흔들리고, 마침내는 바른 신앙을 잃게 됩니다.

믿음의 조상 아브라함은 하나님의 말씀을 듣고 고향을 떠납니
다. 성경은 이렇게 말씀합니다. '갈 바를 알지 못하고 하나님의 말씀
만 믿고 고향과 친척을 떠났다.' 갈 바를 알지 못하고도 하나님의 말
씀만 믿고 고향을 떠나는 아브라함입니다. 그래서 우리 믿음의 조상
이요 표본입니다. 이 세상을 어떻게 보느냐 하는 세계관이 참 중요
합니다. 이스라엘 사람들의 신앙, 성경이 가르쳐주는 신앙은 언제
나 메시아 중심이고, 그리스도 중심입니다. 그래서 이스라엘 사람들
의 신앙을 가리켜 단적으로 '메시아 대망사상(Messianic Expectation)'
이라고 말합니다. 여기에 신학적으로 두 가지 큰 차이가 있습니다.
'메시아의 세대'와 '메시아'의 차이입니다. 메시아라고 하는 인격이
냐, 아니면 메시아의 나라냐, 하는 것입니다. 많은 사람들은 메시
아의 나라를 생각합니다. '메시아의 세대(Messianic Age)'입니다. 그
래서 자유, 평등, 번영, 행복을 생각합니다. 이 세상에 그런 아름다
운 유토피아의 세계가 이루어진다면 바로 그것이 메시아의 나라라
는 것입니다. 이렇게 메시아의 나라를 생각합니다. 그러나 정작 메

시아는 생각하지 않습니다. 성경은 말씀합니다. '메시아의 나라는 저만치 있고, 중요한 것은 메시아다.' 메시아가 오셔야 메시아의 나라가 있는 것이지, 메시아의 나라가 이루어진다고 메시아가 오시는 것은 아닙니다. 여기에 신앙의 차원에서 큰 차이가 있습니다. 그래서 지금 그 메시아를 기다리는 신앙을 우리가 성경에서 읽어봅니다. 잘 되고, 복 받고, 번영하고…… 사회적인 문제나 환경적 문제를 생각하지 않습니다. 메시아가 오셔야만 된다, 메시아가 오셔야만 모든 문제가 해결된다, 이것입니다. 메시아 중심, 오직 메시아에 초점을 맞춘 신앙입니다. 다른 말로 의역해서 설명하면 물질이냐, 인격이냐 하는 것입니다. 환경이 변한다고 사람이 달라집니까? 환경, 아닙니다. 문제는 사람입니다. 사람이 변해야 됩니다. 사람이 변하고 중생해야 됩니다. 이것이 먼저요, 이것이 근본이지, 환경이 달라진다고 뭐가 달라지지는 않습니다. 아니, 환경이 좋아지면 사람은 오히려 더 나빠집니다. 상황도 더 어려워집니다. 그러니 문제는 사람입니다. 이 사람을 구원하려면 어찌해야 됩니까? 환경을 바꾼다고 되는 것이 아닙니다. 성경의 가장 중요한 말씀은 메시아가 오셔야 된다는 것입니다. 메시아가 오셔서 그리스도로 말미암아 한 사람, 한 사람의 심령이 구원받고 중생함으로써만 하나님의 나라가 이루어질 것입니다. 인격이 먼저요, 사람이 먼저입니다. '사람을 구원하기 위해서는 그리스도가 오셔야 된다. 그래서 그리스도를 통하여 한 사람, 한 사람이 구원을 받음으로 비로소 하나님의 나라가 이 땅에 이루어질 수 있다.' 좀 더디기도 하고, 좀 막연하기도 합니다. 우리 인간의 생각으로는 초조하고 불만스럽습니다. 하지만 이 길 밖에는 없습니다. 이 길을 통해서 하나님께서는 주님의 뜻을 이루십니다.

발명왕 토마스 에디슨에게 어느 날 어떤 어머니가 자기 아들을 데리고 와서 이렇게 청합니다. "선생님, 얘가 앞으로 일생을 살면서 기억할 만한 좋은 말씀 딱 한 마디만 해주십시오. 그러면 얘가 그 말씀을 의지해서 장차 좋은 사람이 될 것 같습니다." 그때 에디슨은 빙그레 웃으면서 이렇게 말해주었다고 합니다. "시계를 보지 마라. 공부할 때 시계 보지 마라. 기도할 때 시계 보지 마라. 예배 볼 때 시계 보지 마라." 우리 마음이 그렇지 않습니까. 시계를 보는 순간 다른 데로 마음이 떠납니다. 시계를 보지 말아야 합니다. 특별히 젊은 사람들, 연애할 때 시계 보면 안 됩니다. 마주앉아 대화하다가 시계를 보면 이제 그만하고 가라는 뜻 아닙니까. 시계 보는 마음, 지극히 자기중심적이거든요. 시간을 잊고 살아야 됩니다. 그래야 큰 성공을 한다는 것이 에디슨의 가르침입니다. 참 중요하고 지혜로운 교훈입니다.

가장 중요한 것은 사람입니다. 시간이 좀 걸립니다. 생각보다 변화에는 많은 시간이 걸립니다. 자식을 키워본 사람은 압니다. 자식이 어디 내 마음대로 됩디까. 가란다고 가고, 오란다고 옵니까? 아니거든요. 시간이 필요합니다. 하지만 우리 인간의 시간은 하나님의 시간과 다릅니다. 우리는 그저 초조합니다. 당장 무슨 변화가 생기기를 바랍니다. 그러나 하나님께서는 그렇지 않으십니다. 아직도 이 길 밖에 없습니다. 한 사람, 한 사람이 예수 믿고, 한 사람, 한 사람이 복음을 듣고 구원 받는 길 밖에 없습니다. 메시아가 오시고, 그를 통해 역사하시는 길 말고 다른 길은 없습니다.

이런 유명한 이야기가 있습니다. 하늘나라에서 언젠가 천사가 하나님께 이렇게 항의했답니다. "예수님께서는 십자가에 돌아가셨고, 제자들은 지금 전도한다고 하지만, 이렇게 해서야 어찌 만백성을 구원할 수 있겠습니까. 어찌 하나님의 나라가 이 땅에 이루어질 수 있겠습니까. 무슨 다른 방법이 없을까요?" 그러자 하나님께서 이렇게 답하셨답니다. "내가 사도들을 세워놓았다. 저들을 통하여 구원의 역사를 이루는 길 외에는 다른 길이 없다." 여러분, 답답하고 괴롭고 초조해 보이지만, 아닙니다. 메시아가 오셨습니다. 메시아가 십자가에서 돌아가셔서 우리를 구원하신 이 복음의 역사를 통하여 한 사람, 한 사람이 중생하는 이 메시아의 나라 외에는 다른 길이 없습니다. 이 거룩한 역사를 위해서 이스라엘 사람들은 오늘까지도 메시아를 기다립니다.

오늘본문에 나오는 시므온이라는 사람은 나이가 많이 든 노인인 것 같습니다. 그는 하나님 앞에서 이스라엘의 위로를 기다렸습니다. 다른 말로 하면, 예수님께서 세상에 오시기를 기다린 것입니다. 성경을 읽고 묵상하면서, 성경이 말씀하는 초점, 그 중심이 메시아께 있다는 사실을 알고, 그는 메시아를 초조하게 오늘이나 내일이나 기다리고 있었습니다. 그러면서 이스라엘의 위로를 기다립니다. 그런 기다리는 마음으로 그는 경건했습니다. 그런 기다리는 마음으로 그는 기도했습니다. 또 있습니다. '성령의 감화가 함께하더라.' 성령께서 기다리는 사람의 마음에 위로를 주셨습니다. 기다리는 사람이 낙심하지 않도록 성령께서 감동을 주시고, '네 기도를 하나님께서 들으신다. 하나님께서 네 기도를 꼭 들어주실 것이다!' 하는 위로를 주셨습니다. 뿐만 아니라, '네가 죽기 전에 메시아를 만날 것이다' 하는 귀한 응답도 주셨습니다. 그는 성령의 감화와 기도와 경건, 이 세 가지를 가지고 조용히, 매일같이 성전에 올라가서 기도하고 메시아를 기다립니다. 이제 아기 예수가 태어나셨습니다. 그 부모가 아기예수를 결례(潔禮)하기 위해서 성전에 데리고 옵니다. 성령의 감동이 있었습니다. '저 아기가 메시아시다.' 그럴 때 그 부모는 아기예수를 품에 안고 하나님 앞에 감사의 기도를 드립니다. 오늘본문을 보면 아주 감동적입니다. '주재여, 이제는 말씀대로 종을 평안히 놓아 주시는도다. 내 눈이 주의 구원을 보았습니다.'

　이 신비로운 감격을 여러분, 아시겠습니까? 보십시오. 시므온이 이제 아기 예수를 품에 안았다고 자기가 인간적으로 받는 것이 무엇입니까? 이제부터 죽지 않고 삽니까? 번영을 누릴 수 있습니까? 부귀영화를 누리게 됩니까? 아기예수를 품에 딱 안았는데, 너무나 감격스럽습니다. 한 아기의 탄생 속에서 이스라엘의 구원을 봅니다. 이것이 신앙의 본질입니다. 아기 예수를 품에 안고 하나님의 나라가 이루어지고, 메시아의 나라가 오는 것을 봅니다. 그리고 감격합니다. 감격의 극치가 이렇게 나타납니다. '종을 평안히 놓아 주시는도다.' 저는 이 말씀이 너무나 마음에 듭니다. '종을 평안히 놓아 주시는도다.' 무슨 말씀입니까? '조용히 죽겠습니다. 이제는 더 바랄 것이 없습니다. 주께서 저를 조용히 놓아 주십니다. 저는 이대로 감사하는 마음으로 주님 앞에 가겠습니다.' 이제는 소원이 이루어졌습니다. 이것은 세속적인 것이 아닙니다. 물질적인 것이 아닙니다. 이것이 바로 메시아적인 신앙입니다. 아기 예수를 품에 안았습니다. '이 종을 평안히 놓아주시는도다.' 주의 구원을 눈으로 보았습니다. 본 것은 아기 예수뿐이지만, 그 만족과 평온, 그리고 영생이 기독교의 본질입니다. 이걸 잊지 말아야 합니다. 충분히 만족합니다. 아기 예수를 봤으니까 더는 바랄 것이 없습니다. 주님의 약속이 성취됨을 본 것입니다. 약속이 추상적인 것이 아닙니다. 저 멀리 있어 손에 잡히지 않는 무지개가 아닙니다. 주님께서 역사 속에 나타나시어 이 땅에 오신 것을 본 것입니다. 하지만 우리의 신앙은 때로 너무나 추상적입니다. 무지개를 따라가는 것처럼 보입니다. 영원히 오지 않을 미래와 같습니다. 아닙니다. 그런 것이 아닙니다. 성경이 말씀하는 것은 약속의 성취입니다. Promise and fulfillment, 약속이 현실 속에서 성취됨을 믿는 것이 기독교입니다. 이걸 꼭 잊지 말아야 합니다.

언젠가 이런 재미있는 경험을 한 적이 있습니다. 우리 교인 한 사람이 세상을 떠났는데, 그 유족이 사흘 뒤에 묘지를 방문한다면서 저를 보고 "목사님, 같이 가주실 수 있겠습니까?" 하고 요청해왔습니다. 마침 시간이 있어서 장례식 사흘 뒤에 그들과 같이 산에 있는 묘지에 가서 하나님께 예배드리고 내려왔습니다. 그때 제가 이렇게 감사기도를 했습니다. "이제는 여기에 묻혀 있습니다마는, 주님 재림하실 때 일어나 영광 가운데 주님을 뵙게 되겠습니다." 그리고 산에서 내려오는데, 그때 어떤 예수 믿지 않는 대학교수 친척 한 사람이 거기에 참석했다가 저하고 나란히 산을 내려오면서 이렇게 아주 심각한 질문을 합니다. "목사님께 여쭐 것이 있습니다." "뭔데요?" "예수 믿는 사람들은 진짜 부활을 믿나봅니다?" "그럼, 믿지요." "아, 충격인데요? 저는 그저 그러려니 하는 줄 알았습니다." 그러더니 그 다음 주일부터 교회에 나오기 시작했습니다.

부활은 추상적인 이론이 아닙니다. 오늘본문에서 시므온이 아기예수를 품에 안았습니다. 역사적인 현실입니다. 그런고로 그는 고백합니다. '제가 주의 구원을 보았나이다. 그러니 평안히 가겠습니다. 만족합니다.' 이렇게 주님의 오심을 눈으로 확인하고 확증하는 체험의 순간, 그는 모든 소원을 다 이루었습니다. '이 종을 평안히 보내주세요.' 약속의 현실성과 역사성을 확실하게 믿어야 합니다. 그럴 때 비로소 오늘의 문제가 해결됩니다. 영원의 문제가 해결이 되어야 시간의 문제가 해결됩니다. 하나님의 사랑을 역사 속에서, 내 체험 속에서 확증하게 될 때 모든 문제가 다 풀립니다. 이것이 신앙의 근본입니다. 참 믿음은 만족과 감사입니다. 하나님의 약속이 내 생활, 내 현실 속에서 실현될 때 그것을 보고, 그것에 감격하는 순간 평안해집니다. 자유로워집니다. 더 바랄 것이 없습니다. 시므온이 하나님 앞에 감사하는 모습을 보십시오. "주재여 이제는 말씀하신 대로 종을 평안히 놓아 주시는도다 내 눈이 주의 구원을 보았사오니……" 시몬의 이 기쁨, 이 감격, 이 신앙고백이 바로 우리 자신의 것이 되어야겠습니다. 참 믿음, 하나님의 약속에 대한 현실적 확증, 그리고 그 안에 있는 평안함…… '주께서 나를 평안히 놓아 주시는도다.' 아마도 시므온은 이렇게 눈을 감았을 것입니다. 이 참 평안, 이 참 약속에 대한 확증이 오늘 우리에게도 이루어져야 할 것입니다.   △

곽선희목사 설교집·강해집·기타

〈강해집〉
(빌립보서 강해) 희락의 복음
(갈라디아서 강해) 은혜의 복음
(고린도전서 사랑장 강해) 진정한 사랑의 의미
(예수님의 이적 강해) 이적으로 계시된 말씀
(사도신경 강해) 사도들의 신앙고백
(야고보서 강해) 참믿음 참경건
(예수님의 잠언 강해) 예수의 잠언
(사도행전 강해)(상) 교회의 권세
(사도행전 강해)(하) 교회의 권세
(로마서 강해) 믿음에서 믿음으로
(고린도전서 강해) 복음의 능력
(고린도후서 강해) 생명에로의 길
(예수님의 비유강해)(상) 하나님의 나라/(중) 이 세대를 보라/(하) 생명
에로의 초대
(에베소서 강해) 내게 주신 은혜의 선물
(골로새서 강해) 위엣것을 찾으라
(데살로니가서 강해) 사도의 정체의식
(디모데서 강해) 네 직무를 다하라

〈기타〉
행복한 가정/참회의 기도/영성신학/종말론의 신학적 이해/생명의 길